本书受到国家自然科学基金面上项目"县域义务教育校际均衡、经费需求与财政保障机制研究"（71473273）、湖北省教育科学规划一般课题"义务教育校际均衡的财政保障机制创新研究"（2016GB011）、中南财经政法大学引进人才启动金课题"义务教育质量与教育资源配置关系的实证研究"（31541711001）以及中南财经政法大学公共管理系列文库的资助出版

中南财经政法大学公共管理文库

县域义务教育校际均衡的财政保障机制研究

魏萍 著

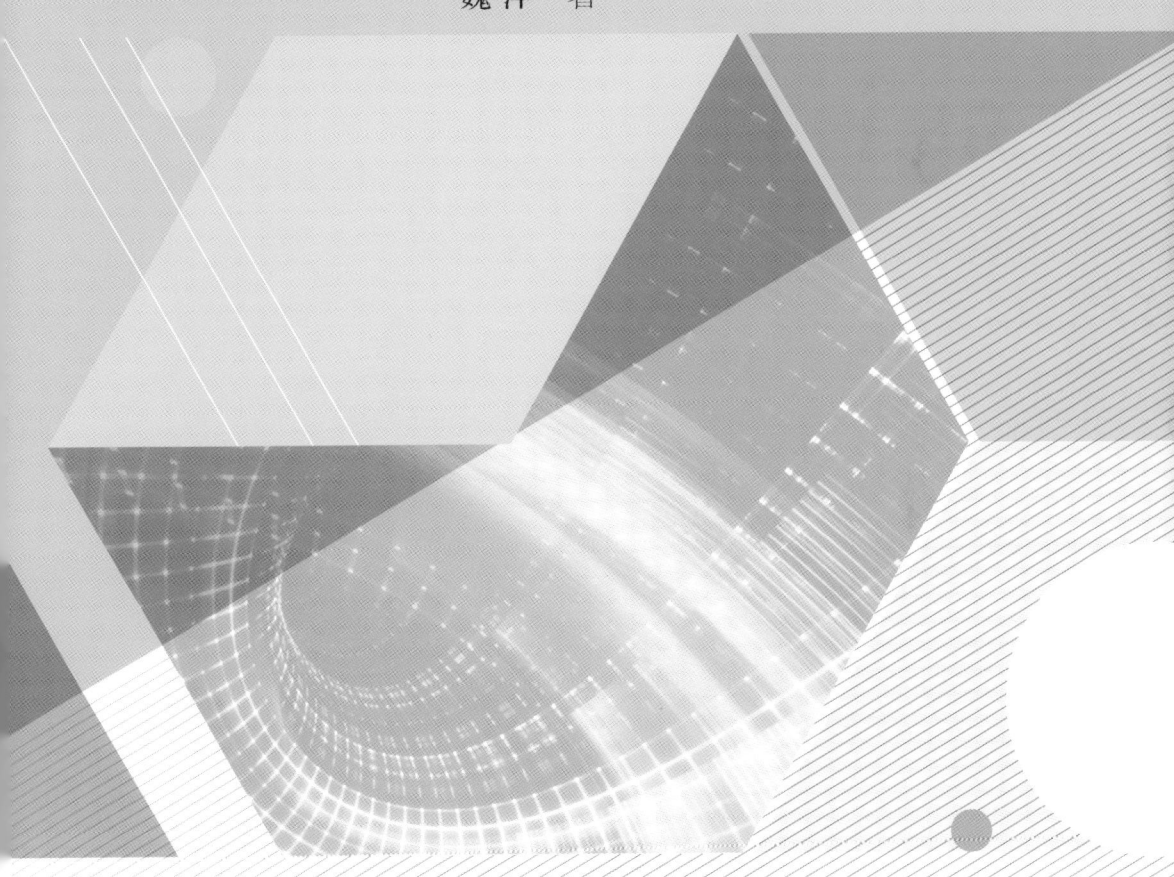

中国社会科学出版社

图书在版编目(CIP)数据

县域义务教育校际均衡的财政保障机制研究 / 魏萍著 . —北京：中国社会科学出版社，2020.8

（中南财经政法大学公共管理文库）
ISBN 978-7-5203-6649-6

Ⅰ.①县… Ⅱ.①魏… Ⅲ.①县—地方教育—义务教育—教育财政—保障体系—研究—中国 Ⅳ.①G526.7

中国版本图书馆 CIP 数据核字（2020）第 100160 号

出 版 人	赵剑英	
责任编辑	田　文	
特约编辑	金　泓	
责任校对	张爱华	
责任印制	王　超	

出　　版	中国社会科学出版社	
社　　址	北京鼓楼西大街甲 158 号	
邮　　编	100720	
网　　址	http：//www.csspw.cn	
发 行 部	010-84083685	
门 市 部	010-84029450	
经　　销	新华书店及其他书店	
印　　刷	北京君升印刷有限公司	
装　　订	廊坊市广阳区广增装订厂	
版　　次	2020 年 8 月第 1 版	
印　　次	2020 年 8 月第 1 次印刷	
开　　本	710×1000　1/16	
印　　张	13	
插　　页	2	
字　　数	220 千字	
定　　价	69.00 元	

凡购买中国社会科学出版社图书，如有质量问题请与本社营销中心联系调换
电话：010-84083683
版权所有　侵权必究

前　言

教育公平是社会公平的起点，均衡发展义务教育是促进教育公平的重要举措。由于我国各地区经济社会发展不平衡现象和城乡二元经济结构的长期存在，使义务教育发展也不均衡，并引起了社会广泛关注和政府高度重视。从党的十七大到十九届三中全会，都把均衡发展义务教育作为教育事业的重要工作任务。按照中央要求，近年来，各级政府采取了诸多措施致力于推进义务教育资源配置的均衡发展，使得义务教育投入水平有了很大提高，学校办学条件有了较大改善。但是，以资源配置均衡为目标来规划义务教育均衡发展的财政支持政策，无论是在理论层面还是政策实施层面都还存在不少问题，急需更深入的研究来加以澄清和解决。

具体来说，义务教育均衡发展究竟是指缩小"资源配置"还是"办学质量"的差异？已有的大多数国内研究简单理解成资源配置均衡，就理论层面而言，早在20世纪60年代，具有划时代意义的《科尔曼报告》就指出，资源配置均衡并不等于教育结果均衡。就政策层面而言，我国教育部从2012年起开始实行《县域义务教育均衡发展督导评估暂行办法》，截至2018年，我国已有90%以上县义务教育实现基本均衡发展，但是，利用县域内校际间生均人、财、物投入的差异系数来评估县级政府均衡配置教育资源情况，不仅掩盖了薄弱学校办学质量差的现实，且也不利于小规模薄弱学校获得财政支持进行改造升级，这对推进义务教育从基本均衡向优质均衡迈进提出了挑战。就国际经验而言，美国20世纪60年代至90年代，单纯致力于资源配置均衡的基础教育财政实践并没有取得良好的效果，进而转向了以教育结果公平为导向的基础教育新财政。另外，伴随着义务教育财政投入大幅增加，经费使用效率也必然引起人们的高度关注。

有鉴于此，本书将借鉴国外基础教育财政改革经验，立足中国现实，把县域内校际义务教育均衡发展界定为"办学质量均衡"；基于可度量原则，用学生成绩作为衡量办学质量的核心指标，并确立学校达到最低办学质量的标准；通过实地调查获取相关数据，运用多种实证分析方法试图厘清学校哪些资源对学生成绩产生影响，估算达标学校有效使用这些资源的最低成本与财力需求；在此基础上，构建一个确保县域义务教育校际办学质量均衡的财政保障机制。

  本书是在笔者撰写的博士学位论文基础上修改完成的，也是笔者主持的湖北省教育科学规划一般课题"义务教育校际均衡的财政保障机制创新研究"（2016GB011）、中南财经政法大学引进人才启动金课题"义务教育质量与教育资源配置关系的实证研究"（31541711001）和笔者的博士生导师李祥云教授主持的国家自然科学基金面上项目"县域义务教育校际均衡、经费需求与财政保障机制研究"（71473273）的部分研究成果。本书的出版，特别感谢李祥云教授的指导以及中南财经政法大学公共管理学院的资助，以及责任编辑田文女士的辛勤付出。

  由于专业与知识结构等诸多方面的限制，拙作存在疏漏、错误之处在所难免，敬请批评指正。

魏　萍
2019 年 9 月于武汉

目 录

导 论 ……………………………………………………………… (1)
  一 研究背景和意义 …………………………………………… (1)
  二 国内外研究文献综述 ……………………………………… (4)
  三 基本思路与技术路线 ……………………………………… (19)
  四 主要内容与研究方法 ……………………………………… (20)
  五 可能的创新与不足之处 …………………………………… (23)

第一章 县域义务教育校际均衡发展的内涵 ……………………… (26)
  第一节 教育公平理念的内涵演变 …………………………… (26)
    一 教育机会公平 ……………………………………………… (27)
    二 教育过程公平 ……………………………………………… (28)
    三 教育结果公平 ……………………………………………… (30)
  第二节 县域义务教育校际均衡的相关概念界定 …………… (31)
    一 义务教育校际均衡的含义 ………………………………… (31)
    二 县域义务教育校际均衡的含义 …………………………… (33)

第二章 县域义务教育校际均衡的政府财政责任 ………………… (35)
  第一节 政府承担义务教育校际均衡财政责任的理论依据 ……… (35)
    一 公共产品理论 ……………………………………………… (36)
    二 福利经济学理论 …………………………………………… (37)
    三 财政分权理论 ……………………………………………… (41)
  第二节 义务教育均衡发展的财政政策目标演变 …………… (45)
    一 国外基础教育公平的财政政策目标演变历程 …………… (46)
    二 我国义务教育均衡发展财政政策目标演变历程 ………… (49)
    三 义务教育均衡发展财政政策目标的演变逻辑 …………… (54)
  第三节 促进县域义务教育校际均衡的财政政策工具 ……… (55)

一　以校际均衡为导向的义务教育财政绩效预算 …………(55)
　　二　以财力需求为导向的义务教育财政转移支付 …………(57)

第三章　县域义务教育校际均衡发展的现状 …………………(59)
　第一节　义务教育校际均衡的衡量方法 ……………………(59)
　　一　办学质量的含义 ……………………………………(60)
　　二　办学质量的衡量 ……………………………………(65)
　第二节　义务教育校际均衡指标评价体系 …………………(71)
　　一　校际均衡评价指标的选择 …………………………(71)
　　二　校际均衡指标的评价方法 …………………………(74)
　第三节　县域义务教育校际均衡程度评估 …………………(76)
　　一　数据来源与描述统计 ………………………………(77)
　　二　校际均衡的评估结果 ………………………………(83)

第四章　县域义务教育校际均衡的资源配置需求 ……………(96)
　第一节　多投入与单一产出的教育生产关系 ………………(96)
　　一　传统的教育生产函数分析框架 ……………………(97)
　　二　扩展的教育生产函数分析框架 ……………………(98)
　第二节　多层线性模型的构建 ………………………………(99)
　　一　多层线性模型的基本形式 …………………………(100)
　　二　模型变量的选择 ……………………………………(101)
　第三节　学校资源配置对办学质量影响路径的实证分析 …(103)
　　一　数据的来源 …………………………………………(103)
　　二　变量的描述统计 ……………………………………(104)
　　三　实证模型的估计 ……………………………………(108)
　　四　实证分析的结论 ……………………………………(117)

第五章　县域义务教育校际均衡的资源配置优化组合 ………(120)
　第一节　多投入与多产出的分析方法 ………………………(120)
　　一　典型相关分析法的基本思想 ………………………(120)
　　二　典型相关分析结果评价方法 ………………………(122)
　第二节　典型相关模型的构建 ………………………………(123)
　　一　模型变量的选择 ……………………………………(123)
　　二　变量的假设检验 ……………………………………(124)

  三 计量模型的设定……………………………………………(127)
 第三节 学校资源配置对办学质量影响程度的实证分析…………(130)
  一 实证模型的估计……………………………………………(130)
  二 实证分析的结论……………………………………………(133)

第六章 县域义务教育校际均衡的财力需求估算……………………(136)
 第一节 教育成本函数的分析框架………………………………(136)
  一 考虑效率因素的教育成本函数设定………………………(137)
  二 不同环境下教育成本与支出的关系………………………(137)
 第二节 基于非参数法的计量模型构建…………………………(139)
  一 数据包络分析法……………………………………………(139)
  二 模型选择与设定……………………………………………(141)
  三 模型变量的选择……………………………………………(143)
 第三节 效率评价与财力需求估算………………………………(144)
  一 变量的描述统计……………………………………………(144)
  二 实证模型的估计……………………………………………(146)
  三 实证分析的结论……………………………………………(151)

第七章 县域义务教育校际均衡财政保障机制构建的路径…………(153)
 第一节 县域义务教育校际均衡财政保障机制构建的现实
     困境………………………………………………………(153)
  一 我国义务教育均衡发展财政政策目标的局限……………(154)
  二 我国义务教育均衡发展财政政策存在问题的成因………(157)
 第二节 县域义务教育校际均衡财政保障机制构建的基本
     思路………………………………………………………(158)
  一 县域义务教育校际均衡财政保障机制构建的原则………(159)
  二 县域义务教育校际均衡财政保障机制的主要内容………(160)
 第三节 促进县域义务教育校际均衡发展的财政保障机制
     设计………………………………………………………(162)
  一 实行以结果公平为导向的义务教育绩效预算……………(162)
  二 规范财政分权体制下的义务教育转移支付制度…………(167)
  三 促进县域义务教育校际均衡发展的其他财政措施………(173)

参考文献………………………………………………………………(178)

附　录 ·· (192)
　　附录 A1　问卷 1：学生成绩影响因素问卷调查（学生卷）······(192)
　　附录 A2　问卷 2：学生成绩影响因素问卷调查（教师卷）······(194)
　　附录 A3　问卷 3：学生成绩影响因素问卷调查（学校卷）······(196)

导　论

一　研究背景和意义

(一) 研究背景

义务教育公平是社会公平的起点，均衡发展义务教育是促进义务教育公平的重要措施。义务教育均衡发展包括义务教育机会均衡、义务教育资源配置均衡和义务教质量均衡三个环节，其中，机会均衡是前提、资源配置均衡是手段、质量均衡是目的。从我国教育发展进程来看，不同阶段义务教育的发展目标不断提升、内涵逐步深化。20世纪90年代以来，我国基本普及了九年义务教育，逐步实现了教育机会公平的目标。随着生活水平的不断提高，人们在享有了基本的受教育权利下，对优质教育资源的需求日益增长，不仅注重学校办学条件即资源配置的均衡，更加关注教育质量均衡。我国义务教育发展非均衡的现象不仅引起了社会广泛关注，也受到了党和国家的高度重视。义务教育均衡发展作为党和国家战略，是民生之举、公平之要，在新时代中国特色社会主义伟大实践中，担当着历史性重要任务。党的十七大提出"推动基本公共服务均等化，加快推进以改善民生为重点的社会建设，优先发展教育，促进义务教育均衡发展"，党的十八大又进一步将原来的"促进义务教育均衡发展"确定为"均衡发展九年义务教育"，把均衡发展由一般的工作导向变为工作任务。[①]《国家中长期教育改革和发展规划纲要（2010—2020年）》（以下简称《教育规划纲要》）进一步明确提高质量是当前我国教育改革与发展的中心任务，确立

[①] 教育部：《教育部关于印发〈教育部2013年工作要点〉的通知》（http://www.moe.gov.cn/srcsite/A02/s7049/201301/t20130124_170522.html），2013年1月22日。

了以提高教育质量为核心的教育发展观,重视教育的内涵式发展,把教育资源配置和学校工作重点集中到提高教育质量上来。[①] 党的十九大报告指出,"努力让每个孩子都能享有公平而有质量的教育"[②]。按照中央的要求,近几年政府加大了义务教育财政投入,并采取诸多措施着力解决区域内城乡间、校际间发展不均衡问题,致力于县域内义务教育校际资源配置均衡,使得县域内义务教育财政投入水平有了很大提高,办学条件也得到较大改善。

但以资源配置均衡为目标来规划义务教育均衡发展的财政支持政策,无论是在理论层面还是政策实施层面都还存在不少问题,急需更深入研究来加以澄清和解决。就理论层面而言,缩小县域义务教育校际差异,究竟是指"资源配置"还是"办学质量或办学水平"差异?已有的大多数国内研究把县域义务教育校际均衡简单理解成资源配置均衡,而早在20世纪60年代,科尔曼在那份具有划时代意义的《科尔曼报告》中就指出,资源配置均衡并不等于教育结果均衡。资源配置与教育结果或者说办学质量究竟存在什么样的关系?弄清这一关系很重要,这直接涉及财政投入力度和重点。就政策层面而言,教育部从2012年起实行的《县域义务教育均衡发展督导评估暂行办法》,以校际间生均人、财、物投入的极差、变异系数、基尼系数等指标来评估和衡量县域义务教育均衡发展程度[③],不仅掩盖了学校间的办学规模、所处地区和自然环境等差异,且也不利于小规模农村薄弱学校的改造。因为偏远农村学校的学生人数少,生均人、财、物的投入指标都有可能高于城镇大规模重点学校。若以生均投入指标高低为依据来制定投入政策,小规模薄弱学校所需投入反而更少,这会进一步扩大城乡办学质量差异,范先佐等(2013)实地调查的结果也验证了这种推测。就国际经验而言,美国20世纪60年代初至80年代末,单纯致

---

① 国务院:《国家中长期教育改革和发展规划纲要(2010—2020年)》(http://www.gov.cn/jrzg/2010-07/29/content_ 1667143.htm),2010年7月29日。
② 习近平:《决胜全面建成小康社会 夺取新时代中国特色社会主义伟大胜利——在中国共产党第十九次全国代表大会上的报告》(http://cpc.people.com.cn/n1/2017/1028/c64094-29613660.html),2017年10月28日。
③ 教育部:《教育部关于印发〈县域义务教育均衡发展督导评估暂行办法〉的通知》(http://www.moe.gov.cn/srcsite/A11/moe_ 1789/201201/t20120120_ 136600.html),2012年1月20日。

力于资源配置均衡的基础教育[①]财政实践并没有取得良好的预期效果，进而转向了被称之为以"教育结果公平"为导向的基础教育"新"财政（李文利、曾满超，2002）。无独有偶，我国义务教育财政政策正在经历类似的演变轨迹。在我国财政分权和"以县为主"的义务教育财政管理体制下，县级政府本身就缺乏将财政资金投向对政绩考核贡献不大的义务教育的积极性，继续加大义务教育财政投入的力度，不仅财政支出努力程度受限，而且是否必要，其经费使用效率如何都是迫切需要思考和深入研究的问题。

针对上述问题，进一步推进县域内义务教育校际均衡发展，理论上急需要明确均衡发展义务教育的含义，政策层面上急需要制定科学评价义务教育均衡发展的指标和标准，并以此来规划县域内义务教育校际均衡发展的财政支持政策。有鉴于此，本书将主要借鉴美国二十多年的基础教育财政改革经验，立足中国义务教育发展的客观实际，响应党的十八大和十九大提出的逐步缩小区域、城乡、校际差距的政策号召，以县域为研究范围，把当前县域内义务教育校际均衡发展定义为缩小县域内校际间办学质量差异。基于可度量、可操作和国际上的惯用做法，用学校学生各科成绩作为衡量办学质量核心指标，根据构建的指标体系评价县域各学校办学质量均衡程度；运用定量和定性相结合的方法，弄清学校哪些教育资源配置对办学质量（学生成绩）产生影响，以及县域各学校在优化配置教育资源的情况下可以达到的统一办学质量标准，运用实证方法估算达标学校有效使用这些资源的最低成本与财力需求，以此构建一个确保县域各学校达到统一办学质量标准的财政保障机制。

（二）理论与现实意义

教育财政资金的有限性本身暗含着效率的导向，但有效率地配置教育财政资金并不会自发地实现教育公平和提高教育质量。在义务教育办学质量校际均衡的发展目标下，研究如何将各学校达到统一办学质量标准所需的资源投入转换为财力需求，在此基础上构建出一个有效配置财政资金的保障机制，不仅可以在理论上丰富教育公平领域的研究内容，还能在实践中指导政府以结果为导向有效配置教育财政资金，提高教育财政资金使用绩效。

[①] 基础教育一般包括学前教育、小学教育和普通中等教育三个阶段，按照《中华人民共和国义务教育法》规定，中国的义务教育包含小学教育和普通中等教育两个阶段。基础教育比义务教育涉及的范围广，但是，国外的相关法律、政策和文献中使用基础教育这一术语的情况较多，因此，本书在提及中国的义务教育和外国的基础教育时，不做严格区分，后文也不再赘述。

1. 理论意义

本书将教育质量、教育公平与教育资源配置效率纳入义务教育均衡发展的统一分析框架，并构建一个确保县域义务教育校际均衡发展的财政保障机制，是一个财政学和教育学的跨学科综合性的问题，具有重要的理论意义。从教育学的角度来看，义务教育校际均衡是教育公平理论的重要组成部分，本书将经济学的分析范式和方法运用到该问题的研究中，是对教育公平或质量公平理论的应用和拓展。从财政学的角度来说，本书以典型县为案例对义务教育校际均衡的经费需求进行研究，尝试构建经济模型，测算经费需求标准，实质上是一个以结果为导向的财政绩效预算问题，它是绩效预算思想在教育财政规划中的运用，其研究方法是对财政绩效预算与评价理论的丰富和完善。本书运用参数和非参数的实证分析方法，力争在研究方法和技术设计上做出贡献，并为后续研究提供教育财政充足性的中国案例及参考依据。

2. 现实意义

研究县域义务教育校际均衡的财政保障机制，具有重要的现实意义。首先，本书需明确界定义务教育校际均衡的含义和标准，在此基础上，分析和测算出县域内各学校达标所需的资源投入及其经费需求，标准的确立和经费的测算为政府制定县域义务教育校际均衡发展财政支持政策提供了可操作的标准和依据；同时也消除了一些县对是否还需要增加义务教育财政投入，以及究竟投入多少才实现义务教育均衡发展等问题的疑虑。其次，虽然各级政府对义务教育的财政投入力度大，但对教育经费使用效率的关注程度低，缺乏科学的教育资源配置机制，将投入、产出与效率相结合的研究方法，能够紧密围绕义务教育需求，以校际均衡为产出目标，提高经费和资源的使用效率，这种将绩效预算思想引入教育领域的研究，其研究结论也为我国政府正在全国全面实施的预算绩效管理提供了方法上可资借鉴的案例。最后，对义务教育校际均衡的研究也为其他基本公共服务供给及其均等化提供思路和方法。在我国"以县为主"的义务教育财政管理体制下，以县为单位的财政保障机制研究还可以为转移支付制度的完善做出贡献。

二 国内外研究文献综述

（一）国外研究现状与述评

公平作为一种价值判断的标准，一直是人类社会追求的目标。教育公平是社会公平的起点。早在古文明时期，柏拉图、亚里士多德等哲学家就提出了教育公平的思想。随着社会的不断发展，教育公平理念也得到深化。到20世纪初期，西方主要发达国家开始广泛关注教育公平问题，大量国外学者也将其作为重要课题进行研究。由于义务教育（基础教育）具有公共产品或服务的属性，国内外理论研究者和实践者普遍认为，政府应承担起实现教育公平目标的主要责任（Friedman，1972），并通过实施财政政策使教育公平的理念得到落实。在教育公平理念从注重机会公平，到过程公平，再转向结果公平的转变过程中，教育财政政策也经历了类似的变迁。以美国为例，20世纪中后期，追求资源配置公平的基础教育财政政策在改善教育公平方面的结果不尽如人意，因而逐步转向追求教育结果公平的教育财政充足性实践。纵观教育公平及其财政政策的演变历史，美国基础教育的改革历程与我国义务教育的发展进程极其相似，有鉴于此，本部分试图对国外关于促进义务教育结果公平的财政政策的研究文献进行系统梳理，以期为我国义务教育校际均衡发展的财政保障机制构建指明方向和有所启示。按照国外研究的发展脉络进行梳理，这些研究大致涵盖了如下几个方面内容：

1. 教育公平理念的演变

教育公平理念是一个历史范畴的概念，产生于古代，发展在近现代。20世纪50年代以来，国外学者基于大规模的文献调查，从不同角度对已有的关于教育机会均等的理论和观点进行了系统梳理和分析。其中，欧美国家学者对教育公平的研究成果最为丰富，以科尔曼（Coleman，1966）撰写的《科尔曼报告》、胡森（Husen，1985）提出的教育机会平等观和莱文（Levin，1968）对教育不均等现象的研究为典型代表，以上研究均收集了大量的资料并对不均等现象进行了深刻的分析，引起了颇具影响力的学术争论。

在20世纪60年代，科尔曼向美国国会递交了一份具有划时代意义的《科尔曼报告》，这份报告是科尔曼接受美国教育部委托，对美国4000多所学校中的64万名学生进行调查得出的关于教育机会均等的研究，又称为《教育机会均等的观念》。在报告中，他提出将教育公平分为四个层次：一是具有普遍受益性的某一规定水平的免费教育；二是任何家庭背景的学生都能接受普通课程；三是不同家庭背景的学生享有同样学校的入学机会；四是同一地区的教育机会一律平等。他提出的教育结果平等的思想，把教育公平研究从以往注重学校投入资源的均等转向学校教育结果的均等，具有根本性变革的意义。

胡森通过对《科尔曼报告》有关教育机会均等概念进行总结，从社会哲学的视角认为，教育机会均等概念在社会发展的不同时期蕴含着不同的内涵，并将教育机会均等概念演变的阶段分为了保守主义阶段、自由主义阶段和教育机会平等的新概念阶段，分别用起点均等论、过程均等论和结果均等论来进行诠释。具体来说，起点均等论强调法律上教育权利平等，认为法律保证每个人都享有均等的入学机会，但个人按自身能力不同进入不同学校学习；过程均等论偏向教育条件均等，主张每个儿童享有接受同样教育的机会；结果均等论认为要向处于不利地位的儿童提供补偿教育，以使每个学生的天赋都能得到充分发展，并获得平等的教育效果以及与其能力相称的社会地位，它强调的是学业成功机会均等。他还指出，教育平等不仅包括学校之间的平等，还包括学生之间的平等，即所有的学生进入各个学校就读的入学机会都是平等的，而且各个学校的办学水平也是差不多的，从而使得不同社会出身的儿童至少在起点上的差别是不存在的，那么，真正的平等应该是使每个儿童都有相同的机会入学并得到主要来自教学方面的区别对待。

此外，莱文总结出欧洲教育机会均等的四大标准：一是具有相同教育需求的学生进入教育系统的机会均等；二是教育参与的机会均等，即不同社会背景的相同比例学生，在数量上和质量上都得到相等的教育参与机会；三是教育成效均等，即不同性别和不同社会群体都有一定比例的人数，从接受到的整体教育经验中获得相似的教育成效；四是教育对生活前景机会的影响均等，即教育制度介入社会制度，学生通过教育来克服自身出身和性别等方面的自然不平等，最终取得相近的社会成就。他据此分析西欧教育机会均等状况时指出，第二次世界大战后的西欧国家经济发展缓慢，社会可吸纳就业人员数量有限，教育扩展虽增加了劳动阶级的受教育机会，但与其他受同样教育的阶层相比，失业的风险可能更大，这种平等的教育机会并未自动地导致生活机会或社会地位的公平。这个问题的提出使我们不难发现，西方发达国家对教育机会公平的关注早已拓展到结果均等的领域，而且学者们对教育公平概念本身的争论已然转向对促进教育公平的机制研究。

2. 促进教育公平的基础教育财政政策变迁

教育公平理念随着人们认识的深入而不断演变，这种演变又影响着世界基础教育财政政策的实践和变化趋势。从世界基础教育财政政策发展演变的趋势来看，财政政策从注重资源配置效率，到注重资源分配公平，再转向强调教育财政的"充足性"。以效率为导向的基础教育资源配置，强调基础教育财政体制的分散化，由地方教育行政主管部门举办和管理中小学教育，按照教育的收益范围来确定其投入供给的辖区范围，以使成本分担的地理边界与收益范围大体一致，保证基础教育供给的效率；虽然这种高度分权化的教育财政体制提高了教育资源的配置效率，但也产生了严重的教育财政不公平问题（Oates，1972）。以美国为例，早期根据传统的财政分权理论，美国建立了高度分散的基础教育财政体制，即各州的学区利用征收的财产税为公立中小学提供教育经费，在提高了教育资源配置效率的同时，却由于各学区经济发展水平和房屋财产价值的差异引起不同收入阶层在学区间流动，学区间居民收入分配的差距带来的教育经费分布不均等和教育资源配置不均衡导致了教育质量差别（Odden、Picus，2000）。这引起了贫穷学区多数学生及其家长的不满，他们认为自身的公平权利受到了严重侵害。因此，在二战后的20世纪60年代至80年代，美国各州出现了诸多以教育财政公平为案由、控诉州教育财政制度违反宪法规定的平等法案的法律诉讼案，美国很多学者也把研究重点指向了基础教育投入及其分配的公平性，并提出了"教育财政中性"的概念，即州教育财政经费应与州财力相关，无论学生所在州所属学区的财富如何，每一个州的学生都应获得同样的教育经费和教育（Guthrie、Rothstein，2001）。以此为法律诉讼依据的各州教育财政公平诉讼案最终都判决增加州政府的教育经费投入，为回应学者和公众对教育财政公平性的诉求，联邦政府和各州政府也提出和实施了多项财政政策，但改善教育财政不平等的效果并不尽如人意（Ronald C. Fisher，1996）。90年代初，纽约州的教育财政诉讼案从"财政充足"角度入手，获得法院判决：要求州政府为学校提供充足的教育经费，满足学生获得达到州规定成绩标准的教育资源需求。

  法律诉讼成为了解决教育机会不平等和财政不公平的有效途径，同时也推动着美国的基础教育财政政策逐步从资源配置公平转向以"教育结果"为导向的财政充足性（Ronald C. Fisher，1996）。导致这一变化的诱因主要有两个方面：一是美国在1983年公布的《国家处在危险中：教育改革势在必行》的研究报告，引起了公众和教育决策者对公立中小学学生成绩的关注；二是源自于弱势群体为获得平等的教育机会和教育结果争取的诉讼案，1989年肯塔基州的Rose诉讼案裁决是美国基础教育财政"充足性"问题研究的开端。此后在多个州又出现了多起类似的诉讼案,这一时期的法律诉讼判决和公平标准转向充分性或充足性。进入 21 世纪,世界基础教育发展更加关注教育公平和质量,例如美国 2002 年实施的《不让一个孩子掉队》法案和 2005 年实施的《成功之路计划》、英国在全纳教育思想指引下于 2003 年实施的《每个孩子都重要》法案等都预示着以结果为导向的现代基础教育财政体系的确立 (James W. Guthrie, 2006)。为了能与过去有关教育财政分配公平问题研究成果相区别, James W. Guthrie (2006) 将基础教育财政充足性的研究成果称之为"新财政",并分析了"新财政"产生的背景,着重指出了"新旧财政"各自的特点,以及"新财政"在分析方法和数据收集方面的一些变化。

3. 教育资源配置与教育结果间的关系

自科尔曼利用教育生产函数探究学校投入与教育结果间的关系以来,国外学者在此基础上围绕这一问题展开了大量研究,并且大多数研究都采用学生成绩来衡量教育产出或教育结果,其优点在于学生成绩本身是教育目标体系中的一个重要目标,是衡量学校教育成效的一个重要方面,也是政策制定者和家长最关心的教育产出,能很好地预测学生未来在劳动力市场上的表现 (Anna Vignoles, 2000);而且学生成绩数据容易在较短的时间内获得,升学率和毕业生在劳动力市场的表现等教育产出指标与教育投入指标间的时滞较长,在测量教育投入多年后再来测量与之相关的教育质量通常不太现实 (Hanushek, 1995)。Hanushek (1991) 总结了发达国家尤其是美国有关学校资源配置与学生成绩间关系的 187 项研究成果得出结论,二者间并不存在很强或系统性关系,据此认为教育政策制定不能仅以投入为依据,强调要以教育结果——学生成绩为基础的重要性。但是这些来自发达国家的研究结论和政策实践并不一定适合于发展中国家。不少学者认为,发达国家生均资源的巨额投入导致了研究者很难分辨出学校资源投入对学生成绩的边际影响,发展中国家与发达国家在学校投入上的巨大差异,很有可能使得学校资源配置对学生成绩的影响出现不同结果。Hanushek (1995) 又总结了 96 篇发展中国家的相关研究文献,发现学校资源配置尤其是学校设备对学生成绩的影响的确要比发达国家大。这些使用教育生产函数方法的研究没有得出一致的结论 (Stiefel、Schwartz、Rubenstein、Zabel, 2005; Rebell、Wardensk, 1997),导致政策制定者和决策者难以将研究成果运用到政策实践中。Fortune 和 O'Neil (1994) 以及

Verstegen（2004）指出，其原因在于教育生产函数法本身存在缺陷，表现在：一方面教育生产函数度量的是教育投入与学生成绩这一教育结果间的相互关系，它的系数仅能反映出二者间的边际效应，这可能会低估教育资源转化为学生成绩的效率；另一方面使用单一产出来描述教育生产关系并不全面，因为学校可能会提供多样化的教育来实现多重目标。另外，即使使用相同的数据，但采用不同方法来估计教育生产函数也可能会出现完全不同的结果。例如，Hedges（1994）等人就对 Hanushek（1991）将显著的和不显著的实证结果都统计进来的投票计数的总结方法提出了质疑，他们使用元分析统计方法重新分析这些数据后得出了截然相反的结论，结果发现增加教育资源投入可以提高学生成绩。对此，Monk（1989）建议学者们可以使用不同方法、技术和数据来检验已有研究结果，从而得出一致的结论。Knoeppel、Verstegen 和 Rinehart（2007）使用了与已有研究不同的典型相关分析方法，通过分别构建教育多投入变量和多产出变量的两个线性函数，以此来发现教育资源投入与教育产出间最强的相关关系。

4. 以结果为导向的教育成本度量方法

在学者们对教育资源与教育结果间关系进行大量研究的同时，美国 20 世纪 60 年代初至 80 年代末的基础教育财政实践也证实单纯致力于资源配置均衡不能取得良好效果，因此，从 90 年代开始，掀起了以结果为导向的教育财政充足性改革（Fisher，1996）。教育充足性不仅关注教育资源的成本，而且更加关心政府应提供哪些教育资源以及需要多少资源才能使每个学生达到特定的教育结果（Verstegen、King，1998；Ladd、Hansen，1999）。要回答上述问题离不开教育结果指标的设定，美国采用学生成绩来代表，并通过教育立法和标准化考试系统确定学生成绩标准（Smith、O'Day，1991；Vinovski，1999），再利用多种方法来测算达标所需的教育成本。评估的方法可归纳为三个步骤：首先，选取学生成绩的度量方法；其次，识别达到充足性标准所需的支出；再次，根据不同地区、学校和学生的特征，调整充足性支出水平（William Duncombe，2002）。由于统计方法和数据的差异，不同学者所采用的充足规划和评估方法各不相同，运用较广的方法主要有以下五种：成功学校或学区法、成本函数法、经验证据法、专家判断法、质量教育模型法。

一是成功学校或学区法，即选择教育质量标准，鉴定达到标准的学校或学区，分析达标学校或学区的支出类型，并计算其平均成本，同时剔除异常值（极其富裕的学校或学区），根据学校或学区运行环境和学生支出需求差异对估算的成本进行调整。该方法将教育支出与达到教育充足性的学区标尺设定联系了起来，并为达不到标准的学区如何调整教育充足性成本提供了指引，学生的需求差异常常用来调节学生的成本权重。这种方法在俄亥俄州（Augenblick，1997）、伊利诺斯州（Augenblick，2001）、马里兰州（Augenblick，Meyers，A. Anderson，2001）以及加利福尼亚州（María Pérez，2007）等教育充足性成本评估中使用过。Augenblick（2002）使用该方法对俄亥俄州的充足性成本进行测算时发现，要剔除"非典型学区"，增大了成本调节的难度。如果非典型学区中有特殊需求的学生较多，利用成功学区的平均成本需求来估算，则容易低估非典型学区的支出需求，而且随着充足教育标准的提高，达标的学区数量越来越少，依靠研究者和决策者直觉选定的成功学区代表性也会降低（Odden，2003）。

二是成本函数法，就是把学区或学校的实际支出与学生成绩、资源价格、学生需求和学区其他相关特征联系起来，由此估算的结果常用来构建教育成本指数，并以此来测算超出学区控制范围的因素是如何影响达到给定标准的支出需求。教育成本函数模型的因变量是生均教育支出，自变量是影响生均支出水平的学生、学校和教师等方面特征的变量，其中，最重要的自变量是衡量教育结果的学生学业成绩变量。度量学生学业成就的方法主要有两种：一是用不同分数段范围内学生人数占比来测算学生的整体达标水平；二是按不同分数段的学生人数占比对学生成绩进行加权平均计算（Baker，2005）。Reschovsky、Andrew和Imazeki（1997）、Imazeki和Reschovsky（1999）以及William Duncombe（2002）利用成本函数法构建了教育生产和成本函数模型，通过线性回归方法估算出生均教育支出边际产出系数，再利用估计结果构建教育成本指数，来衡量要达到教育充足标准所需要的最低支出水平。该方法分别被上述学者用于估算威斯康星州、得克萨斯州和纽约州充足性教育所需的成本，但该方法对统计数据的要求较高，而且需要将教育对教育产出的贡献与其他因素如家庭和社会环境等对教育产出的贡献分离开来（Berne、Robert、Leanna Stiefel，1999）。

三是经验证据法，即通过询问教育工作者达到教育标准需要什么资源，根据询问信息或资料来找出达到地方政府或教育部门设定的充足标准的班级、学校和学区，然后设计一个标准化（原型）的学区，从而计算出学区的教育支出，以此为依据来估计州所需的成本。这种方法的运用需要丰富的信息，同时也涉及根据不同的地理环境和不同需求学生类型对标准化学校成本进行调整的问题。如 Odden、Picus 和 Fermanich（2003）运用该方法对阿肯色州各学区获得充足性教育的成本进行了估算。在肯塔基州和新泽西州也使用过该方法。

四是专家判断法也称资源成本模型法，这种方法最初是由 Chambers 和 Parrish（1994）发展起来的，后来被 Guthrie 和 Rothstein（1999）、Augenblick（2001）、Augenblick 和 Silverstein（2002）等学者所运用。该方法需要研究者选择一些教育专家，并将其分成两个专家小组，第一组主要由资深教师、学生问题专家和教育管理者组成，专家们在项目预先准备的一些策略和建议基础上，依据自己的经验和专业判断，通过多次讨论，确定典型班级、学校和学区达到某一充足标准所需要的各种资源要素，包括班级规模和数量、教师类型和数量以及其他非人力资源的投入；第二组专家主要由校长、教育主管和其他教育实践者组成，他们的主要任务是讨论第一组专家所设计的"原型学校"是否能达到州政府所规定的教育内容和服务标准。在确定了"原型学校"所需的资源要素后，再用这些资源乘以对应的价格水平得到该学区的充足教育成本；并根据学区间的异质性或特殊学生的额外需求，对各个学区的充足成本进行调整（Duncombe、Lukemeyer、Yinger，2003）。当投入和产出相联系时，有很多不可控因素，利用专家判断法衡量充足性教育所需成本依赖于专家的构成以及他们建议的准确性，这也使得专家判断法的主观性较强（Reschovsky、Imazeki，2000）。Guthrie、Rothstein（1999）却认为多方参与使该方法的决策过程更透明，且成本调整的过程更灵活。这种专家判断法在美国的许多州被应用过，包括肯塔基州、缅因州、马里兰州、蒙大拿州、内布拉斯加州、俄勒冈州、南卡罗来纳州、威斯康星州和怀俄明州。

五是融合了专家判断法和成功学校或学区法的质量教育模型法。Conley 和 Picus（2003）在测算俄勒冈州教育财政充足性水平的研究中，首先提出了一个包含四个基本条件的制度设计方案，即应在构建以地方和州政府为责任主体的教育财政体制下，建立教育结果标准化评估体系，实施学校教育支出统计报告制度；在此基础上，建立一个强调教育结果并追求高质量教育的混合模型，即质量教育模型；该方法在规定最优学校规模的基础上，根据教育元素及其包含的成分，构建出不同层次的"原型学校"，以及在三种不同的充足标准下分别估算所需的财政拨款金额。使用该方法便于根据质量标准的变化对财政充足性水平进行灵活调整，但按照不同的充足标准分别进行财政规划则较为复杂。

由于各种方法都有其不足之处，很多州的研究者同时采用多种方法去度量各学区或学校达到州规定成绩标准所需要的成本，然后由政策制定者进行综合权衡。尽管运用不同方法估算出的充足性教育成本各异，但正如Lawrence O. Picus（2004）在总结多项研究结论后指出的那样，所有的研究结论均表明，确保每一个孩子都能接受充足的教育，与不这样做相比较，各个州均需要大大提高基础教育的支出水平。不过，值得注意的是，研究者在采用上述方法评估充足性教育所需成本时，均先验性假定学校教育生产都是有效率的。John Ruggiero（2007）认为确保教育经费充足性的措施可能会造成教育生产率低下，因此，他运用数据包络法充分考虑了教育生产中无效率的情况，分析了2000年俄亥俄州607个学区的充足性教育投入效率，结果表明：在不增加教育支出的情况下，可以通过改进无效率学区的绩效和重新配置资源来实现充足性结果标准。Schwartz（2005）等人利用成本函数分析得出投入品价格与成本间存在正相关关系，在投入品价格与教育产出相等的所有学校中，教育成本最低的学校是最有效率的学校，它的教育支出比效率最低的学校要少40%。

5. 以结果公平为导向的教育财政政策选择

如何满足以结果为导向的教育财政经费需求是决策者面临的具体政策问题，包括确定一个充足的最优拨款水平，以及如何进行拨付。H. Ladd、J. S. Hansen（1999）和Minorini、Sugarman（1999）指出教育财政诉讼对教育财政制度的质疑，要求必须提出明确的充足标准，因此也促进了美国教育标准化改革，包括各州制订的课程要求、办学条件、教育设施、教师质量和数量以及学生学业成绩考核的统一标准等。Ronald C. Fisher（1996）认为教育财政诉讼导致的美国教育管理体制变革，提高了教育体制的集权程度，增大了州政府的办学责任和管理权限，减轻了地方政府的责任，使得州和地方政府在教育资金供给方面的相对作用发生了变化。地区间经济发展水平的不均衡必然导致教育经费分配不均等，政府间财政转移支付是均等化财力的重要手段。Odden和Picus（2000）对美国州政府向学区实行的基础教育财政转移支付模式进行了研究，并将其概括为四种：一是水平补助模式，即州政府按相同的生均教育经费补助标准对每个学区予以补贴；二是基数补助模式，这种模式是按照州政府统一设定一个生均义务教育经费标准，对学区财力支出缺口由州政府予以补足；三是赋予学区税率制定自主权的税基补助模式，由于美国义务教育经费主要来自学区财产税，税率由学区自主确定，州政府提供给学区的补助等于学区生均税基与州政府规定的生均税基的差额乘以学区房地产税率的数额，相当于州政府为学区确定了一个税基形式的生均义务教育经费定额标准；四是基数补助与税基补助结合的模式。

Guthrie（2006）总结发现，在旧的教育财政拨款模式下，学校资金筹集与配置是学校运行的前提，但却与学校教育目标相分离；而现代教育财政拨款模式则强调了要在教育投入和教育结果之间建立联系的必要性。William Duncombe（2002）在确立了教育充足性财政补助目标的基础上，通过实证分析构建了一个以绩效为导向的财政补助体系，分别提出了学区要达到特定充足性标准所需资源的学校补助基本公式和特殊学区要达到州规定的最小支出水平的充足性标准的绩效补助公式，且满足充足性的支出需求考虑了学生的需求差异和学区间居住成本的差异，并指出学区可以通过更好的管理实践和教育项目创新提高已有资源的使用效率。

6. 国外研究文献述评

纵观国外学者关于教育公平及其财政政策研究成果，学者们对教育公平理论的研究内容逐渐深化，体系不断完善，公众和学界的教育公平观念都从机会公平到过程公平，再转向结果公平。尤其是美国民众在追求教育结果公平即质量均衡目标过程中，以法律诉讼的形式推动了教育财政体制的改革，同时也引起了以教育财政充足性为主题的学术研究的关注。此后，学者们致力于从理论上界定教育财政充足性的含义，从经验研究中得出教育财政充足性的标准要以标准化的考试成绩为依据，才能测算出充足性的教育财政支出水平。在此基础上，国外学者研究出成功学区法、专家判断法、经验判断法、成本函数法和高质量教育学校模型法等各种估算充足性教育成本的实证分析方法，并将这些方法运用到各州的教育财政政策实践中，为决策者提供多种可供选择的方案。为满足财政分权体制下多级政府的充足性教育财政经费需求，学者们还设计出水平补助、基数补助、税基补助、基数与税基相结合等四种主要的转移支付模式。上述研究成果已在美国实践了二十多年，形成了一套成熟的理论体系和研究范式，尤其是国外学者在实证研究方面的重大贡献，对完善我国现阶段义务教育校际间办学质量均衡的财政政策提供了重要的启示和经验借鉴。

(二) 国内研究现状与述评

相对于国外基础教育公平及其财政支持政策的成熟理论和大量实证研究成果,国内学者对义务教育校际间办学质量均衡问题的研究还处于起步阶段,规范性的研究内容主要集中于地区、城乡、校际和群体间的资源配置均衡,基于财政视角的实证研究还是空白。具体说,可以概括为以下几个方面:

1. 义务教育均衡发展的含义

与国外学者对教育公平理念的观点相同,国内学者对教育公平划分为机会公平、过程公平和结果公平三个层次已达成了普遍的共识。在中国特殊国情下,义务教育均衡发展作为教育公平理念的重要体现,尽管国务院出台的很多纲领性文件都明确提出了义务教育均衡发展目标,但却没有清晰界定其含义和内涵,学者们对义务教育均衡发展含义赋予了不同的内涵,具有代表性的观点有:阶段论和条件论。其中,阶段论主要是国内学者基于胡森给出个人教育公平的三个含义,把义务教育均衡发展理解成一个历史范畴,按其实现程度分为教育机会均等的低水平均衡阶段、教育过程均等的中等水平均衡阶段、教育结果均等的高水平均衡阶段(翟博,2008),并认为我国目前应致力于义务教育过程均衡即资源配置均衡。尽管褚宏启、高莉(2010)指出,义务教育均衡发展的目标是要给每个学生都提供公平与质量并重的教育,不仅要促进公平、缩小差距,还要提高质量。姚永强、范先佐(2013)也指出义务教育均衡发展是一个系统工程,必须准确把握各要素、各环节的相互关系,要把投入、过程和产出结合起来,以结果为导向来注重过程,才能更好更快地推进我国义务教育均衡发展。但目前"以结果为导向来注重过程"的观点并未引起足够重视。薛海平、王蓉(2010),阮成武(2013)和李宜江(2013)等学者提出的条件论观点认为,保障我国义务教育结果公平的前提条件是实现区域、城乡、校际义务教育办学条件标准化,以教育资源均衡配置促进义务教育均衡发展,而资源均衡配置的重心在于学校公用经费和教师资源的均衡配置。然而,以资源配置均衡为目的的美国基础教育实践早已证明教育公平的最终目标是结果公平,单纯追求物质性资源配置均衡的意义并不大(李文利、曾满超,2002)。

2. 义务教育均衡发展指标体系

由于绝大多数学者把义务教育均衡发展简单理解成资源配置均衡,故在构建义务教育均衡发展的评估与监测指标体系上也基本是围绕资源配置均衡来设计的。袁振国（2003）在《缩小差距：中国教育政策的重大命题》一书中，首次较为系统地从城乡、地区、阶层和类别四个维度，选择生均经费、师资力量、物质资源等指标，以资源配置为主线构建了一套义务教育均衡发展指标体系。薛二勇（2013）从人力、财力和物力资源三方面选取指标，构建了义务教育均衡发展指标体系。2010年教育部出台《教育部关于贯彻落实科学发展观 进一步推进义务教育均衡发展的意见》，要求中央和省级教育部门要研究制定义务教育均衡发展评估指标及其标准，定期对县域内义务教育均衡发展状况进行监测和督导评估。[1] 自此，学者们转向从县域内校际间的微观层面来构建义务教育均衡发展评价指标。王善迈等（2013）学者认为义务教育校际均衡是短期内可以实现的，校际资源分配是否均衡与居民自身利益密切相关，因此，基于资源配置均等、财政中立、弱势补偿和数据可得性等原则，建立了包括入学规则均衡指标、资源配置均衡指标和学校教育产出均衡指标的评价体系。中国教科院"义务教育均衡发展标准研究"课题组（2013）依据《教育规划纲要》中"要均衡配置教师、设备、图书和校舍等资源"的要求，通过一线调研、小样本试测、全样本模拟，从师资配置和办学条件等方面提出了衡量县域内校际间义务教育均衡发展水平的八项核心指标[2]，确定了以差异系数作为义务教育均衡发展水平的测算方法，提出了义务教育均衡发展的评估标准，形成了所谓义务教育均衡发展的国家标准体系。另外，沈百福（2004）、袁振国（2010）、于发友等（2011）、翟博和孙百才（2012）还从区域均衡、城乡均衡、校际均衡和群体均衡等不同范畴对义务教育均衡类型进行了区分。

虽然国内学者们从不同角度选取不同的指标构建了相对系统全面、操作性较强的指标体系，但分析这些具有代表性的研究后，不难发现学者们在具体指标选择上也存在一些缺陷，主要侧重于资源配置指标及教育规模类指标。正如李宜江和朱家存（2013）以及杨小微等（2013）指

---

[1] 教育部：《教育部关于贯彻落实科学发展观 进一步推进义务教育均衡发展的意见》（http://www.moe.gov.cn/srcsite/A06/s3321/201001/t20100119_87759.html），2010年1月19日。

[2] 八项核心指标包括师生比、生均高于规定学历教师数、生均中级及以上专业技术职务教师数、生均教学仪器设备值、每百名学生拥有计算机台数、生均图书册数、生均教学及辅助用房面积和生均体育运动场（馆）面积。

出,现有的指标体系在教育产出的关键环节和质量评价的核心内容上存在指标缺失,除少量升学率、学业成绩、就业指标、受教育年限指标可归结为笼统的教育产出外,其他侧重教育资源配置的指标,无法构成一个从投入到过程再到产出的完整监测结构。而规模类指标伴随教育服务的普及,衡量教育差异时不具备适切性,不能全面反映教育质量的丰富内涵,不能充分体现义务教育现阶段发展的质量目标(褚宏启、高莉,2010);并且采用平均数的度量方法也掩盖了教育规模和社会自然环境等因素,容易误导决策者认为生均值高的小规模学校的办学质量好(李宜江、朱家存,2013)。

3. 义务教育均衡发展的评估与财政支持政策

基于上述围绕义务教育资源配置均衡设计的指标体系,国内学者对我国义务教育均衡发展现状进行了大量评估,结果表明,我国义务教育资源配置不仅存在严重的城乡和地区差异,且同一县域内校际间的差异也较大(袁振国,2003;卢洪友,2012),这些研究结论主导了现阶段我国义务教育均衡发展财政支持政策的制定,使得义务教育财政政策一直单纯地致力于促进教育资源配置均衡,促使政府加大了义务教育财政投入,极大改善了一些学校办学的物质条件。但这种简单地把义务教育均衡发展理解成资源配置均衡,并以此来规划的财政支持政策,无论是在理论层面还是政策实施层面均存在不少问题。就理论层面而言,资源配置均衡不等于办学质量均衡,资源配置与办学质量究竟存在什么样的关系,哪些资源对办学质量影响更大,这些都需要进一步论证和检验。就政策实施层面而言,侧重于评估资源配置均衡的指标体系较为关注区域、城乡等宏观、中观层面,忽略了校际间和学生个体间的差异,笼统地认为相同的教育资源投入能达到相同的办学质量,但在现实中,家庭背景较差的学生和所处环境恶劣的学校要达到一定教育质量可能需要更多的投入,同时也不利于小规模农村薄弱学校的改造。因为偏远农村学校的学生人数少,生均占各种投入指标都可能高于城镇大规模重点学校。若以生均投入指标高低作为制定投入政策的依据,这些偏远农村的薄弱学校则不需要投入。另外,过分地关注教育资源投入与分配,而忽视了存在资源浪费的现实,对教育资源使用无效率的情况也没有给予足够重视。

值得注意的是,自李文利等(2002)介绍了美国基础教育财政改革的最新进展后,国内少数学者逐渐开始关注以结果公平为导向的美国基础教育"新"财政，但介绍性研究居多，整体上介绍了教育财政改革背景、"新"财政定义、标准的确定方法、与公平的关系以及在我国的适用性（李文利、曾满超，2002；曹淑江，2004；黄斌，钟宇平，2008；梁文艳，2008；薛二勇，2011）。尽管国内学者分析了在中国的适用性后一致认为，我国义务教育均衡发展的财政政策应从促进资源配置均衡转向以结果为导向的均衡发展，既有必要，也具备条件，但目前几乎没有国内学者做过这方面的实证研究。而国内学者们提出的促进我国义务教育均衡发展的财政政策建议，大多比较零散、未形成政策体系，概括起来大致包括以下几个方面的内容：一是要建立国家义务教育均衡评价监测体系，以义务教育质量均衡指标体系为基准，分地区设计指数监测范围；再根据义务教育均衡发展标准，设计一个用于测算各学校不同背景学生达到一定学业成就所需生均经费的拨款公式，完善学校预算制度（崔慧广，2012）。二是在制定地区义务教育校际间办学质量均衡经费保障标准的基础上，合理划分政府间义务教育财政支出责任，建立规范的政府间义务教育财政转移支付制度（李文利、曾满超，2002；张丽华、汪冲，2008），具体的方式是：通过构建县级义务教育财政转移支付模型，测算县级义务教育财政收支缺口，确定转移支付需求，划分中央、省、市级政府经费支出责任。三是实施以教育质量均衡为责任导向的监督检查机制和财政投入问责机制，优化财政支出结构，提高财政资金使用效率，为政府评价教育财政资金支出绩效提供技术和制度支持（栗玉香，2011）。四是建立和完善义务教育贫困学生资助制度，解决好义务教育资助制度的资助标准、覆盖面和资金分担机制等问题（王善迈、袁连生、刘泽云，2003）。

4. 国内研究文献述评

义务教育质量均衡发展作为义务教育基本公共服务均等化的最终目标，政府应承担的责任尤其是财政责任已十分明确。早在20世纪中后期，国外学者就着手研究促进义务教育质量均衡的财政新机制，形成了分析教育财政充足性的理论框架。而国内学者们对义务教育校际间办学质量均衡财政保障机制的研究匮乏，因为该问题涉及教育学和财政学两个领域的交叉内容，融通性研究不足，大多数学者都从教育或财政的单一视角展开研究，对于义务教育校际均衡的内涵界定、指标体系和财政支持政策等方面做出了积极的探索，取得了一些初步的共识，这些内容本身也是研究如何构建义务教育校际均衡的财政保障机制必须厘清的基础性问题，归纳起来包括：第一，义务教育校际间办学质量均衡是教育公平理念的重要体现，具有丰富而复杂的内涵，不仅呈现出动态的阶段性特征，而且还有区域性和差异化的特点；第二，在探讨校际均衡内涵的基础上，学者们提出了应遵循平等、差异和补偿等原则，以合格性评价为依据，改变不公平的选拔性评价方式；第三，在义务教育校际均衡原则及指标体系构建原则的指导下，多数学者构建出以考核教育效果为主的指标体系；第四，学者们普遍认为财政政策的制定必须以义务教育校际均衡指标体系下的均衡标准为依据，测算出充足性的经费需求水平，再通过完善政府间财政转移支付制度保障县域义务教育校际间办学质量均衡发展的财力需求得以满足。

综合国内已有研究文献不难发现，尽管相关研究成果十分丰富，涉及的面比较广，研究的视角也较多，但仍存在诸多不足，主要体现在以下几点：一是从研究内容上看，基于不同学科背景的学者从不同角度对我国义务教育校际质量均衡的规范性研究，思路较为局限，内容比较零碎，缺乏系统地将义务教育校际均衡与财政机制贯通的理论研究框架，由此衍生出的校际均衡内涵还有待进一步总结和提炼；在明确界定其含义后，还需要选择科学的、可度量的标准，现有的研究在这方面还显得非常单薄，目前尚没有建立起科学评价我国义务教育校际办学质量均衡的指标体系，而且对于现阶段质量指标需要达到的标准如何确立和度量、标准范围是什么，已有研究并没有给出令人信服的答案。二是从研究方法上看，相对于国外关于教育财政充足性的丰富实证研究成果，已有国内研究主要还集中于规范性分析，一些比较分析和经验借鉴还仅仅停留在认知层面，尚未向论证和实施层面转化，限于开展大规模实证调查所需要的人力、物力和财力等条件，迄今为止也没有实证研究的先例。三是从研究层次上看，目前我国地区间、城乡间和居民间的义务教育资源分布不均等，使得国内大多数学者主要从地区和城乡的宏观层面研究义务教育均衡发展问题，从县域和学校的中观层面进行研究的文献较少。

因此，要从财力上保障我国县域内义务教育校际间办学质量均衡目标的实现，必须立足多学科理论的交叉，明确义务教育校际均衡发展的内涵，分别从实证和规范的角度对县域义务教育校际均衡的现状和财力需求进行科学评估和准确测算，从体制机制改革入手，提出促进我国义务教育校际均衡发展的财政保障机制构建的政策建议。

三　基本思路与技术路线

（一）研究的基本思路

本书在系统梳理与分析关于义务教育均衡发展及其财政政策的国内外研究文献基础上，借鉴美国近20年基础教育财政改革的经验，立足我国现实，形成研究的基本思路：首先，从教育公平理论入手，在厘清国外基础教育公平理念与政策演变脉络的基础上，结合我国近几年在推行义务教育资源配置均衡中遇到的种种问题，揭示并界定我国县域义务教育校际均衡发展的内涵是办学质量均衡，应树立以促进办学质量均衡来注重资源配置的理念；在此基础上，从公共产品理论、福利经济学理论和财政分权理论的视角论证了政府承担义务教育校际均衡发展的财政责任，并提出了财政干预的主要方式，以此奠定本研究的理论分析框架。其次，在经验研究中，基于可度量原则，参照国际惯例、结合我国国情并考虑研究的可行性，充分论证并确立学生成绩是代表办学质量的核心指标，以此构建出衡量县域义务教育校际间办学质量均衡程度的指标体系，并对县域义务教育校际均衡现状进行评价。再次，利用典型县实际调查数据，采用多层线性模型和典型相关分析的方法，弄清学校各种教育资源对学生成绩与办学质量的影响机制及其程度，进而分析不同学校达到统一质量标准所需各种资源及其最优组合；然后，在绩效预算管理思想下，基于以结果为导向的基础教育财政充足性的研究方法，构建DEA-BCC超效率模型分别估算位于县城、城郊和农村地区的达标学校有效使用这些教育资源的最低成本，并将其转化为县域校际均衡的财力需求；最后构建一个"以义务教育校际办学质量均衡为目标、以需求为依据、以绩效为导向，确保县域内各学校达到最低办学质量水平、各级政府共同分担经费投入"的财政保障机制。

（二）研究的技术路线

县域义务教育校际均衡的财政保障机制研究是一个具有前瞻性和实践性的课题。我国义务教育的均衡发展趋势已不仅仅是追求办学条件上或教育过程中的资源配置均衡，它对质量均衡的目标提出了更高的要求和挑战，也为财政保障机制的构建提出了新的研究视角。本书以义务教育校际间办学质量均衡目标为逻辑起点，按照"理论分析—经验分析—对策研究"这一研究思路展开，具体的技术路线图如图0.1所示。

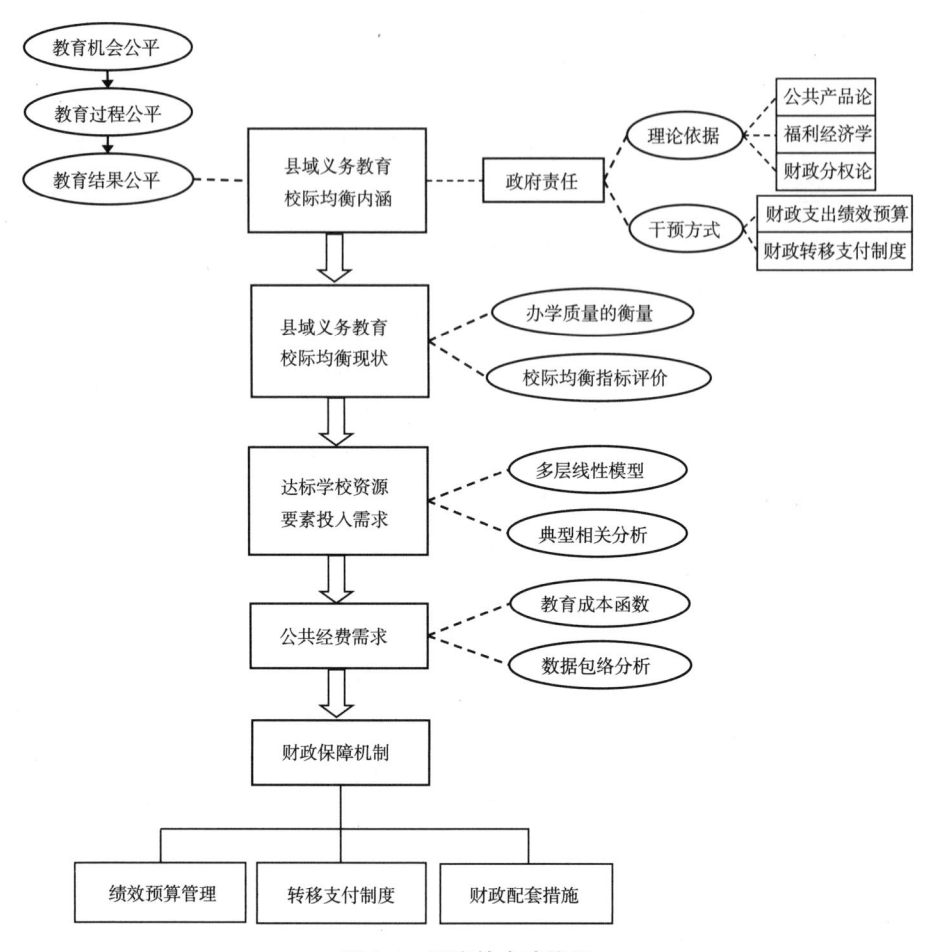

图 0.1　研究技术路线图

四　主要内容与研究方法

(一) 研究的主要内容

为了对县域义务教育校际均衡问题及如何构建相应的财政保障机制进行系统研究，本书在充分收集和系统梳理国内外有关研究文献的基础上，以教育公平理论为基础，结合绩效预算的思想，构建一个研究以教育结果公平为目标、实现教育财政资金配置效率与公平的福利经济学分析框架，并从实证分析角度估算了县域义务教育校际均衡发展的财政经费需求，以此为依据，设计了财政分权体制下的绩效导向型的义务教育财政转移支付公式，再从改革地方政府义务教育财政投入绩效预算管理体制、建立地方政府义务教育财政投入激励机制和合理划分各级政府间事权与支出责任等方面提出完善财政保障机制的具体措施。除导论外，全书共分为七章，包括三个部分，其中，第一章和第二章是理论分析，第三章至第六章是实证分析，第七章是政策建议。具体内容安排如下：

导论部分对本书的研究背景和研究意义进行阐述，在此基础上，通过对国内外研究现状的综述，学习和借鉴国内外学者的研究成果，提出本书的研究思路、研究内容、研究方法、可能的创新与不足之处。

第一章是研究的逻辑起点。首先以教育公平理论为义务教育均衡发展的基本理论，系统梳理了国内外有关基础教育公平的理论与政策，厘清基础教育公平理念与财政政策演变脉络，为界定我国县域义务教育校际均衡发展的内涵提供理论支持；然后，提出了本书的研究对象是县域义务教育校际间办学质量均衡，并对其可行性进行了分析，界定了县域义务教育校际均衡的含义。

第二章从理论上论证了县域义务教育校际均衡的政府财政责任，为财政保障机制构建奠定了理论分析框架。首先运用公共产品理论明确了义务教育的供给责任应由政府承担；其次通过福利经济学理论阐明了政府承担义务教育校际均衡发展的财政责任兼顾了效率与公平的目标；再次根据财政分权理论合理划分了各级政府间的财政责任，并指出主要由县级政府承担义务教育校际均衡发展的财政责任更符合效率与公平的目标；最后，提出了以校际均衡为导向的义务教育财政支出绩效预算和以财力需求为依据的义务教育财政转移支付制度两种财政政策工具。

第三章是县域义务教育校际均衡指标体系的确定及其现状评价。根据本书界定的义务教育校际均衡是指校际间办学质量的均衡，首先在系统梳理有关基础教育办学质量的含义及其度量方法的国际通用做法和中国实践经验的基础上，基于中国现实、国家相关政策文件和可度量原则，确立度量义务教育阶段办学质量的核心指标为学生学业成绩水平，并介绍了国内外度量办学质量的方法，形成校际间办学质量均衡的评价指标与方法，再利用调研县数据进行指标评价，分析县域义务教育校际均衡程度。

第四章是县域义务教育校际均衡的资源配置研究。采用多层线性模型进行实证分析，以 HB 省 A 县为案例，通过调查获取学生个体和学校层面的两层结构数据，考察哪些学校资源会影响学生成绩，并弄清学校资源配置对学生成绩的影响机制与路径。

第五章是县域内各学校达到校际均衡标准的资源配置要素的优化组合分析。在第四章实证分析的基础上，采用典型相关分析方法，找出教育资源的多投入变量与办学质量的多产出变量间的相关关系，即利用投入与产出变量分别构建两个综合变量，找出最优的线性组合使两个综合变量的典型相关系数达到最大值，从而确定教育资源配置对办学质量的影响程度以及达到校际均衡标准所需教育资源投入的优先次序和优化组合。

第六章是县域义务教育校际均衡的财力需求估算。利用前两章分析得出的校际均衡办学质量指标和资源要素投入信息，设定 DEA 模型的评价指标，并对县域内各学校义务教育财政支出效率进行评价，识别出各学校的达标情况和资源使用效率状况；根据评价结果进一步估算出当前办学质量水平下的各学校有效使用投入要素的最低成本，最后代入设定的质量标准，估算出每个学校达到义务教育校际均衡质量标准的财政经费需求。

第七章是在现行的财政分权体制下构建了一个促进县域义务教育校际间办学质量均衡的财政保障机制。首先，根据第三章至第六章的实证分析结果，对现行义务教育均衡发展财政政策存在的问题进行总结，并从体制机制角度深入分析问题的成因，以此揭示构建县域义务教育校际均衡财政保障机制的动因。其次，按照国际上评价教育财政的标准，提出了义务教育校际均衡发展财政保障机制的构建需要遵循的充足、效率与公平三个原则，以及机制构建涉及的财政管理体制、财政筹资机制和财政拨款制度等方面的主要内容。最后，运用第一章与第二章奠定的理论基础，以义务教育校际办学质量均衡为目标、以需求为依据、以绩效为导向，分别从县域义务教育校际均衡发展的事权与支出责任划分、地方政府义务教育财政支出绩效预算改革、义务教育转移支付制度规范和其他财政配套措施等方面，提出了构建县域义务教育校际均衡财政保障机制的政策建议。

(二) 研究方法

本书主要采用文献研究法、定性分析和定量分析、实地调研法和问卷调查法、实证分析和规范分析等多种研究方法。具体研究方案设计如下：

1. 文献研究法

本书通过系统收集与梳理国外（主要是美国）关于基础教育财政充足性研究以及国内关于义务教育均衡发展及其财政支持政策的文献资料，为我国义务教育办学质量含义的界定、质量标准的选择，以及达到统一质量标准学校成本的估算等提供研究思路、理论支持和可以借鉴的方法。

2. 定性分析和定量分析相结合

在研究县域义务教育校际均衡指标及其标准时，一方面，需要通过定性分析，找出恰当的衡量指标；另一方面，为了准确地考察和把握县域义务教育校际均衡状况，通过定量分析对指标进行客观评价，为校际间办学质量均衡标准的确立提供事实依据。

3. 实地调研法和问卷调查法相结合

结合两种方法，一是分析达到统一质量标准所需的投入要素，从县教研室、县教育主管部门、学校校长、学校财务部门领导、有经验的教师和家长中选择部分人组成调查对象，询问、调查义务教育校际均衡发展情况以及所需教育资源要素投入及其优化组合；另外，通过向县教育行政主管部门、学校、老师、家长与学生发放问卷，召开座谈会，获取所需要的数据与资料。将收集的数据资料进行层次分析，最终确定要素投入需求。二是关于县域义务教育统一质量标准的选择问题，本书以国家的培养目标、教学大纲、教学计划和课程质量标准为依据，充分考虑调研县的实际情况，调研获取县中小学春秋两个学期期末和初中市（州）升学统考成绩，以及各学校各学科平均成绩、通过率、优秀率，结合县财力状况，利用典型相关分析的实证结果，确定质量标准。

4. 实证分析和规范分析相结合

本书的主要研究内容是构建义务教育校际均衡财政保障机制，解决这一问题要以财力需求为依据，相应的经费需求估算是一种实证分析，在实证分析得出可量化的结论基础上，运用规范分析的方法，提出构建财政保障机制的具体政策建议。一是在实证分析中，首先使用了多层线性模型和典型相关分析两种方法来确定满足校际均衡标准的财力投入所需要的教育资源要素需求；其次，再利用 DEA 非参数法估算学校达标的成本或支出需求。二是在规范分析中，结合理论分析框架和实证分析结果，提出义务教育财政支出绩效预算改革与财政转移支付制度规范的思路，以及相关的财政配套措施。

五　可能的创新与不足之处

（一）可能的创新

本书采用了多种分析方法，紧扣县域义务教育校际均衡及其财力需求，从多角度进行了客观评价和系统分析，尝试在研究内容、研究方法和研究视角三方面进行创新，具体来看：

1. 在研究内容上，本书根据国家有关义务教育的相关规定，在明确界定县域内义务教育校际均衡含义基础上，给出了县域内义务教育阶段各学校应达到最低的、可度量的统一质量标准，为国内学者后续研究提供理论和实践支撑。当前国内有众多学者对地区间、城乡间的义务教育质量均衡问题展开研究，但在"以县为主"的义务教育管理体制下，实现县域内义务教育校际间办学质量均衡的目标更具有实践意义，而国内鲜有学者从县域角度对校际间义务教育的质量均衡程度进行微观层面的量化分析，本书尝试通过相关指标的构建和标准确立为实现目标的财力需求测算奠定基础。

2. 在研究方法上，本书将义务教育投入、产出和效率纳入统一分析框架，运用中国县域内义务教育阶段各学校的数据资料，提供实证研究基础教育财政充足性的中国案例，同时也填补了国内有关这方面实证研究的空白。特别是采用DEA非参数的实证分析方法，可以在确保教育资源有效使用的情况下，为决策者提供一个可供选择的方法。另外，与已有的研究普遍运用传统的教育生产函数和成本函数建立多元回归模型进行实证分析不同，本书将家庭背景和学生个体特征等因素纳入教育生产函数中，利用多层线性模型揭示出学校各种资源投入对学生学业成就影响机制的黑箱，在此基础上，为了减少教育生产函数只能分析多种资源投入与一种教育产出之间的边际关系可能带来的误差，进一步利用典型相关分析方法，厘清多种资源投入指标对多种办学质量产出指标的影响程度。

3. 在研究视角上，与国内已有"以资源配置均衡"为基础的各级政府共同分担义务教育筹资责任机制不同，本书试图设计一个"以校际办学质量均衡为目标、以需求为依据、以绩效为导向"，各级政府共同承担县域义务教育均衡发展筹资责任的财政保障机制。这实质上是财政绩效预算理论在教育领域中的运用，不仅为义务教育均衡发展提供了财政政策改革导向和依据，也以期能为正在全国推行的全面绩效预算提供一个方法上可以借鉴的案例。

（二）不足之处

本研究的不足之处在于，由于全国范围内各县的经济发展水平和义务教育均衡状况存在较大差异，为了使研究结果更具有实践意义和可操作性，本研究选取了县域内各学校作为微观层面的研究对象，主要通过实地调研和问卷调查获取一个县内所有小学和初中的相关数据资料，通过实证分析估算了县域义务教育校际均衡的财力需求，为相关财政保障机制的构建提供案例参考，由于每个县各学校的微观层面数据量大，受开展大规模实证调查所需要的人力、物力和财力等条件限制，作者可获得的数据有限，具体到全国其他县要实现义务教育校际均衡发展所需财力，还须进一步利用当地义务教育相关信息进行实际测算。

第一章　县域义务教育校际均衡发展的内涵

义务教育均衡发展的理论基础是基础教育公平理论。基础教育公平是一个发展性的概念，随着社会经济发展和人类对公平认识的提高，教育公平理念与政策不断演变。本章通过系统梳理国内外有关基础教育公平的理论与政策，厘清基础教育公平理念与财政政策演变脉络，为界定我国县域义务教育校际均衡发展的内涵提供理论支持。

第一节　教育公平理念的内涵演变

随着社会生产力的不断发展，教育在人类生存与发展中的作用日益重要，教育不仅可以增强人的社会能力，为人们提供相对公平的竞争环境和向社会上层流动的机会，而且可以帮助弱势群体改善生存状态，缩小社会不公平，从而在社会发展和社会分化中发挥筛选器和稳定器的功能。教育公平本身不是教育的目的，而是追求社会公平的一个手段。教育公平理念是观念层次的概念，主要回答"教育公平应该是什么"以及"怎样才算教育公平"等问题，它属于一种价值选择和价值判断，是以社会公平的标准对教育平等程度进行的判断，它也是衡量一国教育发展水平的重要尺度。随着现代社会的不断发展和人们对教育需求的变化，人们对公平的内涵有不同的理解和诠释，形成了不同时期特定的教育公平理念，纵观教育公平理念的历史发展轨迹，主要有以下三种代表性的理念，即工业革命初期，提倡使所有儿童享有平等接受教育权利的教育机会公平思想；工业革命中后期，随着义务教育初步普及，进一步追求使所有儿童平等享有教育资源和更高教育质量的教育过程公平思想；20世纪中后期，转向使所有儿童都能达到平等学业成就的教育结果公平。虽然在不同发展阶段，教育公平理念的特征和关注重心有所不同，但主要体现的都是教育机会均等的思想。[1]

一 教育机会公平

（一）教育机会公平理念的形成

教育公平理念是一个历史范畴的概念，在古代就萌芽出了教育机会公平的思想，并于近现代得以进一步发展。早在古文明时期，我国的孔子和希腊的柏拉图就最早提出了"有教无类"和实施义务教育的主张，亚里士多德则提出了"数量平等"和"比例平等"的概念，以及从法律上保障儿童受教育的权利，都体现出了教育机会公平的思想。近代文艺复兴时期，法国启蒙思想家卢梭基于"天赋人权"思想对教育公平赋予了"人权"的意义。到20世纪50年代，教育公平成为世界各国关注的热点问题和现代教育的核心价值，公平享受教育权利已成为一项基本人权。[2]

现代教育机会公平理念的形成主要是受工业革命前后儿童在社会中的地位变化以及家庭与社会对儿童教育功能转变的影响。工业革命前，家庭生产是主要的社会生产方式，家庭为子女提供福利和维持生产力所需的教育与技能训练，使得大多数家庭都世代从事终身固定职业，劳动力的职业流动性较差，在这种社会环境中，儿童接受教育的视野主要局限于家庭，并根据家庭所从事的职业和所处的社会经济地位而有所差异，基本谈不上教育机会均等的观念。随着工业革命的到来，技术革命引起了手工劳动向动力机器生产转变，也使除家庭手工工场外的工业工厂大量出现，使劳动力开始向家庭外的社会经济组织流动，家庭的福利功能和教育功能随之变化，教育逐渐成为一种社会责任，为所有儿童提供普通教育机会的思想在这一时期逐步形成。

义务教育正是这一思想的现实产物，从义务教育产生与发展的历史沿革来看，义务教育最早于16世纪在德国产生，于19世纪70代后开始在主要资本主义国家盛行。义务教育在德国起源的社会背景在于，16世纪欧洲宗教改革为了发展教派，需要向教徒输送宗教观念和使他们具有学习《圣经》的能力，宗教领袖马丁·路德就率先提出了义务教育概念，路德派等宗教教派相继创立了义务教育性质的学校，推行宗教教

---

[1] J. S. Coleman, *Equality of Educational Opportunity*, Washington, D. C.: U. S. Government Printing Office, 1966, p. 10.

[2] 参见《世界人权宣言》（1948），第二十六条第一款明确规定："人人都有受教育的权利。"

育,并逐步取代了家庭教育,教会在向人们传播宗教文化的同时,也承担起了教育儿童和传播科学文化知识的责任。1619年,德国魏玛公国立法规定,父母必须让6至12岁的儿童进入学校接受教育,否则政府将强迫父母履行这一义务,这也成为了世界上公认的有关义务教育的最早法律条文。工业革命后,各国社会经济迅猛发展,人们对工业知识的需求不断攀升,推动了义务教育的大力发展,19世纪初,欧美国家开始大量兴办公立学校,发展公共教育,各国实施义务教育的年限也从最早的3个月至6个月,扩展到6年甚至9年,以从法律和教育制度层面上保证教育机会公平理念的落实。[①]

(二) 教育机会公平理念的内涵

这一阶段的教育机会公平理念被胡森称为保守主义的起点均等论,即教育起点公平理念,它包含两个层次的含义:一是法律层面上的教育权利平等,主要表现为受教育的自由权、要求权和接受高层次教育的权利公平。具体来说,不论个体性别、能力和社会出身的差异,在起点上都享有受教育权利,并且法律保障每个儿童都可以不受任何歧视地自由进入教育机构和参与教育活动。基于法律层次的教育机会公平,推动了义务教育的普及,保障了儿童平等接受教育的可能性,从而成为满足人的基本权利的一个重要手段。二是教育制度上的教育机会公平,主要指所有儿童都有进入同样的学校接受相同教育的机会,且一旦进入教育机构或参与教育活动,不论教育是否能使他们未来在经济或社会地位上获得平等,也应享有公平接受教育的机会。

二 教育过程公平

(一) 教育过程公平理念的形成

随着公办学校的兴起和义务教育的普及,人们对教育公平的追求也有了新的目标。在公办和民办教育并存的双轨制教育制度下,义务教育的高入学率并不能保证所有儿童都能接受同样的教育或有相同机会继续接受义务教育阶段后的教育,因为社会阶级的分层导致儿童在接受教育的过程中产生了自然分化。而工业化的发展进一步促使社会阶级结构发生了变化,

---

[①] 据联合国教科文组织 (United Nations Educational, Scientific and Cultural Organization, 简称 UNESCO) 统计,截至2010年,全世界224个国家和地区中,已有170多个国家对义务教育制度的实施进行了立法,甚至将义务教育事业作为了国家发展的基本战略。

进而推动了西欧和北欧国家教育公平思想的演变。

在20世纪五六十年代，注重教育过程公平的教育公平理念在教育学界占据了主导地位。欧洲自由主义者和社会主义者认为，工业化发展对受教育劳动力有大量的需求，教育可以消除不同阶层劳动力在经济和社会上的不平等，使每个人的天赋能力得到充分发展，并通过市场机制将他们分配到与之能力相称的社会地位上，因此，学校应按照平等入学的原则，向不同社会背景的儿童提供相同的教育，包括一定水平的免费教育和普通课程。但如何利用这种机会，则属于儿童及其家庭的权利。从遗传学的角度来看，儿童从家长处遗传到的学习普通课程的能力不尽相同，且儿童基于家庭背景差异而承担的教育成本和机会成本也不相同。文化程度和家庭背景较好阶层的子女凭借父母的经济实力或特权进入师资、设备、环境等条件优越的私立学校或名牌学校学习，被培养成高级管理人才与专门人才；而大多数中下阶层的子女只能进入办学条件较差的公立学校学习，最终成为一名技术人员或熟练工人。也就是说，虽然教育过程公平观要求学校应承担提供相同课程的义务，但掌握课程学习内容水平的高低由儿童或家庭决定，而儿童天赋能力和家庭背景差异产生的自动筛选功能反而扩大了教育不公平程度，并且教育过程的不公平更容易在代际之间传递，使处于不利地位的社会阶层子女始终难以接受到公平的教育，从而陷入低教育水平的恶性循环状态。因此，为了消除不平等，保障教育过程公平，意味着教育制度要向每个儿童提供使其天赋能力得以发挥的各种机会。

（二）教育过程公平理念的内涵

教育过程公平要求公平地对待不同的受教育者，即在实现教育机会公平的基础上，不论其性别、社会出身情况，保证所有儿童在数量和质量上都有公平参与教育的机会，在数量上表现为所有儿童都能获得相同的教育资源，包括师资、设施设备和学习环境等，质量上表现为获得相同的教育使其天赋才能得以充分发展，并将依据其后天才能的大小而非社会背景、性别、民族等特征流动到相应的社会地位上。因此，在制定和实施教育公平政策时，需要公平地分配教育资源和投入教育经费，使不同地区间的办学力量分布公平、不同学校间的办学条件保持公平、师资队伍分配公平、教学课程和内容设置公平等，让所有的受教育者都有公平的机会获得适合个人自身特点的教育。

三 教育结果公平

（一）教育结果公平理念的形成

早期的教育公平理念更多强调的是教育机会与过程的公平，这与当时社会和教育发展的现实相适应，许多欧美国家也为儿童提供了免费的初等义务教育，使得教育机会公平和教育过程公平基本得到实现。随着教育大众化的发展，世界各国逐步建立起了覆盖各教育阶段的综合教育体系，中等和高等教育大多以学业成就作为入学筛选方式，学业成就好的学生有更多的机会选择优质的高层次教育以及获得更好的经济和社会地位，因此，基础教育结果公平问题开始引起社会关注。

影响西方国家教育公平理念再一次发生重大变化的标志性事件是美国发布《科尔曼报告》，该报告也被称为20世纪最具影响力的社会报告之一。1966年，科尔曼教授调查了美国4000所学校的64万名学生，对教育公平状况进行全面考察，不再将公平的研究范畴局限于学生入学机会均等问题上，而着重把学校投入与学生学业成就联系起来，从教育投入与产出两个角度来分析教育公平问题，并提出公平的投入产生的效果是否均等的问题。如果公平的投入能够产生均等的教育结果，那么教育公平问题就能迎刃而解，但事实并非如此。正如过程公平观认为，学校要向所有儿童提供同样的教育，但儿童对课程的掌握程度由其自身和家庭决定，这反而扩大了教育不公平，而恰好是因为这一理念忽略了家庭背景对学业成就的影响。对此，科尔曼分别考察了同一所学校家庭背景和能力相同的学生学业水平的差异，以及同一所学校家庭背景和能力不同的学生学业水平的差异，发现相同的教育投入产生了不同的教育结果，那么，这种教育不公平就可能源于家庭背景的差异。因此，学校内部因素对学生学业成就的一致性影响与学校外部因素（主要是家庭背景）对学生学业成就的差异性影响，共同决定了教育制度在促进教育公平上的有效性。

大多数学者都认为，由于差异性的校外因素始终存在，受其影响，永远不可能在校际间和学生间实现绝对的教育公平，只可能是一种接近。这促使教育公平理念演变成一种近似的结果公平观念。这种近似性不仅由教育投入的公平性决定，还由学校内部与外部影响因素的相对作用强度决定。换言之，教育公平并不完全由教育资源投入的公平程度决定，还由这些资源对学业成就产生的效力决定。因为教育机会公平和过程公平涉及的都是教育内部的因素,即进入教育机构的机会公平和教育资源投入公平,因此,也可以说,教育结果公平理念是教育机会公平和过程公平理念的延续和扩展,机会公平是教育公平的前提,过程公平是条件和保证,结果公平是教育公平的目标。这是现代教育公平理念的核心内容。

(二) 教育结果公平理念的内涵

教育结果公平不仅包括对待上的平等,更强调使儿童在教育过程中同等地接受高质量的教育,并使他们在学业上取得成功的机会公平,最终体现为学业成就的平等和未来经济与社会地位的平等。要使每个人都有同样的机会实现自身特有的潜力,首先是肯定了受教育者存在个体差异的客观事实,并追求差异化的公平,这是对追求教育过程统一、教育结果相同的庸俗性公平概念的超越,符合罗尔斯在《正义论》中提到的"差别原则",即在无法实现社会资源的绝对公平分配时,使最小受惠者的最大利益得到满足。[①] 同时,为了平等地对待所有儿童,教育制度须向那些天赋较低和处于不利地位的儿童提供补偿,使家庭背景的差异不会影响他们的学业成就以及未来社会成就,从而获得平等的教育结果。

第二节 县域义务教育校际均衡的相关概念界定

从教育公平理念演变历程来看,以结果公平为导向是义务教育均衡发展财政政策改革的方向。县域义务教育校际均衡发展是促进义务教育结果公平的具体目标。界定和理解"县域义务教育校际均衡"的含义是本书研究的逻辑起点。本节的主要内容是:从县域角度对义务教育校际均衡发展即县域义务教育校际均衡的含义进行论述和界定,阐明其内涵是实现县域内校际间义务教育办学质量均衡,为后文进一步展开理论与实证研究清晰界定研究范围和奠定理论基础。

一 义务教育校际均衡的含义

目前,有关义务教育校际均衡的政策规定,主要体现在教育部印发的《县域义务教育均衡发展督导评估暂行办法》中,而该评估办法中设定的

---

① Rawls John, *A Theory of Justice* (*Revised Edition*), Cambridge, MA: Harvard University Press, 1999, p. 313.

评估指标、评估内容和评估标准等侧重于评估县域内校际间的资源配置均衡状况，忽略了校际间和学生个体间的差异，笼统地认为相同的教育资源投入能达到相同的办学质量，但在现实中，家庭背景较差的学生和所处环境恶劣的学校要达到一定教育质量可能需要更多的投入，同时也不利于小规模农村薄弱学校的改造。因为偏远农村学校的学生人数少，各种生均投入指标都可能高于城镇大规模重点学校。若以生均投入指标高低作为制定投入政策的依据，这些生均投入指标高但实际办学质量差的学校则不需要投入。另外，过分的关注教育资源投入与分配，也忽视了存在资源浪费的现实。正如联合国教科文组织在《学会生存——教育世界的今天和明天》中强调的，教育公平不仅仅要给予每个人平等的机会这种名义上的平等，而且要让每个人都能平等地接受到适合个人特点的教育，这才是有质量的教育公平。因此，义务教育校际均衡发展内涵是办学质量的均衡，应树立以促进办学质量均衡为目标来注重学校资源配置的理念，而不能把资源配置均衡本身当作均衡发展目标。这也表明教育结果公平并不一定必须在实现教育过程公平目标后才能达到，追求教育过程公平的资源配置均衡发展阶段与追求教育结果公平的教育质量均衡发展阶段不是相互独立、互不相容的两个阶段，而是相辅相成的。

由于实现校际间的办学质量均衡需要有差异的教育资源配置，但是，个性化的差异均衡并不意味着没有统一的教育质量标准。如果没有统一的标准，就难以判断教育质量的高低。义务教育作为培养公民基本素质的基础教育，义务教育质量高低影响全体公民的基本素质。不同历史发展时期，国家和社会对公民基本素质有不同的要求，义务教育质量标准也应有所差异，它将随着社会要求的提高和教育事业的发展而不断提高。在特定的时期内，国家应该制定一个义务教育发展的统一质量标准即义务教育质量均衡标准，要求所有学生都必须达到国家规定的学业成就基本标准，而每个学生存在个体特征差异，要使每个人的潜力得到充分发展，需要差异化的教育，即非均等的教育条件和方式，这不仅能促进公平、缩小差距，还能提高义务教育的整体质量水平。因此，从政策实施层面来说，义务教育校际间办学质量均衡是指所有学生在达到国家规定的学业成就基本标准基础上的充分发展，它既强调基本标准的统一性，又强调个体特征的差异性，是一种底线标准基础上的差异均衡，这是一个相对的概念，不是绝对的平均和均等化。

二 县域义务教育校际均衡的含义

《教育规划纲要》提出,要把促进教育公平作为我国的基本教育政策,把提高教育质量作为教育改革发展的核心任务①,这一重大举措旨在实现教育均衡发展与教育质量提升的统一,即实现有质量的均衡发展是我国义务教育均衡发展新阶段的题中之义。但是,由于我国长期存在的城乡二元经济结构和区域间不均衡发展的现状,城乡间和地区间的义务教育发展也极为不均衡,要在短期内消除城乡和区域间的义务教育发展差距,实现我国义务教育的整体均衡发展还比较困难,就现阶段而言,可以率先实现同一行政区域(县域)内的义务教育校际均衡发展。从政策导向层面上看,政府对义务教育均衡发展的关注重心已经开始逐步从区域、城乡层面落实到县域、校际层面。党中央首次提出义务教育均衡发展概念是在20世纪90年代;随后,教育部在2005年出台了促进义务教育均衡发展的意见;到2006年,新修订的《义务教育法》要求,中央和县级以上地方政府应合理配置教育资源,并促进义务教育均衡发展②,这就将义务教育均衡发展纳入了法制化的轨道。2007年党的十七大和2012年党的十八大,相继把义务教育均衡发展由一般的工作导向变为工作任务。根据党的十七大关于义务教育均衡发展的精神,2010年教育部出台的《教育规划纲要》明确提出,到2020年,基本实现区域内义务教育均衡发展,切实缩小校际差距,加快缩小城乡差距,努力缩小区域差距。③ 这是政府的相关政策文件首次提出要通过实现校际均衡发展来达到城乡和区域均衡发展的目标。为了贯彻落实义务教育校际均衡发展的工作,国务院和教育部在2010年和2012年多次出台了关于深入推进义务教育均衡发展的若干意见,明确提出要以县域内率先实现义务教育均衡发展为工作重点,大力推进县域内校际间义务教育均衡发展。④

---

① 国务院:《国家中长期教育改革和发展规划纲要(2010—2020年)》(http://www.gov.cn/jrzg/2010-07/29/content_1667143.htm),2010年7月29日。

② 全国人民代表大会常务委员会:《中华人民共和国义务教育法》(http://www.gov.cn/flfg/2006-06/30/content_323302.htm),2006年6月30日。

③ 国务院:《国家中长期教育改革和发展规划纲要(2010—2020年)》(http://www.gov.cn/jrzg/2010-07/29/content_1667143.htm),2010年7月29日。

④ 国务院:《国务院关于深入推进义务教育均衡发展的意见》(http://www.gov.cn/zwgk/2012-09/07/content_2218783.htm),2012年9月7日。

从现阶段我国的行政和财政体制来看，我国目前实行"省直管县"的体制，在中央、省、市、县、乡五级行政区划中，县一级政府是相对稳定的，具有稳定的人口、土地和资源，同一县域内的经济社会发展水平也相对均衡，辖区居民对义务教育的需求更趋于相近。同时，"由地方政府负责，分级管理，以县为主"的义务教育财政管理体制决定了县级政府既是义务教育财政支出的主体，也是推动县域义务教育校际均衡发展的事权责任主体。从财政分权的角度来说，县级政府更容易真实了解县域内居民对义务教育均衡发展的需求，比其他层级的政府更有信息优势，能够更有效地提供保障校际均衡发展所需的财政资金。并且，在同一县级财政范围内，相对容易实现校际之间的人力、物力和财力的公平分配，尤其是可以通过对农村地区和薄弱学校的倾斜，来提高这些学校的办学质量，也有助于缩小城乡间义务教育发展的差距。因此，现阶段在我国推进县域内义务教育校际均衡发展，主要应由县级政府根据当地社会经济发展实际，按照中央政策要求，因地制宜、实事求是地制定义务教育均衡发展的具体措施，使城乡之间的各学校在办学条件包括学校设施设备等硬件条件和师资力量等软件条件上实现差异化的均衡，确保县域内义务教育在办学质量上实现均衡发展，以保障不同受教育群体在受教育权利、条件和成功机会等方面都达到相对公平。具体来说，县域义务教育校际均衡发展的含义是指，不论学生的家庭背景、学校环境、自身天赋与残疾缺陷等情况如何，城市和农村的各学校都要为学生提供充分、有质量的教育，保证城乡各中小学校的所有学生至少都能达到县级教育部门规定的最低学业成绩标准，通过对课程知识的掌握，培养所有学生具备基本的知识和健康的身心。

第二章　县域义务教育校际均衡的政府财政责任

本章运用公共产品理论、福利经济学理论和财政分权理论分析县域义务教育校际均衡发展的政府财政责任，以及义务教育均衡发展的财政政策目标的演变及其内在逻辑，并根据理论分析提出政府促进县域义务教育校际均衡发展的两个财政政策工具，即实行以校际均衡为导向的义务教育财政支出绩效预算和以均等化财力为基础的义务教育财政转移支付制度，从而为县域义务教育校际均衡的财政保障机制研究构建出一个理论分析框架。

第一节　政府承担义务教育校际均衡财政责任的理论依据

从财政学的视角来研究县域义务教育校际均衡的财政保障机制问题，在理论上至少需要弄清如下几个问题：一是谁来承担义务教育的财政责任？由谁提供更有效率，是政府还是市场，即通过公共产品理论讨论义务教育的属性来确定义务教育的筹资模式。二是如果义务教育的财政责任在政府，政府承担责任可以弥补市场失灵带来的效率损失，那么，义务教育校际均衡不仅包含了效率的标准还提出了公平的要求，通过福利经济学理论可以阐明政府承担义务教育校际均衡发展的财政责任是否兼顾了效率与公平的原则，即义务教育校际均衡的财政政策目标问题。三是既然义务教育校际均衡发展的财政责任由政府承担，那么，在各级政府间应如何划分责任，主要由哪一级政府承担，即义务教育财政管理体制问题。财政分权理论表明主要由地方政府（本书主要指县级政府）承担更符合效率与公平的目标。四是在教育财政分权体制下，各级政府如何承担义务教育校际均衡发展的财政保障责任，即政府可以运用哪些财政政策工具实现义务教育校际均衡。教育财政充足性理论的实质是要求地方政府实行以校际均衡为导向的义务教育财政支出绩效预算，对财力不足的地方政府，由上级政府提供义务教育财政转移支付。无疑，通过对上述这些问题的回答，可以为县域义务教育校际均衡的财政保障机制构建奠定一个理论分析框架。

一 公共产品理论

公共产品最早是由经济学家萨缪尔森（1954）在《公共支出的纯理论》一文中提出的，他认为，公共产品或服务是能为绝大多数人共同消费的产品或服务，它具有消费的非竞争性和受益的非排他性。[1] 非竞争性意味着，任何人消费公共产品都不会影响其他人消费这种产品或服务的数量和质量，即增加一个消费者，对于供给者的边际成本和对消费者的边际拥挤成本均为零。非排他性意味着，任何人都不能在消费公共产品的过程中单独享受该产品的利益，将他人排除在公共产品的消费范围之外需要付出高昂的排他成本。继萨缪尔森之后，经济学家根据公共产品的非竞争性和非排他性又提出了两个派生属性：效用的不可分割性和外部性。效用的不可分割性是指某种公共产品的消费者只能作为一个集体来共享这种公共产品或公共服务，其效用无法分割到个别的消费者身上，"谁受益，谁付款"的原则不适用于公共产品和服务。外部性是指一个消费者在消费公共产品或服务时，对其他人产生了有利或不利影响，受益者无须为这种有利影响带来的收益付出代价，造成不利影响的消费者也没有为他人遭受的损失承担成本。因此，公共产品或服务是消费者只能共享，且不受影响的共享，而不能排斥任何人享用的产品或服务。

理论上讲，具备非竞争性、非排他性、效用不可分割性、外部性这四个特征的产品被称为纯公共产品，不完全具备所有这四个特征的部分产品被称为准公共产品。公共产品的分类不是绝对的、一成不变的，它取决于市场条件和技术水平，其公共性的程度会随着技术进步、法制健全或市场拥挤程度发生改变。就我国义务教育发展的现状来看，现阶段的义务教育具有非竞争性、非排他性、效用的不可分割性和较强的正外部性，属于纯公共产品。具体来说，一是义务教育的非竞争性体现在，所有儿童都有接

---

[1] Paul A. Samuelson, "A Pure Theory of Public Expenditure", *The Review of Economics and Statistic*, vol. 36, (1954), pp. 387-389.

受义务教育的平等机会,在入学机会上不具有竞争性。二是义务教育的非排他性体现在,义务教育是基础教育,个人因接受义务教育产生的人力资本可以为社会创造财富,这些社会经济利益由全体社会成员共享,同时也无法排除其他社会成员分享这种利益,即使在技术上可以将有的人排除在受义务教育群体的范围之外,但会引起教育机会不公平,大幅度增加义务教育的社会成本,因而义务教育具有非排他性。三是义务教育的效用不可分割性体现在,义务教育不是精英教育,是全民教育,教育资源的供给是面向所有的受教育者,无法也不能单独分割给个别受教育者。四是义务教育的外部性体现在,与其他阶段的教育相比,义务教育对社会经济的贡献更加显著和持续,不仅使受教育者自身素质和人力资本得到提升,而且受教育者创造的收益外溢性可以普遍改善全体社会成员的生活质量。尤其是向低收入阶层提供义务教育,还可以减少这些儿童成年后的失业率、犯罪率、对社会救济的依赖以及代际贫困的恶性循环,其社会收益远大于私人收益;而向残疾儿童提供特殊教育的成本较高,通过接受义务教育可以培养他们具有一定的独立工作和生活的基本技能,从而降低社会服务成本。因而,发展义务教育对促进经济增长和维护社会稳定都具有重要作用。

市场机制按照等价原则运行,要求商品的消费具有排他性,且所有受益者都愿意根据自身获得的收益支付商品成本,从而保证市场能够有效提供商品。由于义务教育具有非竞争性和非排他性,使得人们从自身利益最大化的角度出发,都希望自己可以免费接受义务教育,从而不真实表达其对义务教育的偏好与需求,形成了经济学中的"搭便车"现象,由此造成了市场无法有效提供义务教育。并且义务教育的外部性也使得教育生产与消费的市场价格偏离了其社会成本,导致市场配置公共产品不能实现帕累托效率。因此,义务教育的有效提供需要政府干预。

二 福利经济学理论

福利经济学是由英国经济学家霍布斯和庇古于20世纪20年代创立的,它是研究社会经济福利的一种经济学理论体系。[①] 福利经济学的第一基本定理指出,在市场经济条件下,运行良好的竞争性市场机制会使资源配置产生帕累托效率的结果,无须政府干预。该定理暗含的前提假设是,效率

---

① [英]亚瑟·赛斯尔·庇古:《福利经济学》,金镝译,华夏出版社2007年版,第64—78页。

是判断资源配置状态的唯一标准。但是，现实的市场无法满足福利经济学第一基本定理有效发挥作用的某些条件，当这些条件不存在时，自由市场的资源配置既无效率又缺乏公平。第二基本定理将效率与分配公平问题分开来研究，指出如果政府可以通过适当地干预，重新分配个人之间的初始资源禀赋，然后人们仍然在市场机制作用下自由交易，也可以实现帕累托有效的资源配置。

按照福利经济学的基本观点，政府介入市场的理由主要有两个：市场失灵和公平分配。一是当产品或服务的供给出现垄断、外部性、规模不经济及信息不对称等市场失灵情况时，市场不能有效配置资源。政府需要发挥财政配置职能，弥补市场缺陷，以提高资源配置效率。二是即使市场能够有效配置资源，达到帕累托效率标准，但其结果可能不符合公平正义的要求，从而没有明确的理由认为帕累托效率可以作为伦理标准，社会也许更倾向于低效率的公平配置。政府需要发挥财政分配职能，改变个人之间的初始禀赋，以实现公平、公正的目标。

从效率角度来看，义务教育由市场供给的确存在无效率状态。一是义务教育具有较强的外部性，导致个人与社会的成本和收益不对等，由市场提供难以从技术上确定其真实价格。二是义务教育市场存在规模不经济，特别是在山高人稀的地区，办学规模小、成本高，由市场参与供给、私人投资办学，其成本要么难以收回，要么需要收取较高的学费予以弥补，致使私人缺乏办学的积极性，由于市场供给不足将导致贫困地区的儿童接受义务教育的机会不平等，更难以享受到均衡的办学条件和教育质量，因此，在这些地区主要依靠政府提供义务教育并保证它们均衡发展。三是学校与家长在信息上存在严重不对称，由于义务教育的非均衡发展，导致世界各国都存在一定程度的择校现象，家长为子女选择学校之前，往往难以充分获得学校的资源配置和教育质量等真实信息，大多只能通过邻里、亲朋好友等非官方渠道或在子女入学后与教师和校方的互动过程中了解更多的信息；另外，由于缺乏完善的义务教育质量评价体系和均衡标准，难以通过第三方客观评价义务教育的质量，使得校方在招生过程中具有私人信息优势和虚假宣传的动力，诱导家长做出不明智的选择。政府介入义务教育有利于披露义务教育阶段学校之间均衡发展的相关信息，减少信息不对称造成的市场扭曲。四是义务教育的资本市场不完善，就平均来看，义务教育预期收益很高，但收益期较长，私人投资的风险和不确定性同时存在，受教育程度相对较低的个人失业风险和未来收入的波动性更大，这些人向子女进行教育投资的行为更加短视，如果教育贷款以人力资本或学生的未来收入作为抵押品，在个人或家庭信用体系不健全的情况下会导致贷款风险大、利率高，从而将最需要教育贷款的低收入群体排除在外，由政府提供义务教育贷款利率补贴，有助于缓解义务教育不均衡状态。

从公平角度来看，义务教育公平是教育公平和社会公平的基础。一方面，从商品平等主义观点来说，接受义务教育是一种自然平等的权利，不应受社会偏见和家庭预算的约束。财政保障义务教育校际均衡发展，可以使每个适龄儿童不因家庭背景和预算约束等初始禀赋差异而不能享有平等的义务教育。由于儿童无法选择自己的出身，各自的初始禀赋不同，市场无法根据不同儿童的家庭背景和个体差异提供与之相匹配的义务教育，这会导致强势家庭的儿童有机会获得高质量的教育，而弱势家庭的儿童受家庭人力资本投资成本约束更有可能获得低质量的义务教育或被排斥在外，造成适龄儿童在不同学校享受到质量不等的教育。而政府则可通过加大对低收入家庭、农村家庭、经济欠发达地区家庭、流动儿童、留守儿童和残疾儿童等弱势群体的财政补助，减轻贫困家庭的教育成本负担，使贫困家庭儿童有更多的机会接受到质量均等的义务教育。另一方面，促进义务教育校际均衡的财政支出具有收入再分配作用。贝克尔的人力资本理论（1979）指出，教育能授予个人知识和技能，提高人的劳动能力，劳动创造收入，因而教育能使人获得更高的收入。[①] 如果义务教育非均衡发展，那么，接受质量不均衡的义务教育并不会缩小个人能力差异，导致强势和弱势家庭原有的收入差距仍然存在甚至进一步扩大。以义务教育校际均衡为目标，至少可以使在不同学校接受义务教育的所有儿童进入非义务教育阶段时拥有基本的知识和技能，乃至进入人力资本市场时都能具备基本的劳动能力，尤其是有助于提高弱势家庭儿童未来创造财富的能力，从而改善未来收入分配格局。

从福利经济学角度来说，教育资源配置的效率越高，分配越公平，社会福利水平越高。那么，如何在较高的社会福利水平上，通过更有效率地配置教育资源来实现义务教育校际均衡发展，可以利用生产可能性曲线和

[①] [美]加里·贝克尔：《人力资本理论》，郭虹等译，中信出版社2007年版，第35页。

社会无差异曲线直观地进行一般均衡分析，如图 2.1 所示。

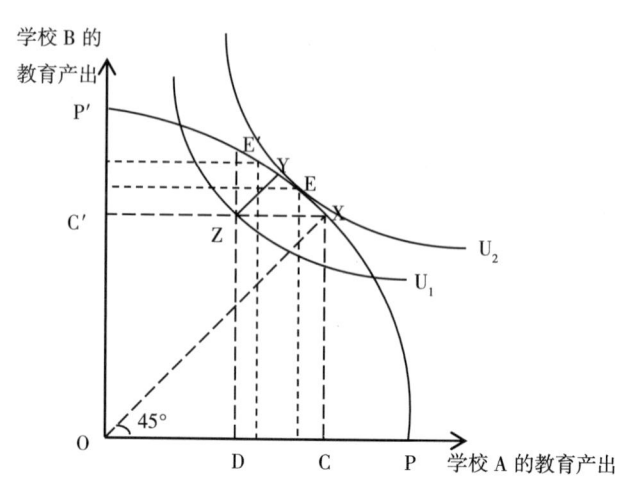

图 2.1　福利经济学视角下的义务教育校际均衡分析

由于教育投资的边际收益递减①，那么，反映教育投资收益的社会无差异曲线满足凹性，凸向原点。在一定的教育生产技术下，对教育资源投入要素进行优化组合可以获得一定的教育产出，其中，最大的教育产出可以用生产可能性曲线 PP′ 表示，曲线 PP′ 左下方的区域为生产可能性区域，表示学校 A 和 B 可能获得的所有教育产出组合。假设 Z 点是初始的教育产出组合，位于生产可能性边界内部，表明教育生产存在低效率状况；Z 点的纵坐标代表学校 A 所获得的教育产出，其横坐标代表学校 B 所获得的教育产出，学校 A 的教育产出大于学校 B 的教育产出，即教育分配也不公平。考虑一种情况，如果在 XYZ 区域内，将 Z 点向靠近生产可能性边界的方向移动，相应地社会福利无差异曲线也由 U_1 上升到 U_2，无差异曲线 U_2 与生产可能性曲线 PP′ 相切于均衡点 E，该点为社会福利最大化的教育产出组合，且 E 点对应的纵坐标长度与横坐标长度之间的差距比 Z 点更小，这表明提升教育资源配置效率有助于促进校际均衡发展。考虑另一种情况，如果在 XYZ 区域外，将 Z 点向靠近生产可能性边界的方向移动，社会福利无差异曲线上升，与生产可能性曲线 PP′ 相切于均衡点 E′，该点的教育资源配置效率和福利水平都有所提高，但 E′ 点对应的纵坐标长度与横坐

---

① 所谓教育投资的边际收益递减，即随着受教育者接受教育的年限增加，来自教育投资的边际收益增长速度会越来越慢，使得受教育者获得的边际技能和知识的增加量逐渐递减。

标长度之间的差距比 Z 点更大，表明教育分配更加不公平，也就是说，教育资源配置效率的提升并不必然促进校际均衡发展。产生这种现象的原因在于不同学校的教育产出水平存在差异，在图 2.1 中表现为生产可能性曲线斜率，处于较差的社会经济环境中的学校或拥有弱势群体（包括经济社会背景较差家庭）学生人数较多的学校，要达到均衡的教育产出水平往往需要更多的教育资源投入，而在第二种情形下，因教育资源配置效率提升所增加的大部分教育产出被优势学校或群体获得了，反而加剧了教育不公平程度。因此，在这种情况下，要促进校际均衡发展需要政府进行干预，应给予薄弱学校或弱势群体额外的财政补助，同时限制但不减少优质学校或优势群体从教育财政支出中获得的收益，以防止劫富济贫式的财政转移支付可能会对私人教育投资产生挤出效应。

如图 2.1 所示，是否能够在有效使用教育资源的情况下实现校际均衡发展取决于三个条件：一是教育产出的初始分配状况；二是由社会无差异曲线决定的社会对教育产出分配公平的偏好；三是由生产可能性曲线斜率决定的不同学校教育生产能力。在给定学校教育生产能力情况下，教育资源配置效率的提升是否有助于促进校际均衡发展主要由初始的不公平程度以及因教育资源配置效率提升而增加的教育产出如何在校际间进行分配这两个因素决定。其政策含义在于，以提升教育资源配置效率来促进校际均衡发展，需要在不同学校之间合理分配教育资源，明确均衡发展的目标，即可以将校际均衡发展作为目标来规划教育财政绩效预算，辅之以改变家庭或地方教育财政能力为主的财政转移支付方式来弥补弱势群体或地区对教育供给的不足。国外经验表明，当义务教育发展到较高水平的均衡状态时，通过转移支付来改善公平与效率的效力将下降，而社会对绩效预算的需求则日益上升。20 世纪 60—90 年代，美国教育财政充足性改革正经历了这样的变化。[1]

三 财政分权理论

通过公共产品理论分析表明，义务教育属于公共产品，从福利经济学的公平和效率角度来看，政府都应当承担起义务教育校际均衡发展的财政责任，那么，在多级政府组织结构和财政分权体制下，需要进一步讨论的

---

[1] 黄斌、钟宇平：《教育财政充足的探讨及其在中国的适用性》，《北京大学教育评论》2008 年第 1 期。

问题是，各级政府应如何分担划分义务教育校际均衡的财政责任，哪级政府承担主要责任更有效率，这取决于义务教育的受益范围。辖区受益论认为，按照受益范围的不同，公共品可分为国家性公共品和地方性公共品，政府通过财政活动提供公共品使其符合辖区居民的偏好，即保证公共产品的受益人与成本负担人大体一致，以实现公共产品的成本与受益在地理范围上的内在化，因而，为了确保公共品的有效供给，受益范围覆盖全国的国家性公共品应由中央政府提供，受益范围主要局限于辖区范围内的地方性公共品由地方政府提供。并且，偏好误识论认为，中央政府在了解居民公共需求偏好上存在信息不完全、不确定、不对称和时滞性等局限性，而接近辖区居民的地方政府更具有信息优势，由中央政府提供地方性公共产品，无法实现资源最优配置和福利最大化，由地方政府提供地方性公共产品会更有效率。但是，典型的国家性和地方性公共产品与服务都极为少见，大多数公共产品与服务都存在空间外溢性，即某些公共产品或服务由地方政府提供，由于在一定辖区内的受益人与成本负担人不一致，使得本辖区范围内的居民承担成本并享受到公共产品或服务外，辖区外的部分居民不承担任何成本也享受到了这些公共产品或服务带来的收益，因此，空间外溢性的地方公共产品由中央和地方政府交叉供给。

　　义务教育是典型的空间外溢性地方公共产品。一方面，在中国现行的"以县为主"的教育财政管理体制下，县级政府在掌握县域内居民的义务教育均衡发展要求上具有信息优势；并且，接受义务教育的绝大多数学生进入劳动力市场后仍然在本地就业，使得义务教育校际均衡发展的受益者主要还是当地政府。由县级政府在财政能力范围内制定县域内义务教育校际均衡发展的目标，并承担校际均衡发展的财政责任显然更有效率，也可以保证县域内接受过义务教育的学生能够在整体上达到一个基本的素质。另一方面，根据蒂伯特模型，在县域范围内，家庭能够较为自由地流动且流动成本较低，享受到的公共产品与承担的税收差别不大，如果县域内各学校之间的办学质量存在较大差异，家庭则可以"用脚投票"进行择校，由县级政府承担县域内义务教育校际均衡发展的财政责任，能够促使各学校都达到一定的办学质量，实现高质量的校际均衡发展；如果蒂伯特模型的假设条件在县域之间也成立，那么，由县级政府确保县域内义务教育校际均衡发展，也有助于促进各县之间相互竞争，不断提高均衡水平。然而，在自由的劳动力市场中，接受过义务教育的儿童可以自由地流动到其他辖区就业，为该辖区创造财富和贡献税收，并且，流出地县级政府无法通过有效措施阻止他们自由择业。那么，流入地政府就可以不承担这部分儿童的义务教育成本而享受到他们在本辖区劳动所创造的收益，这说明县域内义务教育校际均衡发展的收益具有空间外溢性。因此，县域内义务教育校际均衡发展的财政责任应主要由县级政府承担，在此基础上，由上级政府包括省级和中央政府提供必要的财力支持。

如果完全由县级政府承担县域内义务教育校际均衡发展的财政责任，显然是缺乏效率的，如图 2.2 所示。图 2.2 描绘了地方政府提供的义务教育服务在本辖区范围内的边际收益曲线（Marginal Income Bight，简称 MLB）和边际成本曲线（Marginal Cost，简称 MC），以及外溢到其他辖区的边际外部收益曲线（Marginal Externality Bight，简称 MEB）。通常地方政府都是以自身利益最大化为政策目标，在提供具有空间外溢性的义务教育服务时，往往只利用自身提供的校际均衡的义务教育对本辖区居民所产生的边际收益 MLB 和边际成本 MC 进行成本收益分析，而忽略了外溢到其他辖区的边际收益 MEB。根据俱乐部理论，在辖区规模即县域内义务教育适龄人口规模既定的情况下，当辖区内义务教育边际收益等于边际成本时，则实现了辖区居民福利最大化，也就是说，本辖区政府对义务教育的供给量 Q_1 恰好等于边际成本 MC 与边际收益 MLB 相等处的值，而义务教育最优供给量 Q_2 则由义务教育边际成本 MC 与边际社会收益（MLB+MEB）决定，且高于实际供给量 Q_1。因而，由县级政府完全根据本级财政能力来确定县域内校际均衡发展标准，可能会低估县域内各学校能达到的均衡发展水平，导致县级政府提供一个低水平均衡发展的义务教育。

理论上，使外部性内部化有两种方法：一种方法是使政府的责任范围涵盖所有的义务教育受益者，即由中央政府提供均衡发展的义务教育。由中央政府按统一标准为各地提供义务教育服务，虽然可以解决空间外部性问题，但是仍然存在效率损失，如图 2.3 所示。

在图 2.3 中，假定全国范围内所有居民对义务教育的需求和偏好都完全一样，按照各地区提供的义务教育是否达到校际均衡标准，将全国划分为低于标准、达到标准和高于标准的 A、B 和 C 三类地区，各地区居民对义务教育的需求曲线分别用 D_a、D_b 和 D_c 表示，假定义务教育服务的成本固定不变为 P，最优消费量分别为 Q_a、Q_b 和 Q_c。根据公共选择理论的选民投票中间人定理，达标的 B 地区的最优消费量 Q_b 代表中间人的偏好，中央

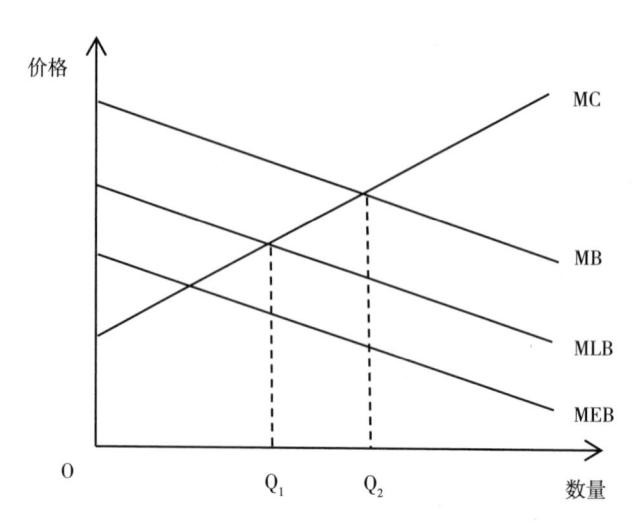

图 2.2 县级政府完全承担财政责任的效率损失

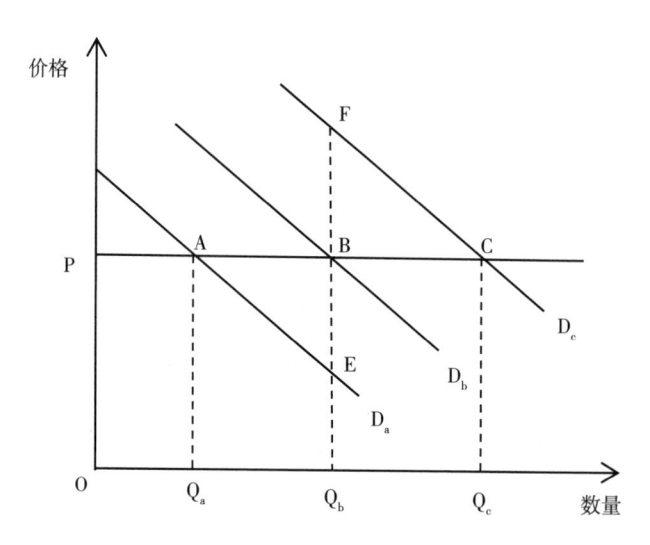

图 2.3 中央政府统一承担财政责任的福利损失

政府按照中间人偏好即统一标准的 Q_b 为每个地区提供相同的义务教育服务量。这样，A 地区由于没有达到其最优消费水平，如校际均衡标准过低或依靠本级财力供给的义务教育服务较少而导致边际成本超过边际收益，造成了面积为三角形 ABE 的福利损失；而 C 地区因为超量消费如制定了较高的校际均衡标准或提供了过多的义务教育服务，也造成了面积为三角形 BCF 的福利损失。

另一种办法是实行财政补贴制度。按照庇古学派的观点，对于具有空间外溢性的地方性公共产品，可以由上级政府对产生溢出效应的地方政府提供恰好等于外溢的边际收益量大小的财政补助，这样既矫正了地方性公共产品的外溢性，又可以维护地方政府的辖区自治性，同时在满足蒂伯特模型的假设前提下，还可以影响地方政府的财政决策，鼓励地方政府展开竞争，为均衡发展义务教育尝试不同的措施和方法，从而降低教育成本和提高均衡质量，为其他地方提供可资借鉴的成功经验与范例。

总之，从财政分权理论角度分析，仅由县级政府承担义务教育校际均衡的财政责任，可能受地方财政能力的限制，造成县级政府提供均衡发展的义务教育效率低下；完全由中央政府承担，又难以兼顾地区间居民偏好和地方经济发展与财力差异，也会损失公平与福利。因此，促进县域内义务教育校际均衡发展的财政责任应该在各级政府之间合理划分，中央政府确定一个基本的均衡发展标准，地方政府根据当地实际情况在基本标准上予以灵活调整，并承担县域内义务教育校际均衡发展的主要财政责任，上级政府主要是中央和省级政府通过财政补助的形式矫正其空间外溢性。

第二节 义务教育均衡发展的财政政策目标演变

义务教育作为一种公共产品，主要由政府提供。促进教育公平，离不开政府财政支持。伴随着教育公平理念的演变与深化，世界各国的基础教育财政政策也发生了相应的变迁。其中，最具代表性的是美国基础教育公平财政政策演变，不仅推动了美国基础教育的公平发展，也是其他发达国家实施类似义务教育财政政策改革的先驱和范例。与世界基础教育公平财政政策演变机理一样，我国义务教育的均衡发展也离不开国民经济发展和义务教育财政体制的历史背景，并在这一背景及其相关社会经济因素的影响下逐步深化。而目前对我国促进义务教育均衡发展财政政策的演进历程及其内在逻辑进行系统梳理与分析的研究尚不多见。为此，本节重点以美国基础教育公平财政政策演变路径为例，厘清世界基础教育公平财政政策转变方向，为我国促进义务教育校际均衡的财政政策目标转变提供可资参考的政策演变脉络。同时，对我国促进义务教育均衡发展的相关财政政策演变历程进行深入研究，找出义务教育公平财政政策演进的内在逻辑，找准深入推进义务教育均衡发展的现实基础、制约因素和政策目标，从而为进一步明确我国均衡发展义务教育的财政政策导向提供现实依据。

一 国外基础教育公平的财政政策目标演变历程

以美国、日本等为代表的发达国家，在第二次世界大战后，为大力恢复和发展经济，纷纷将教育作为振兴国力的基本国策，并且格外重视基础教育的公平发展。随着人们对基础教育公平诉求的变化，在 20 世纪五六十年代至 80 年代末，美国相继将注重基础教育资源配置效率的财政政策转向追求教育资源配置公平的中性财政政策，直到 90 年代初期，各国发现致力于各地基础教育资源配置均衡的财政政策在促进教育公平上的效果并不理想，进而转向了以结果公平为导向的基础教育财政政策。

（一）注重资源配置效率的基础教育财政政策

20 世纪初到 60 年代，美国基础教育财政比较注重教育资源配置效率，以效率为导向的基础教育资源配置，强调基础教育财政体制的分散化，由地方教育行政主管部门举办和管理中小学教育，按照教育的收益范围来确定其投入供给的辖区范围，以使成本分担的地理边界与收益范围大体一致，保证基础教育供给的效率。虽然这种高度分权化的教育财政体制提高了教育资源的配置效率，但也产生了严重的教育财政不公平问题。在分权化的基础教育财政体制下，公立中小学教育经费主要由学区承担，学区的教育经费主要来源于其房产税，各学区之间的房地产价值差异造成了生均教育经费的差异和教育资源配置的不均衡，进而导致教育质量存在差异。在学区内部，由于教育经费的来源房产税来自学区内所有劳动者缴纳的税款，而在校际间资源配置非均衡的情况下，来自高收入家庭的学生更多地享受了高质量学校的资源，背离了教育公平的目标。而且要使贫困学区和富裕学区提供相同的教育资源，对于越是房地产价值低的贫困学区来说，其用于教育的经费占比相对更大，在房产税基较小的情况下，势必导致房产税率提高，造成贫困和富裕学区间的税负不公平，从而形成新的社会不公。

（二）促进资源配置公平的基础教育财政政策

由于贫困学区与富裕学区之间的学生以及各学区内贫困家庭与富裕家庭之间的学生无法享受到平等的教育资源，严重侵害了学生受教育的公平权利，违反了美国宪法规定的平等法案。自 20 世纪 60 年代开始，关于基础教育财政公平的法律诉讼案层出不穷,到 70 年代愈发突出,尤其是对美国的种族隔离制度[①]诉讼异常激烈,这项制度虽然使黑人和白人学校的办学条件相同,但却使黑人学生在心理上产生了自卑感,对此人们开始认识到教育公平不仅仅是物质条件上的均衡,还应包括学生在受教育经历上的公平。虽然这些诉讼案的判决结果胜负有别,但是,各州政府在公众对教育财政公平性的诉求压力下,最终都调整了义务教育财政拨款制度,实行了促进资源配置均衡的财政政策,增加了州政府对学区基础教育经费转移支付拨款的力度,而学者们也将研究重心转向了对基础教育财政的公平性研究,认为无论学生所在学区的财力状况如何,各个州政府都应保障每个学生能够获得相等的教育经费,使教育财政保持中立。因此,注重资源配置效率的基础教育财政政策导致了教育资源配置不公平,而针对教育资源配置不公平的财政公平诉讼案推动了中性教育财政政策的确立。

20 世纪 60 至 80 年代末,财政中立原则成为了一些国家财政拨款的法定原则,其政策含义是,无论学生所在的学区财力充足还是贫困,也不能造成生均教育财政经费支出的差异,这就要求学区的上级政府按照同样的生均教育经费拨款标准,利用本级财政税收收入,以转移支付的形式弥补贫困学区的经费不足,使各学区的学生都能享有获得同样教育资源的机会。那么,这一政策实质上是以上级政府对各学区实行不平等的补助以达到学区间资源配置公平。但是,这一政策效果并不尽如人意,学生成绩差异仍然较大,主要是由于学生在种族、家庭背景、居住地、语言能力、身心健康状况等方面存在个体差异,有些学生要达到与其他学生大致相同的教育收益,可能需要更多的教育资源投入,这就导致一些地理环境恶劣、特殊需求学生越多的贫困学区往往需要更高的教育支出成本。

(三) 以教育结果公平为导向的充足性财政政策

以 1983 年美国发布的《国家处于危险之中:教育改革势在必行》这一报告为标志,美国各级政府开始关注学生的教育质量,并且开始改革原来注重教育投入公平的财政政策;与此同时,弱势群体为获得平等的教育机会和教育结果提起了法律诉讼,以 1989 年美国肯塔基州的 Rose 诉讼案裁决为美国基础教育财政充足性问题研究的开端,此后很多州都以教育财

---

① 参见 Coleman (1966)《教育机会均等的观念》,美国的种族隔离制度是在 1896 年由美国联邦最高法院通过的一项议案,该法案被称为"隔离并平等"法案,要求南方各州分别设立黑人和白人学校,并向种族隔离学校配备同样的教育设施和师资力量,以及向教师发放相等的工资报酬。

政充足性理论为法律诉讼依据，促使州政府为学校提供充足的教育经费，满足学生获得达到州规定的成绩标准所需教育资源条件，并以法律诉讼的形式推动了以资源配置均衡为目标的财政政策向以结果公平为导向的充足性教育财政政策的转变，从而建立起了现代基础教育"新"财政体制。[1]基础教育新财政是将教育财政投入与学生个体的教育需求联系起来，以学生达到一定的教育质量所需的投入来决定教育财政拨款数，具体来说，这种新财政要求政府为公立学校提供充足的教育资源，使每个普通学生都能达到规定的学业成绩标准，以及为有特殊需要的学生提供额外的教育资源，使每个特殊学生也都能达到相应的学业成绩标准。这就是后来各国广泛推行的充足性教育财政，它改变了以往就表面的投入公平谈财政公平的做法，转向以教育结果公平为导向，但其落脚点仍然离不开财政投入，实质上是以教育结果的公平来回溯教育投入，是将教育质量标准引入到教育财政公平中，以所有学生都能达到较高水平的最低教育质量所需的教育资源投入来评价教育财政的公平性。

从美国基础教育财政政策的演变历程看，公平性一直是教育财政关注的核心问题。以美国的政策演变路径为代表，其他发达国家在二战后基本也经历了义务教育财政政策目标从资源配置公平到结果公平的转变过程。以日本为例，自19世纪50至60年代明治维新时期开始，日本就从国家战略层面上重视教育的发展，并一直将普及教育作为一项基本国策，为了恢复和发展战后经济，进一步加强了对义务教育的财政支持，大力推行教育"平准化"政策以促进义务教育服务均等化，要求市町村等各级地方政府向辖区居民提供全国统一标准的义务教育公共服务，把城市和农村学校都建设成统一的标准化学校，并实施了城乡一体化的义务教育财政体制，对条件较差的学校给予充足的经费支出，促进学校的教学设施和教学条件达到预定标准，这实际上也是以义务教育资源配置的均衡为目标，来对城乡义务教育进行财政补助，最终促进了战后基础教育普及率的大幅提高和实现了城乡受教育机会的公平，为日本60年代后期国民经济的迅速腾飞和高速发展奠定了坚实的人力资源基础。标准化学校的建成基本消除了日本中小学生的择校现象，但是，按照日本《义务教育法》规定[2]，要求各学

---

[1] 李文利、曾满超：《美国基础教育"新"财政》，《教育研究》2002年第5期。

[2] 参见蔡红英《日、美、中义务教育财政制度百年变迁及启示》，《宏观经济研究》2009年第12期。

校对所有学生实施整齐划一的课程体系和标准，这严重限制了学生个性化发展，也成为了义务教育质量提升的瓶颈。从 20 世纪 70 年代开始，日本政府更加注重学生个体的差异化发展，主要通过改变教学方式，采取必修课与自主选修课相结合的做法，鼓励学生自主学习，使学生个人天赋能力享有充分发挥的机会，以实现教育结果的公平。进入 21 世纪，世界基础教育发展更加关注教育公平和质量，例如美国 2002 年实施的《不让一个孩子掉队》法案和 2005 年实施的《成功之路计划》、英国在全纳教育思想指引下于 2003 年实施的《每个孩子都重要》法案等都预示着以结果为导向的现代基础教育财政体系的确立。①

二 我国义务教育均衡发展财政政策目标演变历程

与发达国家相比，新中国成立以前，我国虽然有兴办义务教育的举措，却因经济落后和社会动荡而止于形式。新中国成立以后，受"文化大革命"的影响，我国教育事业发展陷入混乱状态，在 20 世纪 80 年代改革开放以后，政府才开始重视教育机会公平，出台了一系列有关义务教育的法律法规，并进行了相应的义务教育财政体制改革。无独有偶，我国促进义务教育公平的财政政策与发达国家的相关政策演变历程仍然极为相似，在基本普及九年义务教育实现教育机会公平后，中央政府就提出了促进义务教育均衡发展的目标，按照中央的要求，各级政府近几年也出台了诸多促进义务教育均衡发展的财政政策，十八大报告更是将"均衡发展义务教育"作为全面建成小康社会进程中国家发展义务教育的战略性任务，这也标志着这一政策将实现新的重大跨越。

（一）我国义务教育的产生阶段

追溯到清朝末期及之前的封建社会，我国的教育一直具有鲜明的阶级性和等级性。一直到近代，欧美各国与亚洲的日本经过工业革命迅速发展，在教育体制上大多实行了义务教育，清政府开始掀起洋务运动，新式教育逐渐兴起，义务教育也随之萌芽，但义务教育的发展历程也随着中国近代社会的动荡变迁而曲折发展，直到新中国成立后才进入稳定发展时期。在我国近代教育史上，首次提出"义务教育"和"强迫教育"的概念是 1903 年清政府颁布的《奏定学堂章程》，这也是我国第一次从法律层

---

① James W. Guthrie, "Modern's Education Finance: How It Differs from the 'Old' and the Analytic and Data Collection Changes It Implies", *Education Finance and Policy*, vol. 1, (2006), pp. 3-16.

面上对义务教育地位的确定,它规定要在全国推行7年义务教育,即儿童从6岁起应当接受4年启蒙教育,10岁要在普通学校修学3年,因此,这也被称为"癸卯学制"①。由于清政府闭关锁国、内乱外患,国库亏空、外债连连,导致财政入不敷出、不堪重负,根本无力顾及义务教育事业的发展。从清朝末期以来,拟议了十年的免费义务教育直到中华民国临时政府成立才开始真正推行。1912年,民国临时政府教育部出台了相应的教育制度即《学校系统令》(也称《壬子学制》),规定初等小学四年属于义务教育。同年,教育部陆续颁布《学校征收学费规程》,规定初等小学、师范教育和高等师范免收学费。②但是当时国家处于复杂的内政外交环境下,经济严重困难,教育经费极度缺乏,导致免费的义务教育流于条文也并没有真正的实现。新中国成立后,《宪法》虽然明确规定公民享有接受教育的权利与义务。但是,在新中国成立初期,即1949年至1980年间的计划经济时期,为快速恢复经济活力,我国提出了优先发展重工业的国家战略,中央政府为集中财力办大事,实行了过于集权的统收统支财政体制,导致地方政府财力十分薄弱,尤其是用于发展义务教育的资金极度匮乏,使得我国义务教育事业发展相对滞后,根本谈不上从财政上促进教育公平发展。

(二) 教育起点公平的实现阶段

进入20世纪80年代,我国全面实行对外开放政策,进行了"放权让利"的经济体制改革,并实行与之适应的包干制财政预算管理体制,在这种体制下,义务教育财政管理与筹资责任也相应地下放到地方政府,使地方政府有基本的财力和动力满足本地居民对义务教育机会公平的最基本需求。同时,为了满足社会经济快速发展对人才的大量需求,1985年《中共中央关于教育体制改革的决定》(以下简称《决定》)提出了普及九年义务教育的目标,首先在入学机会上保障每个适龄儿童享有平等权利,这可以称之为改革开放以来我国最早的义务教育均衡发展政策。同时,为了从法律层面确保教育机会公平得以落实,1986年,第六届全国人民代表大会第四次会议通过了新中国成立以来的第一部教育法律《中华人民共和国义

---

① 参见《中国大百科全书》(http://edu6.teacher.com.cn/tln006a/chapter1/no101/10118.htm),2010年1月18日。

② 参见《中国教育百年大事》(http://www.edu.cn/20010903/3000035.shtml),2001年9月3日。

务教育法》，这也标志着我国政府开始将教育起点公平纳入法制化轨道。由于各地经济条件和文化基础不同，为了尽可能调动地方政府发展义务教育的积极性，鼓励发达地区优先普及义务教育，《决定》提出了实行城乡有别的义务教育财政制度，并把全国分为了三个地区，设定了分期分批的普九目标，且没有要求各地义务教育办学条件和办学质量都要达到统一的标准。中央提出的这种财政政策，实质上是试图通过非均衡的政策手段来达到机会均衡的发展目标，却导致地区间、城乡间的义务教育非均衡发展问题越来越突出。究其原因在于，当时全国的财政蛋糕本身不大，地方财力也有限，义务教育财政支出产生效益的周期较长，对官员任期内的政绩作用有限，受以 GDP 为核心考核指标的政绩观影响，地方政府对义务教育的投资激励不足，但是鉴于"普九"的政治任务驱动，地方政府就将义务教育的财政经费筹资责任转嫁到了农民身上，大力推行"村村办小学"和"乡乡办中学"的农村义务教育办学模式，高度分散的农村中小学办学格局在一定程度上提高了义务教育普及率，促进了义务教育机会公平，却也造成了义务教育资源的严重浪费，为后来农村中小学布局调整埋下了诸多隐患和困难。

  一直到 2000 年，全国基本实现普九目标[①]，分级管理、分灶吃饭的财政体制在当时都发挥了极为重要的作用，在一定程度上提高了地方政府向义务教育进行财政投资的积极性，但却缩小了中央财政的蛋糕份额。为了解决中央财政困难问题，1994 年实行了分税制改革，这直接导致原来"以乡镇为主"的义务教育财政体制失灵，进一步加剧了乡镇财政的困难，致使农民的负担更加沉重，从而也引发了 2000 年开始的农村税费改革。农村税费改革取消了面向农民征收的农村教育费附加和乡统筹的教育集资，规范了学校收费，减轻了农民的教育成本负担，却导致不少农村中小学难以维持运转，加之，受户籍制度限制和地区间教育发展水平差异的影响，大量进城务工人员子女就学难、入学贵问题的出现，适龄儿童享有的平等接受义务教育的机会被体制性因素分割，使得义务教育非均衡发展的问题更加突出，并滋生出学生上学交通不安全、学区房价畸高等诸多新的社会问题。鉴于农村义务教育发展遭受的严重困境，2001 年，中央开始试点推

---

① 教育部：《2000年全国教育事业发展统计公报》显示："到2000年底，全国普及九年义务教育的地区人口覆盖率达到85%。"（http://www.moe.gov.cn/s78/A03/ghs_left/s182/moe_633/tnull_843.html），2001年6月1日。

行了"以县为主"的农村义务教育财政体制改革,到 2005 年逐步建立了义务教育经费保障新机制,真正在全国范围内实行免费义务教育①,开启了我国义务教育均衡发展的新篇章。

随着义务教育"两基"目标的逐步实现,人们对义务教育公平的关注重心已经从就学机会的低水平普及转向了提高教育质量、促进均衡发展的高水平普及。旧《义务教育法》的一些条款已不符合义务教育发展的要求,使得在义务教育发展过程中产生的教育经费和发展不均衡等问题,缺乏有效的法律依据与保障机制予以解决。2006 年,我国开始实施新《义务教育法》,进一步规定适龄儿童、少年免试就近入学,流动儿童、少年平等接受免费义务教育,建立了义务教育经费保障机制,从而在法律层次上明确了教育公平是义务教育均衡发展的指导思想,并为义务教育均衡发展目标的实现提供了法律、经费和制度保障。这一举措使得我国义务教育的发展取得了显著成效,提倡了近一个世纪的免费义务教育得以真正实施,所有适龄儿童享有公平的入学机会目标得到基本实现,尽管如此,要实现义务教育均衡发展的目标仍然任重而道远。

(三) 教育资源配置均衡发展阶段

在我国基本实现教育起点公平目标的基础上,2005 年教育部出台《关于进一步推进义务教育均衡发展的若干意见》,紧接着在 2006 年新修订的《义务教育法》中规定,国务院和县级以上地方人民政府应当合理配置教育资源,促进义务教育均衡发展,这将义务教育均衡发展问题提升到了法律层面,但是这一阶段的教育财政支持政策较为零散、带有明显的过渡性质,重点在改造薄弱学校,遏制义务教育发展差距,没有从根本上触及城乡二元体制和区域发展不平衡等深层次原因所产生的非均衡发展问题。2010 年出台的《纲要》把"均衡发展作为义务教育的战略性任务",在体制上开始实行中央和地方各级政府按照事权划分、共同分担义务教育财政支出责任的财政投入体制,并将义务教育作为一项保障全民生存和发展的最基本需求的公共服务,全面纳入财政保障的范围。2012 年,国务院《关于深入推进义务教育均衡发展的意见》(国发〔2012〕48 号,以下简称《意见》)从深入推进义务教育均衡发展的指导思想、基本目标、政策措

---

① 教育部:《2005 年全国教育事业发展统计公报》显示:"到 2005 年底,全国实现义务教育'两基'目标的地区人口覆盖率进一步提高到 95%以上。"(http://www.moe.gov.cn/s78/A03/ghs_left/s182/moe_633/tnull_15809.html),2015 年 8 月 9 日。

施和体制保障等层面作出了明确具体的规定，为以后均衡发展义务教育财政政策的制定奠定了基调。在这一政策导向下，2011年至2013年，中央财政累计安排义务教育转移支付资金4194亿元，2014年安排预算资金1653亿元，力促义务教育均衡发展，资金主要用于保障农村中小学运转的基本教育经费需求、补充义务教育发展短板所需资金、提高教师质量和促进城乡间、群体间义务教育公平，具体包括全部免除农村中小学学杂费、提高生均教育经费、保障教师工资和校舍维修改造成本需求以及实施薄弱学校改造计划、学生营养膳食补助计划、教师队伍建设、特岗教师补助和培训计划、农民工随迁子女补助、特殊教育补助等项目。[①] 为了保障义务教育均衡发展目标的实现，教育部根据《义务教育法》《意见》进一步制定出台了《县域义务教育均衡发展督导评估暂行办法》（教督〔2012〕3号，以下简称《办法》），并由国务院成立的专门的教育督导委员会对县域义务教育均衡发展情况进行督导评估，为了通过评估验收，全国各级地方政府都围绕均衡目标和发展规划，加大对义务教育的财政投入。截至2018年，全国有2719个县实现义务教育基本均衡发展，占全国总县数的92.7%。中西部地区实现义务教育基本均衡发展的县数比例达到90.5%。有16个省（区、市）整体通过评估认定。[②] 总的来说，从中央的义务教育均衡发展财政政策和地方政府均衡发展义务教育的财政努力方向看，现阶段我国促进义务教育均衡发展的财政政策旨在实现义务教育资源配置的均衡目标。

通过上述对我国义务教育产生及其均衡发展财政政策演变的回顾，不难发现，在我国普及了义务教育即实现教育机会公平后，受教育者都希望能够享受到平等的教育资源，并接受到质量相同的义务教育，也就是说，义务教育均衡发展的最终目标还是指向教育质量，而且现阶段中央和地方政府加大义务教育财政投入以及学生及其家长最关心的教育问题也都是希望获得较好的教育质量结果，义务教育资源配置均衡只是实现教育质量公平的重要手段，那么，对于现阶段的促进义务教育资源配置均衡的财政政策，也开始逐渐引起了社会公众和地方政府的质疑，因为虽然义务教育办

---

① 北京青年报：《中央财政4年投入6000亿力促义务教育均衡发展》（http：//www.edu.cn/ji_jiao_news_279/20140820/t20140820_1165578.shtml），2014年8月20日。

② 教育部：《全国90%以上县实现义务教育基本均衡发展》（http：//www.gov.cn/xinwen/2019-03/27/content_5377531.htm），2019年3月27日。

学条件得到了很大的提升，但是仍然无法保证不同群体都能接受到高质量的教育，这说明政府在规范和保障义务教育经费投入的过程中也应考虑以结果为导向，注重投入绩效，这也是符合世界基础教育公平财政政策演变趋势的。因此，无论从理论上还是实践上来说，亟须对当前义务教育均衡发展财政政策进行反思，进一步明确各阶段义务教育均衡发展的目标，并在此基础上，围绕切实可行的目标构建科学的财政保障机制。

三 义务教育均衡发展财政政策目标的演变逻辑

义务教育均衡发展是教育公平理念的具体表现。根据教育公平理念的历史演变情况，义务教育均衡发展相应地可分为三个阶段：第一个阶段是低水平的均衡发展阶段，以追求教育机会公平为目标，具体体现为实现义务教育的普及，使每个适龄儿童都享有平等的受教育权利和机会，入学机会均衡是义务教育均衡发展的底线要求；第二个阶段是初级的均衡发展阶段，以追求教育过程公平为目标，具体体现为实现城乡间、地区间、群体间和校际间教育资源的均衡化配置，即办学条件的标准化，使每个适龄儿童享受到均等的教育条件，资源配置均衡是义务教育均衡发展的前提和基础；第三个阶段是高级的均衡发展阶段，以追求教育结果公平为目标，具体体现为实现教育质量的均衡发展，是注重儿童个体差异的内涵式发展，教育质量均衡是义务教育均衡发展的最终目标。

根据义务教育均衡发展所处的不同阶段，各国对促进教育公平的财政政策进行了相应调整。按照前文梳理出的义务教育均衡发展财政政策演变路径，可以看出其内在逻辑：一定时期的义务教育均衡发展财政政策变迁受制于该时期的经济发展水平，而经济发展水平的高低又影响着社会公众对教育公平的需求程度大小。换言之，在社会经济发展水平较低的时期，人们对义务教育公平的需求并不强烈，往往只满足于基本的教育机会公平，而受这一时期的社会经济发展水平限制，国家与政府的财力也比较薄弱，支持义务教育均衡发展的财政投入力度不大，使得财政政策的目标局限于实现义务教育普及。随着义务教育的全面普及和社会经济发展水平的提高，人们对义务教育公平的追求层次也将随之提升，一般从初期仅满足于机会公平的层面转向教育过程公平，而这一时期较高的社会经济发展水平也使国家有充足的财力来满足人们对更高层次义务教育公平的需求，进而促使义务教育均衡发展的财政政策目标发生转变，我国现阶段致力于实现义务教育资源配置均衡的财政政策就与之吻合。但是，正如国外基础教育公平理念及其财政政策演变的历史进程所示，过程公平并不是教育公平的最终目标，不管是社会公众还是政府，都转向了追求教育结果公平的目标。

根据新制度经济学的核心观点，社会经济绩效导致政策变迁，即国内外义务教育均衡发展财政政策变迁的直接诱因都是既有的义务教育财政政策效果不佳。从世界基础教育公平的财政政策变迁进程来看，为了满足本国居民不断提升的教育公平诉求，同时提高教育财政资金的配置效率和使用绩效，发达国家早在20世纪七八十年代就将基础教育财政政策的目标从追求过程公平转向了促进结果公平，并且取得了良好的政策效果。关于教育公平的理论及其财政政策的实践经验都表明，单纯以教育过程公平为目标的国外基础教育财政政策实践并未取得令人如意的结果，虽然教育过程公平是实现教育结果公平的前提条件，但这两者并不是两个相互独立的阶段，并非必须在达到教育过程公平目标后才有可能实现教育结果公平。因此，立足于现阶段我国义务教育公平的现状，政府在深入推进义务教育均衡发展的过程中，不应断章取义地将义务教育公平的三个阶段割裂开来，按部就班地分阶段实现目标，而应因势利导、因地制宜地确定我国义务教育均衡发展各阶段的目标与政策。

第三节 促进县域义务教育校际均衡的财政政策工具

正如前文所述，政府介入义务教育供给市场，促进县域内义务教育校际均衡发展，既有必要性，也有合理性。财政作为政府配置教育资源的一种手段，必须通过一定的载体即财政体制才能发挥作用。在财政分权体制下，政府可以利用哪些财政政策工具来支持义务教育校际均衡发展，在公平和效率的基础上实现高绩效的目标，这是本节要论证的核心问题。

一 以校际均衡为导向的义务教育财政绩效预算

财政绩效预算理念最早是在1907年由美国纽约市政研究局提出的，它包括三个要素，即"绩"代表要达到的目标，"效"代表达标的情况与取得的成效，"预算"则是财政为达到一定目标所提供的经费支出。从这三个组成要素可以看出，绩效预算是一种以结果为导向的预算管理模式，旨在管理、控制项目的进度和提高财政资金使用效率。世界银行将绩效预算定义为一种以目标为导向、以项目成本为衡量、以业绩评估为核心的预算体制，即把资源分配的增加与绩效的提高紧密结合的预算系统。而传统的投入型预算主要根据财政供养人数和财政支出项目拨款，即按照"人员—职能—经费"的模式安排预算；与之相比，绩效预算采用了"产出—成本—预算"的模式，从收支核算转向成本核算，以成本效益分析为基础，更注重财政投入的产出，追求产出效益和效率，而非财政投入的过程。

新制度经济学中制度变迁理论认为，经济绩效导致制度变迁。在财政分权体制下，欧美发达国家的义务教育资源配置效率不断提升，但分权化的教育财政体制也带来了教育资源分配不公平的问题，进而促使义务教育财政政策更加重视资源配置过程的公平性。注重资源配置过程公平的教育财政预算方式是以地区财力为基础、按生均标准进行拨款，虽然能够让一定区域内的学生获得相同的教育经费以及享受教育资源的平等机会，但相同的经费和资源投入并不能带来相同的教育质量，从而导致投入导向型的教育财政预算没有取得让社会公众满意的结果。美国的教育财政充足性改革将教育投入与产出结果联系起来，以教育结果为导向来规划财政预算，即要求政府财政为辖区内所有学生提供足够的教育资源，以使他们都能达到特定的教育结果，因而，实现充足性的教育财政预算实质上是一种绩效预算。

在县域范围内，构建一个促进义务教育校际均衡发展的财政保障机制，从本质上来说，就是实行以校际均衡发展为导向的义务教育财政支出绩效预算。正如前文所述，县级政府须承担县域内义务教育校际均衡发展的主要财政责任，即要从财力上保证县域内城镇和农村中小学在办学质量上都能达到一定水平，所有学生通过接受质量相当的义务教育，至少都具备基本的知识和技能。县级政府主要是通过财政预算的方式分配教育经费来履行促进校际均衡发展的财政责任，校际均衡发展追求的是教育结果公平，以结果公平为导向的预算方式则属于绩效预算，这一绩效预算包含了三大要素，其目标是实现校际之间的办学质量均衡，效果评价则依据均衡标准予以确定，预算支出即为达到均衡标准所需的教育财政经费。因此，以校际均衡发展为目标的义务教育财政支出绩效预算可以分为以下三个步骤：一是明确财政支出目标是使县域内义务教育阶段各中小学办学质量达到一定水平；二是构建绩效评价指标体系，设定绩效评价标准，评估财政资金使用绩效，即建立县域义务教育校际均衡指标体系及其评价标准，据此评估县域内各中小学办学质量达标情况；三是根据绩效评价结果核算预算拨款经费，即以成本效益为基础来估算达标学校有效使用教育资源的最低成本与财力需求。

二 以财力需求为导向的义务教育财政转移支付

如前所述，财政分权理论认为，义务教育原则上应主要由地方政府提供。但是，在多级财政体制下，如果中央与地方政府间的义务教育事权与支出责任划分不对等，就会使地方政府没有充足的财力提供义务教育，从而出现义务教育财政纵向不平衡；同时，由于各地区要素禀赋条件的先天差异导致地区间经济发展不均衡，也决定了地区间财政收入能力和义务教育支出成本存在差异，即存在义务教育财政横向不平衡。财政纵向和横向不平等使得地方政府财力存在差异、地区间义务教育发展不均衡，从而需要上级政府干预义务教育供给，以保证义务教育在县域内实现高质量的校际均衡发展。那么，上级政府如何干预县域内义务教育服务的供给，应遵循什么样的制度框架，这是构建县域义务教育校际均衡的财政保障机制必须明确的问题。无论是从规范的理论分析还是从国内外实践经验来看，财政转移支付无疑是一种有效的手段。

财政转移支付是以各级政府的财政能力差异为基础，通过在不同级次政府或者同级政府之间对财政资金进行再分配，来实现各地基本公共服务均等化的一种财政资金转移或者财政平衡制度。根据不同的政策目的，财政转移支付有不同的方式，主要包括无条件的财政转移支付和有条件的财政转移支付。一是无条件的财政转移支付，也称财力性转移支付或均衡性转移支付，它是为了缩小地区间的财政能力差距，弥补财政能力薄弱地区的财政支出缺口，实现基本公共服务均等化，由上级政府分配给下级政府的财政补助支出，且没有规定财政资金的使用范围与要求，可以由地方政府根据所承担的事权范围进行自由支配。二是有条件的财政转移支付，也称专项财政转移支付，是指上级政府为了实现特定的政策目标而向下级政府提供的财政补助资金，它规定了资金的使用用途，地方政府必须专款专用，不得挪作他用。根据专项补助是否要求地方政府按照一定比例用本级财政资金进行配套，专项转移支付还可以分为配套性专项转移支付和非配套性专项转移支付。配套性专项转移支付是上级政府为了激励和引导地方政府对某一特定活动进行财政投资，而为其提供的财政补助，并要求地方政府必须按照一定比例配套财政资金。非配套性专项转移支付虽然也规定了专项资金的使用用途，但是并不要求地方政府必须按照一定比例配套财政资金，而且对于地方政府如何使用这笔财政资金以及将其用在活动的哪些方面也没有具体的要求。

追求县域内义务教育校际均衡发展至少需要设定义务教育质量的最低标准，当地方政府的自有财力不足以达到这一标准时，所缺资金就可以由上级政府通过转移支付来予以平衡，使各地区都具有能够提供达到办学质量均衡标准的义务教育的基本财力，有条件的财政转移支付和无条件的财政转移支付方式选择应根据财政体制和义务教育管理体制的特点决定。因此，在财政分权体制下，以实现校际均衡发展所需财力缺口为依据的义务教育转移支付是财政保障机制中不可或缺的重要组成部分。

第三章　县域义务教育校际均衡发展的现状

《国家中长期教育改革和发展规划纲要（2010—2020 年）》（以下简称《纲要》）提出，到 2020 年实现区域内义务教育基本均衡发展的目标。根据本书第一章的理论分析，率先在县域内实现义务教育校际均衡发展是现阶段的可取之举，并将县域校际均衡的研究范畴界定为县域内学校之间在办学质量上实现均衡发展。因此，校际均衡既涉及办学质量问题，又关系到义务教育的均衡发展，如何确定县域义务教育校际均衡发展的程度，亟须从理论和实践上明确办学质量的含义、衡量指标与方法，然后在此基础上提出校际均衡的评价指标及其测算方法。本章在系统梳理有关基础教育办学质量的含义及其度量方法的国际通行做法和中国实践经验的基础上，基于中国现实、国家相关政策文件和可度量原则，确立度量义务教育阶段办学质量的指标体系及其核心指标，以及校际间办学质量均衡的评价指标与方法，并利用调研县数据进行指标评价，分析县域义务教育校际均衡程度，为后文的进一步实证研究奠定数据基础。

第一节　义务教育校际均衡的衡量方法

何为办学质量[①]，以及其衡量与判断标准是什么，涉及教育质量的理论分析框架与实践操作问题，国内外学者、政策制定者、执行者与监督者对此进行了大量研究，形成了丰富的研究成果。其中，国际上，以联合国相关组织如联合国儿童基金会（United Nations International Children's Emer-

---

① 本书所指的办学质量是校际间的办学质量，主要针对学校这一微观主体，相比之下，教育质量的含义更广泛，可以指各层次主体包括国家、地区和学校等的办学质量。从宏观层面来说，办学质量的理论基础是教育质量理论，因此，文中并不对这两种表述方式做严格区分。

gency Fund，简称 UNICEF）从理论上对教育质量含义界定的认可度最高；在教育质量的标准与评价方面，联合国教科文组织的全民教育质量监测、经济合作与发展组织（Organization for Economic Co-operation and Development，简称 OECD）的国际学生评估项目（Programme for International Student Assessment，简称 PISA）和国际教育成就评价协会（IEA）的国际数学与科学发展趋势研究（Trends in International Mathematics and Science Study，简称 TIMSS）、国际阅读素养进展研究（Progress in International Reading Literacy Study，简称 PIRLS）和国际公民素养研究（International Civic and Citizenship Education Study，简称 ICCS）等项目的发展，为欧美、日本等发达国家和印度等发展中国家基于质量标准的教育改革提供了理论支撑和政策建议。为了适应世界教育改革发展的大方向，我国也正在制定和出台教育质量国家标准。因此，本节从国际比较和中国经验的角度，采用比较研究和文献研究方法，重点引用联合国教科文组织发布的国际性报告作为重要理论支撑，对义务教育学校办学质量含义的界定及其核心指标选取进行充分论证。

一 办学质量的含义

无论是从前文梳理的教育公平理念演变趋势还是从世界基础教育政策变迁来看，大多数国家和国际组织都倾向于将教育质量理解为教育的结果，即学生的学业成就或能力。自 20 世纪 60 年代以来，提高和保障教育的办学质量一直是国际教育改革的重要主题。随着国际社会基础教育质量观的变化，世界各国对教育质量内涵的界定也逐渐从单纯评价学生掌握知识的多少即认知能力，扩展到还包括情感发展、学习态度、公民意识等非认知能力方面的综合素养。

（一）国际组织对办学质量含义的界定

以世界基础教育改革为背景，自 20 世纪 50 年代末国际教育成就评价协会（International Association for the Evaluation of Educational Achievement，简称 IEA）成立后，世界各国开始广泛重视教育的办学质量问题，并通过教育改革不断对教育质量赋予新的内涵。以联合国教科文组织为代表的国际组织也十分关注办学质量问题，在调查研究各国义务教育办学质量状况后，发布了诸多指导性文件和研究报告，为各国进行提升办学质量的教育改革提供思路和方向。表 3.1 是以联合国教科文组织为代表的国际组织发布的有关教育质量的官方文件为线索，对教育质量内涵的深化演进进行的归纳总结。

表 3.1　　办学质量内涵界定的国际组织相关文本

时间	发文机构	文件名称	类型	主要观点
1972	联合国教科文组织	《学会生存：教育世界的今天和明天》	研究报告	提出"培养完善的人"的教育质量思想
1989	联合国大会	《儿童权利公约》	国际法	明确影响教育质量的关键因素是儿童认知能力的发展
1990	世界全民教育大会	《世界全民教育宣言》	纲领性文件	全民教育需要改善教育质量和关注更多的教育内容
1996	国际21世纪教育委员会	《学习：财富蕴藏其中》	研究报告	通过学习应获得四种基本的教育结果：认知、处事、共处与生存
2000	联合国儿童基金会	《定义教育质量》	研究报告	教育过程应以学习者为中心，学习者的身心状况、所处的环境以及享有的资源决定了教育质量
2000	联合国教科文组织"世界教育论坛"	《全民教育行动纲领》	纲领性文件	优质教育应以学生的全面发展为中心，使其获得被认可和可度量的学业成就，尤其是阅读、数学知识和基本生活技能
2005	联合国教科文组织	《全民教育：必须注重教育质量》	研究报告	教育的核心要素是质量，它影响到学生的学习内容、效果和收益
2012	联合国	《教育优先行动计划》	纲领性文件	启动了学习指标专项任务，提出了学生通过接受基础教育在学前、小学和初中各教育阶段分别应达到的学习目标
2014	联合国教科文组织	《教与学：努力实现全民优质教育》	研究报告	提出要全面构建教育质量体系

注：表中资料来源于 http://en.unesco.org/。

如表 3.1 所示，1972 年，联合国教科文组织发布的研究报告《学会生存：教育世界的今天和明天》一文，奠定了"培养完善的人"的思想，并根据完善的目标从教育范围即教育内容角度对教育质量提出了明确要求。1989年，联合国大会以国际法的形式一致通过了《儿童权利公约》，该公约是关于教育权利的官方文献中最早关注教育质量问题的，并认为儿童认知能力的发展是保障教育质量的关键因素。随着世界基础教育的快速扩张，特别是发达国家和地区义务教育的普及，从20世纪90年代开始，世界范围内掀起了大规模的全民教育运动，并将教育质量的内涵从早期注重认知能力培养逐步拓展到非认知能力方面。1990年，来自155个国家和150个政府间及非政府组织在世界全民教育大会上通过的《世界全民教育宣言》及其指南《满足基本学习需要的行动纲领》指出，全民教育应该被所有人接受，并且普遍低下的教育质量也应得到重视和提高，同时还建议教育质量可以关注除认知能力方面的更多内容。1996年，国际21世纪教育委员会向联合国教科文组织提交的报告《学习：财富蕴藏其中》对教育质量做了进一步的解释，阐明教育不能仅从数量上满足人们对知识和技能的学习需求，人的一生应通过教育获得四种基本学习成果，即学会认知、处事、共处与生存，这一综合性的概括也是对结果导向的教育质量的一种新理解。

2000年，联合国儿童基金会（UNICEF）公布了《定义教育质量》一文，从学习者、环境、内容、过程和结果五个维度阐述了教育质量的内涵，指出学习者的身心状况、所处的环境以及享有的资源决定了教育质量，教育过程应以学习者为中心，他们所学到的知识、技能和态度与学习内容、教育目标密切相关。同年，在达喀尔召开了由联合国教科文组织举办的"世界教育论坛"，论坛上通过的《全民教育行动纲领》即《达喀尔行动纲领》一致认为，全民教育必须是有质量的教育，如果不能保证教育的办学质量，全民教育则只是空谈。因此，该纲领进一步确立了全民教育发展的六大目标，着重指出优质教育应以学生的全面发展为中心，使学生获得被认可和可度量的学业成就，尤其是阅读、数学等方面的知识和基本的生活技能。而提供全民优质教育也被世界各国尤其是已普及义务教育的发达国家放在了优先发展的国家战略地位上。

此后，联合国教科文组织几乎每年发布一份全民教育全球监测报告，2005年发布的报告《全民教育：必须注重教育质量》指出，质量是教育的核心要素，它影响到学生学到什么、学得怎样以及获得什么益处，通过专门探讨这些问题对教育质量进行了系统论述，并从学习者特征、背景、资源投入、教学和结果五个维度构建了一个全民教育的教育质量分析框架

(见表 3.2)。从表 3.2 可以看出,该质量框架所界定的办学质量已不仅仅局限于课堂上的教与学,还包括了学校的办学模式乃至整个社会和国家的教育体系与制度,这样的教育质量观念早已完全超越了以往以认知能力为主的教育质量观,也为教育质量提升和综合教育改革提供了更加全面的新思路和新模式。

表 3.2　　　　　　　　　　全民教育质量分析框架

维度	内容	指标
学习者特征	寻找学习者	教育机会
		教育权利
		教育援助
	学习者带来了什么	多元化背景
		多样化技能
教学	过程	合适的教学
		平等性
		相互尊重
	内容	知识
		技能
		态度
		行为
	环境	学习环境
		社会心理环境
背景	行政管理体系	学习者为中心
		管理监督制度
	政策实施	促进健康与安全的学校政策
		健全的学校政策体系
		促进均衡的学校政策
	法律体系	国家负责保障教育质量
		劳动法与教育法一致
		弱势群体受教育机会补偿措施

续表

维度	内容	指标
投入	资源	人力资源
		时间资源
		经济资源
结果	学习结果测量	知识
		价值观
		技能
		行为

2012年,为提高全民教育学习质量,联合国首次将教育质量放在了优先发展的领域,实施了为期五年的教育优先行动计划,启动了学习指标专项任务,提出接受了基础教育的学生在学前、小学和初中各教育阶段分别应达到的学习目标。2014年,联合国教科文组织发布的全民教育全球监测报告《教与学:努力实现全民优质教育》对各国的全民教育状况进行了评价,认为到2015年,很多国家无法完成全民教育六大目标,各国政府每年在低质量的教育上浪费的资金高达1290亿美元,改善全球教育质量迫在眉睫,这又离不开全面教育质量体系的构建。针对各国的不同环境和教育发展状况,教育质量框架的设计应该考虑在教育质量的每个维度都制定不同层面的标准,且要符合本国、本地区乃至各教育机构自身特色,并进行实践操作。因此,质量成为当今全球教育关注的热点问题。

(二) 国内对办学质量含义的界定

在世界基础教育以追求教育质量为目标的改革大方向下,我国在普及了义务教育后也更加重视教育质量问题。2010年,我国发布的《纲要》中,不仅把义务教育均衡发展作为当前推进教育公平的重中之重,同时把提高教育质量作为教育改革发展的核心任务,这意味着公平与质量是义务教育均衡发展过程中必须兼顾的两个基本要求,提高教育质量成为了促进教育公平的新目标。为此,《纲要》明确提出要把促进人才全面发展、适应社会需要作为教育质量的根本标准。那么,教育在多大程度上满足这些要求决定着教育质量的高低,教育质量反映的是教育对人的发展和社会需要的满足程度。虽然这份关于我国教育发展规划的纲领性文件对教育质量做出了基本的界定,但是并没有像国际社会一样给出一个明确的定义和详细的阐述。在我国学术界中，认可度较高的是由著名教育学家顾明远主编的《教育大辞典》对教育质量的定义，其含义是教育水平高低和效果优劣的程度，主要受国家的教育制度，学校的教学计划、内容、方法、组织形式和过程等内容的合理程度，教师的素养、学生的基础以及师生参与教育活动的积极程度等因素的影响。[1] 这与国际比较教育学家胡森（1985）的看法比较一致，他认为教育质量是学校进行某种教育活动所达到的效果程度。从上述定义不难看出，无论是政策制定者还是学术研究者对教育质量定义更多关注的都是教育结果或目标的实现程度，最终都体现为教育培养对象的质量，并且以教育的目的与学校的培养目标来进行衡量，前者规定了培养对象要达到的一般质量要求，即为教育的根本质量要求，后者是衡量培养对象是否合格的质量标准，规定了培养对象要达到的具体质量要求。因此，与以往一味重视和强调知识传授的学习质量不同，现在对教育质量的关注是以教育普及和教育公平为前提，重视全面反映人的综合能力和整体素质的教育结果。以结果为导向、以可应用为目标、以促进学生全面发展为宗旨则成为了国际社会包括我国对教育质量的基本共识。

根据前文系统梳理的国内外研究成果和政策实践，基于国际社会达成的基本共识，立足我国实际，本书界定的教育质量也称办学质量的含义是指教育水平和效果的高低，不仅包括宏观层面即教育体系的整体质量，也包括微观层面即受教育者的具体质量，整体教育质量反映整个教育体系的规模、结构和效益等方面的情况，也是教育的根本质量要求；具体质量反映人才通过接受教育在认知和非认知能力方面的发展情况，认知能力是指受教育者对知识和技能的掌握能力，主要通过学业成就来衡量，非认知能力是指受教育者体现在情感、态度、意志等方面的能力，受教育者的具体质量是教育质量在培养对象上的最终体现。

二 办学质量的衡量

上述对办学质量的界定都是概念层面上的抽象定义，无论是从国际社会还是我国的已有研究成果与政策实践的角度来看，随着国家和社会教育质量观的深化，办学质量的内涵也不断丰富，使得准确确定办学质量水平越来越困难，要全面衡量办学质量水平虽然比较困难，但并不意味着不需

---

[1] 顾明远主编：《教育大辞典》（上），上海教育出版社1997年版，第1893页。

要度量，国内外通行做法仍然是选择一定的办学质量指标来进行量化评价。如何选择办学质量衡量指标，需要遵循一定的原则，本部分主要是在导论部分对已有关于办学质量衡量指标选取原则的研究成果进行梳理的基础上，总结得出本书的办学质量衡量指标选取原则。在此原则上，系统梳理国内外具体使用的办学质量衡量指标和关于办学质量衡量方法的国际通用做法与中国实践，选取合理的指标来衡量办学质量。

（一）办学质量衡量指标的选取原则

办学质量衡量指标选取与义务教育校际间办学质量均衡程度的衡量密切相关，如果没有基本的原则来规范办学质量衡量指标的筛选过程，就难以设计出合理的办学质量衡量指标，也不可能制定出科学的义务教育校际均衡标准，更不可能对县域义务教育校际均衡状况进行客观评价。因此，为了确保筛选的办学质量衡量指标具有现实性、可操作性和代表性，同时根据对办学质量内涵的理解，本书在筛选办学质量衡量指标时主要遵循以下三个原则：一是全面性原则，办学质量衡量指标作为评价义务教育学校办学质量的依据，首先应该能够涵盖办学质量内涵界定的各方面内容，而不能局限于某一方面，缺少了某一部分，就可能导致对义务教育校际间办学质量均衡程度的评价出现偏差，使质量均衡标准的制定缺乏质效，甚至会低估义务教育校际间办学质量均衡发展所需的财力。二是独立性原则，即各指标间应相互独立，不存在包含、重叠或因果关系，避免在评价过程中出现不必要的重复，而降低质量指标的评价效力以及高估义务教育校际间办学质量均衡所需的财力。三是可行性或可度量原则，即选取的指标应属于容易理解和区分的常规统计指标，所需数据容易收集与处理，且不易受偶然因素影响而发生变化，能够保持相对稳定，有助于对义务教育校际间办学质量均衡发展情况进行及时有效的评价与监测，对县域义务教育校际均衡发展的财政保障机制构建具有正确的导向性作用。

（二）义务教育办学质量的衡量指标

从已有研究成果和国内外经验实践来看，各国教育部门、国际组织和国内外学者们普遍使用入学率、升学率、辍学率、学习成绩等指标来度量义务教育学校办学质量，这些指标主要是从宏观层面来度量的。而当前盛行的教育公平理念注重以人为本，从理论上强调受教育者至少都能接受到一定水平有质量的教育，因此，以学生学业成绩为核心的微观层面指标成为了20世纪90年代以来有关教育质量的学术研究和政策评价中的主流指标。就中国义务教育发展情况来说，一方面，由于现阶段我国义务教育已免费和普及，用入学率和辍学率来衡量办学质量意义不大，而且宏观指标与微观指标之间也存在密切关系，升学率与学生成绩高度关联，为了避免在统计上出现指标信息的重叠以及计量分析中变量间存在内生性问题，故采用学生学业成绩作为度量学校办学质量的核心指标较为合理，也符合国内外研究的惯用做法。另一方面，对现实而言，学生成绩也是家长最关心的教育产出，即使学校的资源配置水平很高，若学生成绩低下，家长对学校也可能不会满意。另外，国外也有大量研究表明，学生成绩能很好地预测学生未来在劳动力市场上的表现（Anna Vignoles，2000）；而且学生成绩数据容易在较短的时间内获得，升学率和毕业生在劳动力市场的表现等教育产出指标与教育投入指标间的时滞较长，在测量教育资源投入多年后再来测量与之相关的教育办学质量通常不太现实（Hanushek，1995）。综合来看，采用学生学业成绩来衡量教育产出或教育结果，其优点在于学生成绩本身是以学生为中心的教育目标体系中的一个重要目标，是衡量学校教育成效的一个重要方面，也是政策制定者和家长最关心的教育产出。

随着以结果为导向的办学质量概念的不断深化，对其衡量指标所涵盖信息的要求也不断提升，如前所述，国际社会通常用学业成就来评价教育质量，具有一定的合理性，但仅限于以认知能力为核心的学业成就来进行评价并不全面。与认知能力评价相比，非认知能力评价较难界定，但难以界定并不意味着无法利用指标进行量化评价。目前，国际学业成就评价中就融入了更多非认知能力方面的因素，如欧盟教育质量指标体系中就增加了公民素养、艺术修养、实践与创新能力等指标；美国在《不让一个孩子掉队》法案下构建的办学质量指标框架则在考虑了学生所处的社会经济环境和家庭背景情况下，加入了学生身体与心理健康水平和成年后参与社会活动情况等指标；印度的义务教育国家质量监测框架还考察了学生学习的主动性和积极性以及学习的素养。我国为了全面、系统、深入地考察基础教育阶段学生学习质量和身心健康状况以及影响学生发展的相关因素，在2007年设立了教育部基础教育质量监测中心，并致力于从学生的思想品德和公民素养、身体和心理健康水平、学业水平和学习素养、艺术素养、实践能力和创新意识等方面研究基础教育质量指标框架的构建。2010年，上海市启动实施国家教育体制改革试点项目"改革义务教育教学质量综合评价办法"，建立了包括学生学业水平指数、学生学习动力指数、学生学业负担指数、师生关系指数、教师教学方式指数、校长课程领导力指数、学生社会经济背景对学业成绩的影响指数、学生品德行为指数、身心健康指数、跨年度进步指数等十个方面的上海市中小学生学业质量绿色指标。[①]

上述内容表明，无论是国际社会还是我国，对办学质量内涵的认识都不断深化，相关的办学质量衡量指标也在单纯的学业成绩指数中加入了非认知能力方面的因素，可见，考察反映学生综合素质的学业质量已成为教育改革和发展的趋势，而学生学业成就仍然是义务教育办学质量评价的核心内容。根据本书研究的目的和需要，借鉴国际经验和国内已有做法，立足我国实际，遵循我国有关义务教育的方针政策和法律法规、教育部颁布的义务教育各学科课程标准、教学计划和教学大纲等相关规定，即在义务教育阶段学生通过各学科课程的学习，需要具备的基础知识与基本技能、正确的情感态度和价值观以及掌握综合分析与解决具体事件或问题的方法和能力，再结合前文提出的指标选取原则，本书选择学生学业成绩作为度量办学质量的核心指标，这也是衡量义务教育校际间办学质量均衡发展程度的重要前提。但是，注重学业成绩的评价也容易受到质疑，因为学业成绩虽然能够在一定程度上解释办学质量，但并不完全等同于办学质量，唯论学业成绩容易使义务教育偏离素质教育发展的方向而产生应试教育倾向，对于这一问题，完全可以借鉴西方发达国家和国际社会对教育目标分类的研究成果，通过制定全面科学的教学目标，在教学规范、课程标准设置等教育过程环节做好规定与约束，使学业成就指标全面地反映出学生的知识、技能、情感、态度和价值观等方面的状态；而且本书研究的主题是县域义务教育校际间办学质量均衡发展，关注的重心并不是以学业成绩高低区分人才，而是在于人才的均衡发展，即所有受教育者至少都能达到一个基本的质量标准，从而具备一定的知识、技能和身心状态。

（三）义务教育办学质量的衡量方法

1. 学生学业成就国际测评项目

在确定了教育质量指标的基础上，如何利用指标对办学质量进行衡量，这涉及衡量方法的问题。近年来，国际社会有很多大规模项目对学生学业成绩水平进行测评，以衡量一个国家的义务教育办学质量水平，这些项目主要采用标准化考试的形式进行测评，为了保证独立性和专业性，很

---

① 上海市教育委员会：《关于〈上海市中小学生学业质量绿色指标（试行）〉的实施意见》（http://www.shmec.gov.cn/html/xxgk/201111/402152011007.php），2011年11月7日。

多国家和地区都有专门的考试机构，组织专家编制标准化试卷，并且在命题、考试、阅卷和评分等各个环节都制定客观、规范和统一的标准，采用系统、科学的程序组织实施测评，以减少或避免各种误差的出现，从而测验出学生最真实的学业成绩，使测评结果客观可信、准确有效。目前，参与国家较多、评估技术成熟、指标体系完善、影响力最大的大型国际学生学业成就测评主要有 PISA、TIMSS 和 PIRLS 三大项目。以 2011 年为例，分别有 65、57、53 个国家和地区参加 PISA、TIMSS、PIRLS 项目。

具体来说，首先，PISA 项目是由 OECD 组织于 1997 年启动实施的，其核心理念是知识要学以致用，主要侧重于评价学生运用知识与技能的能力，以适应现实生活，强调对学生知识面、综合分析、创新素养方面的考查，而不是对课程学习的掌握程度，是一种能力导向的常规性学业水平测试。其评价内容包括阅读、数学和科学三个领域，主要以情境化问题作为测试题目，考察学生的基本素养，评估对象是从各个参与项目国家抽取的 4500 名到 10000 名 15 岁左右的学生，采取周期式循环评估方式，从 2000 年开始每隔三年循环一次，循环三次即九年为一个周期，每个周期中有两个循环主要对学生在一个领域的素养进行深入评估，对学生在其他两个领域的素养进行综合辅助测评。

其次，IEA 组织为了向教育政策的制定与教学方法的改善提供学生素养方面的国际基准和数据，从 1995 年起推行了 TIMSS 和 PIRLS 这两个基于课程标准的学生学业成就国际评价项目。其中，TIMSS 项目每四年一届，主要评价学生的数学和科学学业成就水平，具体围绕学生在这两个学科领域学习的课程内容与获得的认知能力展开，在课程内容方面，对学生在数学的计算、测量和数据处理方面的能力以及生物、物理、化学、地理学科知识掌握的情况进行评价；在认知过程上，对学生运用、推理数学和科学知识等思维过程进行评价，评价对象是处于能力发展关键时期的 9 岁（四年级）和 13 岁（八年级）为主的学生，四年级和八年级学生的评估内容不完全相同，但对认知的评估过程相同。

再次，PIRLS 项目每五年在全球范围内进行一次评价，主要评价四年级学生的阅读素养进展，在测试时给定学生附有彩图的文章，要求学生完成每篇文章后面的 13—16 个问题，以此具体考察学生锁定与获取特定信息、解释与整合信息以及语言使用等方面的能力。TIMSS 和 PIRLS 项目用卓越、优秀、中等与低等四条国际基准线把学生必备的能力分为五个等级。

与各国内部的学业成绩测评相比，学生学业成就国际测评项目的优势在于，不仅根据测评项目获得的数据提供了国际性总报告，还可以向参与国家或地区提供国家或地区分析报告，向各国或地区的教育政策制定者与研究者提供学生成绩差异数据，以及造成这些差异的原因分析报告，以帮助参与国家或地区了解和把握本国或本地区教育在国际上所处的水平及其发展趋势。受国际测评项目影响，诸多参与国或地区参照项目分析报告调整了教育政策。如中国上海在PISA测评中两次夺得冠军，引起了世界各国的广泛关注以及对中国义务教育模式的思考；而德国则由于两次在PISA测评中的表现不佳，开始反思过早分流的基础教育体制的弊端，并设立了统领各州的科学机构按照统一的教育标准来监测各州的教育质量；美国教育部专门邀请了PISA专家为其提供美国在PISA测评中得失的分析报告，然后在按照教育立法已经构建好的标准化考试系统基础上，进一步强化了《不让一个孩子掉队》法案的作用，要求各州严格进行学业测评，并实施学校问责制度，以追求与其国际地位相称的教育排名。在TIMSS项目影响下，新西兰教育部专门成立了一个数学和科学测评部门；澳大利亚和俄罗斯先后出台了新的数学和科学课程标准；加拿大则基于该国学生在TIMSS测试中出现的普遍性问题开发了一系列教学指导材料；菲律宾总统甚至直接指示实施了一项旨在改善数学和科学成绩的一揽子援助计划；韩国、冰岛、挪威、美国等国则基于TIMSS测评成绩采取了新的教师专业发展支持措施。

2. 中国县域内课程标准化考试

为了获取具有可比性的学生成绩，不仅要确定科学的考试内容，而且要使课程标准保持一致，在国家内部，可以借鉴国际测评项目的成功经验，设计一个标准化的课程考试系统。例如美国，早在国际测评项目盛行之前，即20世纪90年代在推行基础教育均衡发展的过程中，就通过教育立法确定了标准化考试系统，建立了全国性的基础教育课程标准和各州课程标准，对各州各学区学生进行标准化的达标考试，以确定学生的成绩标准，同时按照办学质量水平实行以问责制为核心的差异化绩效考核和管理，以促进校际间的办学质量均衡和提升各学校的办学质量。而在我国的义务教育阶段，目前还没有像美国那样在各省甚至全国实行统一的标准化测试，而且在短期内要建立起科学完善的标准化考试系统还存在一定困难，但是推行县域内义务教育校际均衡发展，是以县为分析单位，在县域内完全可以参照国外的标准化考试，由专门的考试管理机构如教研室组织专家、教师依据国家的培养目标、教学大纲、教学计划编制试卷并举行达标考试,而不实行类似于在非义务教育阶段的选拔性升学考试。通过达标考试来注重学业成绩,有助于避免唯学业成绩论的现象出现。在考试规模上,对学校学生成绩达标状况进行测评,不一定要求所有学生参加考试,可以按照分层抽样的原则选择部分学生作为考核样本,以样本考核来减少对教学的干扰,提供更科学的学校信息。最后再由教研室组织学校教师批阅试卷以及专家出具学业质量分析报告。目前,虽然我国县域内还未建立起科学统一的标准化考试系统,但在各地早已实行了很多年的期中和期末统考,要对县域内义务教育校际均衡现状进行评估,则可以利用各县小学和初中各学期期中或期末统考成绩,所缺科目考试成绩可与县教研室合作进行完善和补充。

第二节 义务教育校际均衡指标评价体系

在本章第一节对义务教育学校办学质量核心指标的选择进行充分论证的基础上,本节需要进一步确定衡量义务教育校际均衡程度的方法,进而利用筛选出的指标构建的评价指数对县域内义务教育阶段校际均衡现状进行评估,为后文的进一步实证研究奠定数据基础。虽然本书研究的重点是县域内义务教育校际间办学质量的均衡程度,但是入学机会均衡和教育资源配置均衡也是义务教育均衡发展的重要内容,而且要实现办学质量的校际均衡也离不开教育资源投入。为了全面地评价县域内义务教育均衡发展的程度,本节不仅分析了义务教育校际间办学质量的均衡程度,还评价了校际间入学机会和资源配置的均衡程度,以作为前者的必要补充。

一 校际均衡评价指标的选择

根据第一章系统梳理的基础教育公平理论,义务教育均衡发展分为入学机会均衡(即教育起点公平)、资源配置均衡(即教育过程公平)和办学质量均衡(即教育结果公平),相应地,本节也从这三方面的内容构建指标评价体系(见表3.3)。评价指标选择的科学性和合理性直接关系评价结果的适用性,因此,义务教育均衡发展指标评价体系的构建既需要坚实的理论依据,又需要结合我国义务教育均衡发展的实际情况和社会公众的现实诉求，以及指标所需数据要满足可度量原则。

(一) 入学机会均衡评价指标

从理论上讲，第一章理论分析表明，入学机会均衡包含法律层面上的教育权利平等和教育制度上的教育机会公平两层含义。按照我国《义务教育法》规定，适龄儿童、少年免试就近入学；为了确保《义务教育法》得以贯彻落实，我国于 2005 年在全国范围内全面实行了免费的义务教育，并于 2012 年在所有县级单位都普及了义务教育，这就从法律层面和教育制度上确保了入学机会的公平。那么，就我国义务教育均衡发展的现实情况而言，利用入学率和辍学率差异来评价县域内校际间入学机会均衡程度，其有效性和政策意义不大。但是，由于教育政策原因产生的校际间资源配置和办学质量不均衡，会导致普遍的择校现象，使得来自不同社会经济地位家庭的儿童的入学机会不均衡。因而，选择以学校的择校生人数占在校生人数比例即择校率为指标，不仅能够衡量现阶段的县域内校际间入学机会均衡程度，也能够在一定程度上体现校际均衡综合指标的均衡程度。

(二) 资源配置均衡评价指标

正如导论中对义务教育均衡发展指标体系的国内文献综述表明，大多数学者和教育部发布的《县域义务教育均衡发展督导评估暂行办法》构建的义务教育均衡发展评价指标体系都是用于评价义务教育资源配置均衡程度的，具体指标一般包括教育经费方面的财力投入、师资力量方面的人力投入和设施设备方面的物力投入这三大内容。遵循已有研究的思路以及数据的可及性原则，本书选取的义务教育资源配置均衡类指标也包括财力、人力和物力三类指标。义务教育的财力投入主要来源于预算内财政性经费，按支出用途分类，财政性教育经费可以分为事业性经费支出和基建支出，其中，事业性经费支出包括人员经费和公用经费两部分，为了更好地比较校际差异程度，消除学校规模的影响，分别用相应的生均经费支出指标（生均人员经费、生均公用经费和生均基建支出）表示，即用学校的各项教育经费支出除以在校生人数得到。人力投入主要是教职工，包括学校教师、职员、教学辅助人员和工勤人员，其中，教师是最重要的人力投入，教师的数量和质量可以用专任教师的数量和教师职称、学历结构表示，分别用专任教师师生比、中级及以上职称专任教师占比和专科及以上学历专任教师占比这三项指标表示，相应的指标数据分别由专任教师人数除以在校生人数、中级及以上职称专任教师人数除以专任教师人数和专科及以上专任教师人数除以专任教师人数得到。物力投入则是学校硬件条件方面的投入,包括学生活动场地、图书资料、计算机等项目,具体用生均校舍面积、生均体育活动场馆面积、生均图书册数和生均计算机台数表示,可用各项指标原值除以在校生人数获得。

(三) 办学质量均衡评价指标

如本章第一节所述,本书选择学生学业成绩作为学校办学质量的度量指标较为合理,也符合国内外研究的惯用做法。对于学生学业成绩标准的度量,依据教育部印发的《义务教育语文等学科课程标准(2011版)》,采用国际上广泛应用于学业能力测试和水平考试等领域的安哥夫(Angoff)法和书签(Bookmark)法,确定为合格率、良好率、优良率和优秀率四个档次的评价指标,每个档次的指标利用学生在各学科达到的一定标准水平及以上的人数比例来计算,其中,合格标准表示学业成绩占总成绩的60%及以上的分数,良好标准表示学业成绩占总成绩的80%及以上的分数,优良标准表示学业成绩占总成绩的90%及以上的分数,优秀标准表示学业成绩占总成绩的100%的分数。

需要指出的是,由于不同学校的不同年级学生所参与的不同科目测试内容、难度和时间都不尽相同,直接采用标准化考试(即统考)的百分制成绩仍然缺乏可比性。为了消除学生学业成绩的校际、班级和科目差异,本书采用教育测试中常用的Z分数和T分数转换方法,将学生学业成绩转换成T分数。具体的步骤是:首先,运用统计学中的标准化公式:$Z=(X-x)/SD$,计算出Z分数即标准分,式中,X为原始成绩,x为学生所在班级同一科目的平均成绩,SD为对应的标准差;其次,利用标准化公式计算出的标准分可能存在负数,为了消除正负值的差异,便于比较和排序,按照T分数转换公式:$T=50+10Z$,将标准分数进行常态化处理,计算出T分数。[1] 最终利用T分数合成计算出每所学校学生的整体平均成绩以及办学质量档次。

根据以上论证和统计数据的现实可得性,衡量县域义务教育校际均衡程度的指标评价体系如表3.3所示。

---

[1] 贾勇宏:《农村中小学布局调整对学生学业成绩的影响——基于全国九省(自治区)样本的考察》,《教育与经济》2014年第2期。

表 3.3　　　　　　县域义务教育校际均衡指标评价体系

子领域	一级指标	二级指标	指标公式	指标单位
入学机会均衡		择校率	择校生人数/在校生人数	%
资源配置均衡	财力指标	生均人员经费	人员经费/在校生人数	元/人
		生均公用经费	公用经费/在校生人数	元/人
		生均基建支出	基建支出/在校生人数	元/人
	人力指标	专任教师师生比	专任教师人数/在校生人数	%
		中级及以上职称专任教师占比	中级及以上职称专任教师人数/专任教师人数	%
		专科及以上学历专任教师占比	专科及以上学历专任教师人数/专任教师人数	%
	物力指标	生均校舍面积	学校校舍面积/在校生人数	平方米/人
		生均活动场地面积	活动场地面积/在校生人数	平方米/人
		生均图书册数	学校图书册数/在校生人数	册/人
		生均计算机台数	计算机台数/在校生人数	台/人
办学质量均衡		合格率	学业成绩占总成绩的60%及以上的分数学生人数占比	%
		良好率	学业成绩占总成绩的80%及以上的分数学生人数占比	%
		优良率	学业成绩占总成绩的90%及以上的分数学生人数占比	%
		优秀率	学业成绩占总成绩的100%及以上的分数学生人数占比	%

二　校际均衡指标的评价方法

如何利用上述指标评价体系对县域义务教育校际均衡程度进行科学评价，需要选择恰当的测量方法，本部分通过比较常用的极差、标准差、差异系数和 Mcloone 指数等评价方法的优缺点（见表3.4），最终选择差异系数和 Mcloone 指数，并借鉴联合国开发计划署在《1990 年人文发展报告》中提出的人类发展指数计算方法[①]，尝试设计县域义务教育校际均衡发展

---

① 联合国开发计划署：《1990 年人文发展报告》，(http://www.doc88.com/p-9819325310507.html)，2014 年 12 月 31 日。

指数。

表 3.4　　　　　　　　县域义务教育均衡发展程度的测算方法

测量方法	计算公式	指标含义	作用	缺陷	取值范围
极差	$R = x_{max} - x_{min}$	x_{max}：最大值 x_{min}：最小值	反映县域内校际间的最大差距	不能反映校际间结构性差异	$[0, +\infty)$
标准差	$S = \sqrt{\dfrac{\sum\limits_{i}^{n}(x_i - \bar{x})^2}{N}}$	x_i：某一指标值 $\bar{x}$：平均值 N：指标个数	反映县域内校际间的绝对差异	无法比较均值不同的县域间绝对差异	$[0, +\infty)$
差异系数	$V = \dfrac{\sqrt{\dfrac{\sum\limits_{i}^{n}(x_i - \bar{x})^2}{N}}}{\bar{x}}$	x_i：某一指标值 $\bar{x}$：平均值 N：指标个数	反映县域内校际间的相对差异可以比较县域间的相对差异	以平均数为基准，无法反映薄弱学校与优质学校的差距	$[0, +\infty)$
Mcloone 指数	$M = \dfrac{\sum\limits_{j}^{n} x_j}{n m_d}$	x_j：中位数以下指标值 n：中位数以下指标个数 m_d：中位数的指标值	反映薄弱学校与中等学校间的差距	存在样本损失	$[0, 1]$

如表 3.4 所示，极差可以用于测量同一县域内各学校义务教育均衡发展评价指标的最大值和最小值之差，但它容易受极值影响，只能反映最好的学校与最差的学校之间的最大差距，不能反映样本数据的结构性差异特征以及县域内其他学校之间的差距。标准差用于衡量同一县域内各学校均衡发展评价指标偏离指标均值的情况，反映的是同一县域内校际间义务教育非均衡发展程度的绝对差异，而当不同县域义务教育均衡发展评价指标均值不相等时，则无法通过标准差来比较不同县域义务教育非均衡发展程度的绝对差异大小。为了弥补标准差的缺陷，利用标准差除以县域均值可以得到变异系数，它能够测量出不同县域校际间义务教育非均衡发展程度的相对差异。然而，标准差和变异系数都利用了同一县域内所有学校的平均值来计算差异程度，将薄弱学校的较小值和优质学校的较大值予以平均后，会掩盖薄弱学校办学条件和教育质量差的现实，无法准确反映出薄弱学校与优质学校之间的较大差距。Mcloone 指数是以同一县域内位于中位数水平的学校为基准，用中位数以下的所有学校评价指标的均值与中位数的比值计算得到的，反映了薄弱学校与中等学校之间的差距。从各指标的

含义与作用来看,极差所包含的信息最少,且无法与其他指标形成互补关系;标准差所度量的绝对差异受各评价指标的单位和量纲影响,不能直接加总来比较校际间差异。并且,值得一提的是,按照教育部发布的《县域义务教育均衡发展督导评估暂行办法》第二章第四条的规定,对义务教育校际间均衡状况的评估,以 5 项生均物力投入指标和 3 项生均人力投入指标共 8 项生均投入指标分别计算小学、初中差异系数。[①] 因此,为了保留和对比分析按照现行的规定评估的结果,并完善指标评价体系,本书最终选取后两种方法衡量义务教育校际均衡程度。

借鉴人类发展指数合成义务教育均衡发展指数,其指数合成公式为: Index = $1/n * (P_1^3 + P_2^3 + P_3^3)^{1/3}$,分别代入入学机会均衡评价指标、资源配置均衡评价指标和办学质量均衡评价指标的差异系数(简称 V 指数)或 Mcloone 指数(简称 M 指数)来计算义务教育均衡发展指数,分别用 IndexV 和 IndexM 表示。根据差异系数和 Mcloone 指数的计算公式可知,两个指数的大小与校际均衡程度的相关关系不一致,差异系数的值越大,它所度量的差异程度越大,说明校际均衡程度越低,反之亦然。而 Mcloone 指数值越大,则说明薄弱学校与中等学校之间的差距越小,校际间均衡程度越高。因此,结合义务教育均衡发展指数合成公式,可以进一步判断出,V 指数和 IndexV 的值与义务教育均衡程度呈负向相关关系,M 指数和 IndexM 的值与义务教育均衡程度呈正向相关关系。

第三节 县域义务教育校际均衡程度评估

自 2012 年教育部实行《县域义务教育均衡发展督导评估暂行办法》以来,全国各地以该评估办法为指导,采取诸多措施以通过评估验收。从 2013 年至 2018 年,全国有 16 个省(区、市)整体通过评估认定,有 2719 个县的义务教育资源配置情况达到基本均衡发展的要求。[②] 虽然这些县都达到了基本均衡要求,即各县小学和初中的综合达标率均为 100%,但是,

---

① 教育部:《教育部关于印发〈县域义务教育均衡发展督导评估暂行办法〉的通知》(http://www.moe.gov.cn/srcsite/A11/moe_ 1789/201201/t20120120_ 136600.html),2012 年 1 月 20 日。

② 光明日报:《全国 90% 以上县实现义务教育基本均衡发展》(http://www.gov.cn/xinwen/2019-03/27/content_ 5377531.htm),2019 年 3 月 27 日。

各学校不同指标间的达标率差异仍较大,校际间的均衡程度也存在差异。限于数据的可及性,本书无法利用本章第二节构建的指标体系对全国所有县进行全面评估,只能使用教育部已公布的县义务教育资源配置均衡指标数据进行有限评估,但是,以教育部公布的基本均衡县作为样本已能够分析出存在的主要问题。除此以外,本书还以到 HB 省 A 县调研获得的该县所有中小学的第一手微观数据作为补充,利用前文构建的评价指数全面评估了该县义务教育校际均衡程度,为完善以结果公平为导向的县域义务教育校际均衡评估体系尝试性地提供一个新思路。

一 数据来源与描述统计

(一) 数据来源

现阶段,我国实行"以县为主"的义务教育财政管理体制,县(县级区或市)是义务教育事权和财政支出的责任主体,具体负责促进县域内义务教育校际均衡发展的工作,中央与省级政府主要对县级政府的具体工作进行指导性的规划和确定宏观层面的均衡目标。为使研究的结论对于义务教育均衡发展政策制定更具有现实指导意义,本书首先利用教育部公布的达标县的义务教育学校校际差异系数,对各省和各地区的义务教育均衡发展状况进行总体分析;然后再选择达到基本均衡要求的 HB 省 A 县作为调研对象,利用该县所有中小学的详细数据,对其进行典型案例分析。

A 县是地处中部地区平原地带的农村县,截至 2017 年年底,该县共辖 5 个镇、4 个街道和 1 个经济开发区,版图面积 1316 平方公里,总人口 82 万,其中,农业人口 53 万,占总人口的 65%,城镇人口 29 万,占总人口的 35%。该县共有义务教育学校 62 所,其中,小学 44 所,初中 17 所(含九年一贯制学校 4 所),特殊教育学校 1 所;在校学生 56013 人,其中,小学生 31714 人,普通中学生 24178 人,特殊教育学生 121 人。以该县 2017 年一般公共预算支出决算数为准,2017 年全县普通小学和初中的一般公共预算支出为 40373 万元,占一般公共预算支出比重的 13.73%。早在 2014 年,该县为了通过省级政府对义务教育均衡发展的评估验收,共投入财政资金 2000 万元,加强义务教育阶段学校教学设施设备建设,使得各学校的设施设备和信息化建设达到了 I 类标准。之所以选择该县作为案例:一是该县的地理环境、人口分布和经济发展状况都具有典型的代表性。二是现阶段教育部和各地方省级政府按照《县域义务教育均衡发展督导评估暂行办法》主要对县域义务教育资源配置均衡情况进行评估，针对办法所评估的重点内容，该县采取这种突击式的财政投入方式来达到评估要求是全国范围内的一种普遍现象。而这种突击式的大量投入是否能及时有效改善县域内校际间办学质量差距，通过该县的案例研究可以理清这一关键问题，找出县级政府促进义务教育均衡发展的财政政策所存在的问题。

笔者于2014年和2018年对该县所有的小学和初中共62所学校、县教育局、县教研室、县财政局、县统计局等单位进行了调研，采用分层抽样方法对当地部分学校、教师、学生和家庭进行了问卷调查，并通过查阅A县的教育统计年鉴以及各学校的教育事业统计年报补充相关信息，收集到研究所需的数据资料。

（二）描述统计

由于本书使用了两个层面的数据即全国范围的县级样本数据和HB省A县域内的学校样本数据，不同层面样本数据的意义、单位和量纲都不同，为了全面反映两组数据的特征，表3.5和表3.6分别报告了两组数据的描述性统计结果。其中，表3.5报告了31个省、东中西部地区[①]和全国的达标县小学和初中校际差异系数的描述统计结果。

表3.5　　基本均衡县义务教育学校校际差异系数的描述性统计

区域	学校类型	最小值	最大值	平均值	标准差	中位数	达标县个数
北京市	小学	0.313	0.595	0.431	0.080	0.432	16
北京市	初中	0.261	0.525	0.401	0.065	0.393	16
天津市	小学	0.246	0.558	0.382	0.081	0.389	27
天津市	初中	0.234	0.518	0.391	0.067	0.403	27
河北省	小学	0.241	0.637	0.442	0.089	0.427	125
河北省	初中	0.103	0.549	0.349	0.092	0.352	125
辽宁省	小学	0.224	0.646	0.481	0.102	0.490	82
辽宁省	初中	0.107	0.535	0.368	0.098	0.359	82

---

① 本书按照我国现行经济统计的分类方法对东中西部地区进行划分，其中，东部地区包括北京、天津、河北、辽宁、上海、江苏、浙江、福建、山东、广东、海南共11个省（直辖市）；中部地区包括山西、吉林、黑龙江、安徽、江西、河南、湖北、湖南8个省；西部地区包括重庆、四川、贵州、云南、西藏、陕西、甘肃、青海、宁夏、新疆、内蒙古、广西12个省（直辖市）。

续表

区域	学校类型	最小值	最大值	平均值	标准差	中位数	达标县个数
上海市	小学	0.225	0.522	0.326	0.069	0.322	17
	初中	0.264	0.421	0.334	0.050	0.340	
江苏省	小学	0.160	0.560	0.363	0.089	0.355	89
	初中	0.140	0.550	0.388	0.085	0.400	
浙江省	小学	0.230	0.627	0.396	0.085	0.380	75
	初中	0.128	0.543	0.333	0.079	0.330	
福建省	小学	0.293	0.620	0.475	0.085	0.478	37
	初中	0.240	0.526	0.380	0.071	0.430	
山东省	小学	0.199	0.645	0.455	0.085	0.455	217
	初中	0.145	0.548	0.375	0.087	0.375	
广东省	小学	0.155	0.641	0.371	0.089	0.371	178
	初中	0.158	0.512	0.334	0.073	0.328	
海南省	小学	0.344	0.640	0.500	0.089	0.507	15
	初中	0.255	0.535	0.393	0.071	0.396	
山西省	小学	0.095	0.649	0.534	0.093	0.558	80
	初中	0.025	0.549	0.437	0.093	0.462	
吉林省	小学	0.225	0.648	0.466	0.088	0.470	109
	初中	0.196	0.550	0.379	0.079	0.382	
黑龙江省	小学	0.070	0.643	0.471	0.115	0.493	106
	初中	0.084	0.543	0.375	0.111	0.378	
安徽省	小学	0.244	0.608	0.433	0.079	0.432	169
	初中	0.156	0.529	0.396	0.074	0.397	
江西省	小学	0.199	0.644	0.433	0.092	0.419	182
	初中	0.103	0.548	0.364	0.090	0.364	
河南省	小学	0.221	0.650	0.477	0.100	0.489	83
	初中	0.142	0.547	0.404	0.091	0.400	

续表

区域	学校类型	最小值	最大值	平均值	标准差	中位数	达标县个数
湖北省	小学	0.138	0.633	0.417	0.106	0.402	196
	初中	0.163	0.525	0.342	0.072	0.346	
湖南省	小学	0.170	0.647	0.464	0.114	0.472	77
	初中	0.140	0.543	0.400	0.101	0.427	
重庆市	小学	0.233	0.636	0.412	0.094	0.409	33
	初中	0.175	0.549	0.342	0.103	0.323	
四川省	小学	0.110	0.580	0.373	0.089	0.376	165
	初中	0.049	0.514	0.301	0.093	0.310	
贵州省	小学	0.272	0.600	0.463	0.084	0.476	44
	初中	0.149	0.524	0.324	0.091	0.326	
云南省	小学	0.216	0.618	0.441	0.082	0.436	111
	初中	0.127	0.525	0.296	0.083	0.291	
西藏自治区	小学	0.158	0.649	0.360	0.117	0.340	50
	初中	0.063	0.310	0.164	0.073	0.160	
陕西省	小学	0.170	0.644	0.472	0.091	0.479	100
	初中	0.100	0.533	0.367	0.101	0.380	
甘肃省	小学	0.244	0.622	0.464	0.092	0.453	70
	初中	0.097	0.511	0.340	0.096	0.332	
青海省	小学	0.180	0.585	0.356	0.092	0.360	43
	初中	0.065	0.475	0.241	0.098	0.240	
宁夏回族自治区	小学	0.337	0.566	0.455	0.066	0.457	36
	初中	0.142	0.519	0.294	0.068	0.289	
新疆维吾尔自治区	小学	0.180	0.639	0.405	0.098	0.402	70
	初中	0.108	0.506	0.318	0.097	0.341	
内蒙古自治区	小学	0.129	0.645	0.415	0.112	0.407	76
	初中	0.076	0.533	0.291	0.107	0.286	

续表

区域	学校类型	最小值	最大值	平均值	标准差	中位数	达标县个数
广西壮族自治区	小学	0.206	0.546	0.353	0.083	0.345	41
	初中	0.057	0.446	0.257	0.082	0.247	
东部地区	小学	0.155	0.646	0.421	0.098	0.416	878
	初中	0.103	0.550	0.361	0.085	0.360	
中部地区	小学	0.070	0.650	0.451	0.102	0.452	1002
	初中	0.025	0.550	0.380	0.090	0.380	
西部地区	小学	0.110	0.649	0.415	0.101	0.414	839
	初中	0.049	0.549	0.309	0.099	0.308	
全国	小学	0.070	0.650	0.430	0.102	0.427	2719
	初中	0.025	0.550	0.353	0.096	0.354	

注：表中所有数据均根据教育部公布的各省基本均衡县（市、区）义务教育学校校际差异系数整理得到。对于教育部公布的数据中有部分县仅有一所初中，无法计算校际差异系数的，在统计时做缺省处理。

按照《县域义务教育均衡发展督导评估暂行办法》规定，根据资源配置的八项指标差异系数求平均值计算得出的小学和初中的综合差异系数须分别小于0.65和0.55（含本数），且不要求各单项指标均达到此标准。[①] 从表3.5可以看出，除天津市、上海市和江苏省外，其他各省（直辖市、自治区）小学比初中的校际综合差异系数平均值大，说明在各省小学校际间的非均衡程度比初中要大。越发达的东部省份如天津市、上海市、江苏省和广东省的综合差异系数的平均值都在0.4左右及以下，且极差即最大值与最小值的差额都较小，说明发达省份县域间和县域内义务教育学校校际均衡程度均较高；而西部地区各省综合差异系数的平均值较小以及地区整体平均值也最小，但其标准差都较大，这说明各省县域内义务教育学校校际均衡程度还处于低水平的均衡状态，县域间差距仍较大。总体来说，我国县域义务教育阶段校际间总体均衡状况较好，但中部地区的校际均衡程度最低。

为了更详细地展示出县级层面上义务教育校际均衡程度的具体情况，

---

① 教育部：《教育部关于印发〈县域义务教育均衡发展督导评估暂行办法〉的通知》（http://www.moe.gov.cn/srcsite/A11/moe_1789/201201/t20120120_136600.html），2012年1月20日。

本书进一步以典型县为案例，表3.6报告了本章第二节构建的县域义务教育校际均衡指标评价体系中所有指标原始值的描述性统计结果。为了避免极端值产生的影响，描述性统计中剔除了1所特殊教育学校的相关数据，共使用了61所学校的样本数据。

表3.6　　　HB省A县义务教育校际均衡指标的描述性统计

子领域	评价指标		统计方法				
	一级指标	二级指标	最小值	最大值	平均值	标准差	中位数
入学机会均衡		择校率	0.08	0.34	0.07	0.14	0.18
资源配置均衡	财力指标	生均人员经费	1566.92	11754.90	5347.36	2645.27	4608.04
		生均公用经费	430.72	8515.46	1789.04	1888.72	1055.51
		生均基建支出	1650.49	25562.91	7572.58	5767.01	5646.07
	人力指标	专任教师师生比	0.03	0.23	0.08	0.04	0.07
		中级及以上职称专任教师占比	0.40	1.00	0.77	0.15	0.78
		专科及以上学历专任教师占比	0.40	1.00	0.92	0.13	0.99
	物力指标	生均校舍面积	2.41	29.90	13.72	8.81	11.30
		生均活动场地面积	3.13	200.85	38.08	42.73	21.93
		生均图书册数	9.41	107.84	35.11	18.01	31.11
		生均计算机台数	0.00	0.45	0.09	0.08	0.08
办学质量均衡		合格率	0.79	1.00	0.94	0.05	0.96
		良好率	0.41	0.98	0.76	0.14	0.80
		优良率	0.10	0.94	0.52	0.21	0.55
		优秀率	0.00	0.25	0.03	0.05	0.02

注：表中数据由调研获取的原始数据整理得到。所有指标的单位与前文相同。

如表3.6所示，就入学机会均衡指标来看，择校率的各统计值较小，说明A县的择校现象并不严重，绝大多数学龄儿童都能够就近入学，在入学机会上实现了公平。就资源配置均衡指标来看，虽然该县已通过基本均衡县的评估验收，但是义务教育的物力投入和财力投入指标的最大值与最小值之间的差额较大，表明该县办学条件最好的学校与最差的学校之间的教育资源配置相差甚远，这与笔者实地调研发现的情况一致。[①] 就办学质量均衡指标来看，该县各学校达到合格率的情况差异不大，但是达到良好率和优秀率的差异较大，说明该县义务教育校际间的办学质量还是处于较低水平的均衡状态。另外，根据教育部公布的2017年全国教育经费执行情况统计公告和全国教育事业发展统计公报显示，2017年全国普通小学生均一般公共预算人员经费支出为7467.05元，生均一般公共预算公用经费支出为2732.07元，师生比为5.89%，专科及以上学历教师占比为99.96%，生均校舍建筑面积7.44平方米；全国普通初中生均一般公共预算人员经费支出为10848.62元，生均一般公共预算公用经费支出为3792.53元，师生比为7.99%，具备中等师范学校毕业及其以上学历教师占比为99.83%，生均校舍建筑面积11.28平方米；而A县的生均公共教育成本为7136.40元，专任教师师生比为8.48%，专科及以上学历教师占比为92.03%，生均建筑面积13.73平方米。很明显，A县的师生比和生均校舍面积略高于全国平均水平，而生均一般公共预算人员经费和公用经费以及高级教师占比低于全国平均水平。

二 校际均衡的评估结果

同样地，本部分首先利用教育部评估校际均衡程度的8项指标的平均值与单项指标校际差异系数评估各省、各地区和全国县域义务教育阶段学校资源配置均衡程度，再结合本章第二节构建的县域义务教育均衡发展评价指标体系以及差异系数和Mcloone指数这两种评价方法及其合成的义务教育均衡发展指数对A县义务教育均衡发展程度进行评估，评估结果见表3.7、表3.8和表3.9。

（一）我国义务教育校际均衡发展状况

为了反映出县域内校际间是在何种水平下达到均衡程度的，本书首先给出了县域义务教育学校各项资源配置指标的平均值，各省和各地区小学与初中校际间资源配置均衡指标均值是根据截至2018年底教育部公布的31个省2719个基本均衡县（市、区）义务教育学校校际均衡各项指标值计算平均数得到的，如表3.7所示。

[①] 作者实地调研发现，该县为了提高初中升高中的升学率，向一所重点中学投入了大量财力，使得该校修建得十分豪华，但在离县城200多公里外的偏远镇上有一所农村小学甚至没有配备一台教学用的计算机，学校规模也仅有百余名学生，校舍极其简陋，一、二年级学生共用同一间教室上课。

表 3.7　我国义务教育校际间资源配置均衡指标均值

区域	学校类型	生均校舍面积	生均活动场地面积	生均教学仪器设备值	生均计算机台数	生均图书册数	师生比	专科及以上学历教师占比	中级及以上职称教师占比
北京市	小学	4.677	10.024	7261.625	26.423	40.900	0.075	0.075	0.043
	初中	7.258	16.440	10948.688	38.586	51.981	0.116	0.115	0.070
天津市	小学	3.963	8.464	1405.000	12.476	32.108	0.073	0.067	0.059
	初中	5.339	12.891	2352.852	16.534	45.135	0.106	0.098	0.088
河北省	小学	4.117	9.005	896.521	12.960	29.552	0.063	0.060	0.033
	初中	5.036	10.436	1271.963	13.574	43.002	0.081	0.069	0.056
辽宁省	小学	3.622	13.506	1778.546	14.648	31.308	0.074	0.070	0.060
	初中	4.838	16.892	2617.850	17.117	41.165	0.113	0.097	0.096
上海市	小学	4.612	5.431	4584.043	23.536	41.229	0.072	0.072	0.043
	初中	6.605	8.602	6002.219	31.482	55.961	0.092	0.089	0.062
江苏省	小学	4.795	7.173	1708.506	11.779	26.360	0.061	0.074	0.052
	初中	7.778	14.638	2776.978	15.885	41.496	0.102	0.113	0.088
浙江省	小学	4.125	7.408	1572.727	16.205	31.152	0.059	0.056	0.038
	初中	5.903	11.575	2217.220	20.606	40.290	0.085	0.078	0.060
福建省	小学	3.640	6.854	1115.753	9.837	24.732	0.058	0.050	0.037
	初中	5.463	11.249	1811.106	13.050	36.747	0.089	0.078	0.057

续表

区域	学校类型	生均校舍面积	生均活动场地面积	生均教学仪器设备值	生均计算机台数	生均图书册数	师生比	专科及以上学历教师占比	中级及以上职称教师占比
山东省	小学	3.838	10.731	1291.480	14.634	30.848	0.065	0.059	0.033
	初中	4.907	12.444	1798.435	16.524	40.844	0.092	0.079	0.058
广东省	小学	4.657	8.624	1600.933	12.805	27.050	0.056	0.053	0.044
	初中	6.220	11.327	2319.981	16.614	37.191	0.086	0.072	0.062
海南省	小学	4.403	7.953	1681.801	10.555	19.467	0.061	0.052	0.031
	初中	5.187	9.696	2472.059	12.150	30.795	0.079	0.060	0.044
山西省	小学	4.113	7.196	999.338	11.544	22.383	0.082	0.076	0.032
	初中	5.358	9.466	1396.888	14.278	32.742	0.114	0.087	0.051
吉林省	小学	4.867	11.486	1790.193	11.416	31.838	0.098	0.092	0.057
	初中	5.840	10.668	2418.440	14.443	40.769	0.124	0.108	0.079
黑龙江省	小学	4.261	13.570	2003.562	12.592	22.563	0.108	0.103	0.076
	初中	5.683	17.827	2672.239	15.498	29.798	0.137	0.109	0.104
安徽省	小学	4.657	7.552	1108.938	11.790	22.028	0.062	0.055	0.036
	初中	6.215	11.137	1526.989	13.959	32.594	0.099	0.076	0.063
江西省	小学	3.832	7.122	971.346	6.140	18.149	0.053	0.049	0.027
	初中	4.707	9.994	1491.906	9.218	27.382	0.074	0.056	0.053

续表

区域	学校类型	生均校舍面积	生均活动场地面积	生均教学仪器设备值	生均计算机台数	生均图书册数	师生比	专科及以上学历教师占比	中级及以上职称教师占比
河南省	小学	3.667	6.214	609.370	6.652	20.592	0.055	0.051	0.031
	初中	4.094	7.964	910.999	8.716	30.033	0.079	0.058	0.049
湖北省	小学	4.338	7.074	1274.508	11.398	29.925	0.062	0.055	0.042
	初中	5.728	10.515	1964.829	13.899	40.845	0.098	0.071	0.074
湖南省	小学	3.840	5.770	844.874	7.260	24.456	0.053	0.049	0.034
	初中	5.510	8.389	1327.005	9.643	32.161	0.086	0.064	0.059
重庆市	小学	4.666	6.335	1249.862	10.889	16.082	0.059	0.057	0.029
	初中	5.038	7.785	1585.862	11.340	22.413	0.080	0.071	0.044
四川省	小学	4.696	8.678	1780.616	9.856	21.505	0.071	0.065	0.034
	初中	5.436	10.416	2179.650	10.917	30.893	0.088	0.063	0.051
贵州省	小学	3.608	7.986	984.475	9.201	24.407	0.057	0.052	0.036
	初中	3.865	9.535	1278.746	12.400	35.695	0.070	0.054	0.041
云南省	小学	4.415	7.276	1168.649	9.387	25.482	0.067	0.061	0.037
	初中	4.437	8.804	1386.234	11.825	32.527	0.074	0.062	0.045
西藏自治区	小学	5.205	11.497	1432.239	13.991	18.535	0.081	0.080	0.029
	初中	5.159	10.584	1673.187	9.891	24.763	0.082	0.070	0.036

续表

区域	学校类型	生均校舍面积	生均活动场地面积	生均教学仪器设备值	生均计算机台数	生均图书册数	师生比	专科及以上学历教师占比	中级及以上职称教师占比
陕西省	小学	4.409	7.563	1459.331	16.100	35.469	0.072	0.068	0.031
	初中	5.409	9.166	1984.522	16.583	47.369	0.103	0.089	0.051
甘肃省	小学	4.784	10.413	1595.112	12.881	23.271	0.081	0.074	0.034
	初中	5.253	10.629	1917.298	13.776	29.984	0.097	0.078	0.045
青海省	小学	5.604	8.504	1124.070	16.188	29.759	0.067	0.065	0.042
	初中	6.300	11.622	1430.690	16.204	37.703	0.086	0.068	0.052
宁夏回族自治区	小学	4.702	12.136	3070.648	14.863	22.916	0.062	0.059	0.030
	初中	5.621	12.013	3721.479	15.548	30.745	0.073	0.067	0.039
新疆维吾尔自治区	小学	5.811	17.000	2581.880	15.236	26.182	0.081	0.077	0.037
	初中	6.132	15.606	2621.194	14.662	31.517	0.106	0.083	0.058
内蒙古自治区	小学	5.260	12.287	2553.974	11.972	21.911	0.080	0.078	0.061
	初中	6.377	15.889	3228.684	13.770	31.929	0.099	0.086	0.075
广西壮族自治区	小学	4.795	9.495	1458.547	7.177	31.104	0.053	0.048	0.035
	初中	4.946	9.821	1706.422	8.608	40.713	0.069	0.054	0.049
东部地区	小学	4.181	9.282	1593.006	13.926	29.479	0.063	0.061	0.042
	初中	5.690	12.373	2327.131	16.968	40.717	0.092	0.082	0.066

续表

区域	学校类型	生均校舍面积	生均活动场地面积	生均教学仪器设备值	生均计算机台数	生均图书册数	师生比	专科及以上学历教师占比	中级及以上职称教师占比
中部地区	小学	4.237	8.169	1214.658	9.938	24.088	0.069	0.064	0.041
	初中	5.450	11.382	1747.610	12.558	33.621	0.099	0.077	0.067
西部地区	小学	4.803	9.939	1705.843	12.150	25.109	0.071	0.067	0.037
	初中	5.338	10.972	2063.675	12.956	33.632	0.088	0.072	0.050
全国	小学	4.391	9.066	1486.145	11.897	26.135	0.068	0.064	0.040
	初中	5.493	11.573	2029.971	14.095	35.902	0.094	0.077	0.061

注：表中所有数据均根据教育部公布的各省基本均衡县（市、区）义务教育校际差异系数表中的区县均值计算得到。

表 3.8　我国义务教育校际均衡发展程度的评估结果

区域	学校类型	生均校舍面积	生均活动场地面积	生均教学仪器设备值	生均计算机台数	生均图书册数	师生比	中级及以上职称教师占比	专科及以上学历教师占比	Index V$_1$	Index V$_2$
北京市	小学	0.550	0.674	0.476	0.379	0.473	0.277	0.271	0.348	0.510	0.299
	初中	0.519	0.584	0.449	0.346	0.400	0.287	0.282	0.342	0.460	0.304
天津市	小学	0.421	0.616	0.658	0.353	0.205	0.246	0.252	0.306	0.450	0.268
	初中	0.443	0.557	0.585	0.346	0.287	0.284	0.295	0.331	0.444	0.303
河北省	小学	0.535	0.806	0.491	0.334	0.254	0.327	0.322	0.465	0.484	0.371
	初中	0.442	0.604	0.346	0.263	0.225	0.278	0.279	0.336	0.376	0.298

第三章　县域义务教育校际均衡发展的现状

续表

区域	学校类型	生均校舍面积	生均活动场地面积	生均教学仪器设备值	生均计算机台数	生均图书册数	师生比	中级及以上职称教师占比	专科及以上学历教师占比	IndexV$_1$	IndexV$_2$
辽宁省	小学	0.554	0.853	0.441	0.364	0.289	0.442	0.428	0.475	0.500	0.448
	初中	0.437	0.545	0.364	0.265	0.250	0.313	0.318	0.327	0.372	0.319
上海市	小学	0.377	0.553	0.422	0.344	0.251	0.183	0.181	0.298	0.389	0.221
	初中	0.411	0.532	0.403	0.358	0.283	0.213	0.213	0.262	0.397	0.229
江苏省	小学	0.495	0.510	0.468	0.299	0.282	0.237	0.228	0.316	0.411	0.260
	初中	0.460	0.488	0.453	0.331	0.322	0.308	0.293	0.343	0.411	0.315
浙江省	小学	0.543	0.663	0.548	0.301	0.350	0.230	0.227	0.313	0.481	0.257
	初中	0.446	0.530	0.484	0.291	0.298	0.193	0.185	0.236	0.410	0.205
福建省	小学	0.571	0.736	0.622	0.467	0.296	0.355	0.317	0.434	0.538	0.369
	初中	0.404	0.583	0.504	0.400	0.287	0.278	0.275	0.310	0.436	0.288
山东省	小学	0.497	0.711	0.561	0.475	0.240	0.335	0.328	0.498	0.497	0.387
	初中	0.422	0.571	0.457	0.356	0.251	0.292	0.292	0.359	0.411	0.314
广东省	小学	0.462	0.592	0.483	0.424	0.280	0.220	0.218	0.293	0.448	0.243
	初中	0.383	0.493	0.404	0.349	0.275	0.228	0.240	0.302	0.381	0.257
海南省	小学	0.529	0.971	0.552	0.367	0.283	0.429	0.374	0.497	0.540	0.433
	初中	0.378	0.687	0.471	0.326	0.324	0.302	0.309	0.349	0.437	0.320

续表

区域	学校类型	生均校舍面积	生均活动场地面积	生均教学仪器设备值	生均计算机台数	生均图书册数	师生比	中级及以上职称教师占比	专科及以上学历教师占比	IndexV_1	IndexV_2
山西省	小学	0.561	0.679	0.531	0.479	0.304	0.560	0.528	0.628	0.511	0.572
	初中	0.420	0.571	0.480	0.411	0.302	0.442	0.419	0.450	0.437	0.437
吉林省	小学	0.470	0.587	0.373	0.402	0.167	0.583	0.546	0.596	0.400	0.575
	初中	0.377	0.477	0.347	0.353	0.162	0.446	0.428	0.442	0.343	0.439
黑龙江省	小学	0.483	0.562	0.437	0.370	0.257	0.463	0.457	0.483	0.422	0.467
	初中	0.393	0.423	0.327	0.277	0.174	0.362	0.346	0.366	0.319	0.358
安徽省	小学	0.455	0.556	0.468	0.348	0.296	0.426	0.399	0.515	0.425	0.447
	初中	0.389	0.461	0.405	0.342	0.272	0.428	0.410	0.460	0.374	0.432
江西省	小学	0.507	0.617	0.479	0.459	0.264	0.326	0.310	0.505	0.465	0.380
	初中	0.396	0.487	0.407	0.316	0.201	0.313	0.301	0.407	0.361	0.340
河南省	小学	0.508	0.692	0.559	0.551	0.307	0.362	0.363	0.471	0.523	0.399
	初中	0.443	0.562	0.477	0.427	0.292	0.313	0.344	0.373	0.440	0.344
湖北省	小学	0.461	0.588	0.434	0.481	0.231	0.361	0.350	0.429	0.439	0.380
	初中	0.371	0.459	0.346	0.368	0.196	0.285	0.297	0.312	0.348	0.298
湖南省	小学	0.556	0.650	0.518	0.550	0.332	0.338	0.331	0.436	0.521	0.368
	初中	0.441	0.508	0.390	0.427	0.346	0.322	0.329	0.397	0.423	0.350

续表

区域	学校类型	生均校舍面积	生均活动场地面积	生均教学仪器设备值	生均计算机台数	生均图书册数	师生比	中级及以上职称教师占比	专科及以上学历教师占比	IndexV_1	IndexV_2
重庆市	小学	0.512	0.602	0.459	0.365	0.301	0.329	0.322	0.442	0.448	0.364
	初中	0.427	0.424	0.355	0.339	0.275	0.290	0.275	0.369	0.364	0.311
四川省	小学	0.373	0.506	0.376	0.356	0.263	0.347	0.335	0.427	0.375	0.370
	初中	0.290	0.363	0.305	0.251	0.174	0.303	0.297	0.341	0.277	0.313
贵州省	小学	0.560	0.701	0.743	0.380	0.256	0.302	0.300	0.461	0.528	0.354
	初中	0.391	0.483	0.535	0.225	0.181	0.214	0.248	0.313	0.363	0.258
云南省	小学	0.471	0.594	0.621	0.476	0.324	0.282	0.282	0.475	0.497	0.346
	初中	0.328	0.462	0.499	0.234	0.186	0.178	0.187	0.279	0.342	0.215
西藏自治区	小学	0.332	0.483	0.377	0.464	0.262	0.206	0.207	0.489	0.384	0.300
	初中	0.163	0.031	0.029	0.023	0.019	0.020	0.023	0.023	0.053	0.022
陕西省	小学	0.548	0.683	0.494	0.268	0.256	0.486	0.468	0.576	0.450	0.510
	初中	0.369	0.512	0.376	0.239	0.246	0.391	0.394	0.408	0.348	0.398
甘肃省	小学	0.493	0.669	0.425	0.369	0.289	0.443	0.419	0.558	0.449	0.473
	初中	0.349	0.476	0.390	0.266	0.216	0.310	0.320	0.360	0.339	0.330
青海省	小学	0.368	0.545	0.408	0.391	0.242	0.269	0.272	0.352	0.391	0.297
	初中	0.244	0.293	0.281	0.165	0.132	0.170	0.166	0.252	0.223	0.196

续表

区域	学校类型	生均校舍面积	生均活动场地面积	生均教学仪器设备值	生均计算机台数	生均图书册数	师生比	中级及以上职称教师占比	专科及以上学历教师占比	IndexV_1	IndexV_2
宁夏回族自治区	小学	0.482	0.583	0.427	0.476	0.317	0.388	0.370	0.596	0.457	0.451
	初中	0.369	0.393	0.309	0.262	0.204	0.229	0.217	0.376	0.307	0.274
新疆维吾尔自治区	小学	0.379	0.585	0.430	0.388	0.245	0.344	0.339	0.484	0.406	0.389
	初中	0.288	0.411	0.326	0.275	0.174	0.252	0.232	0.312	0.295	0.265
内蒙古自治区	小学	0.373	0.608	0.538	0.299	0.263	0.411	0.406	0.420	0.416	0.412
	初中	0.253	0.403	0.361	0.201	0.150	0.311	0.304	0.316	0.274	0.311
广西壮族自治区	小学	0.396	0.725	0.391	0.448	0.101	0.215	0.226	0.320	0.412	0.254
	初中	0.307	0.464	0.294	0.264	0.106	0.177	0.194	0.255	0.287	0.208
东部地区	小学	0.504	0.688	0.514	0.391	0.275	0.297	0.289	0.400	0.474	0.329
	初中	0.425	0.547	0.428	0.325	0.271	0.270	0.271	0.324	0.399	0.288
中部地区	小学	0.491	0.606	0.466	0.446	0.264	0.414	0.397	0.501	0.454	0.438
	初中	0.397	0.484	0.390	0.356	0.232	0.358	0.353	0.397	0.372	0.369
西部地区	小学	0.436	0.597	0.473	0.379	0.265	0.349	0.341	0.471	0.430	0.387
	初中	0.320	0.412	0.388	0.257	0.193	0.266	0.268	0.324	0.314	0.286
全国	小学	0.478	0.630	0.484	0.408	0.268	0.356	0.345	0.459	0.453	0.387
	初中	0.383	0.480	0.390	0.308	0.228	0.298	0.297	0.347	0.358	0.314

注：表中所有数据均根据教育部公布的各省基本均衡县（市、区）义务教育学校校际差异系数表整理计算得到。同表3.5一样，对于教育部公布的数据中有部分县（市、区）仅有一所初中，未计算校际差异系数的，在统计时做缺省处理。

如表3.7所示，从不同教育阶段来看，除了西部地区部分省份如西藏自治区、宁夏回族自治区和新疆维吾尔自治区小学比初中的个别资源投入指标均值大，其他各省小学比初中的资源投入均值都小，并且各省不同指标均值差异较大。从东中西三个地区的比较情况来看，中部地区小学的生均活动场地面积、教学仪器设备值、计算机台数、图书册数指标均值都比东部地区和西部地区低，初中除师生比和中级及以上职称教师占比高于西部地区外，其他指标都比东部地区和西部地区低，这说明中部地区县级初中的教师数量和质量优于西部地区，但总体办学条件低于东部地区和西部地区。从不同地区对比全国平均水平的情况来看，中部地区小学和初中未达到全国平均水平的指标项数最多，东部地区小学的生均校舍面积、师生比和中级及以上职称教师占比以及初中的师生比与全国平均水平略有差距，西部地区小学除生均图书册数和专科及以上学历教师占比外的其他指标均达到了全国平均水平，而初中仅有教学仪器设备值一项指标达到全国平均水平。由此可见，三个地区相比较，中西部地区的县域校际间资源配置平均水平较低。

如表3.8所示，各省基本均衡县小学和初中校际间物力资源投入指标差异系数的合成指数（$IndexV_1$）几乎都比人力资源投入差异系数的合成指数（$IndexV_2$）大，说明各省校际物力比人力资源配置均衡程度低，这些省份更注重义务教育学校教师数量、质量和结构的均衡优化配置。就物力差异指数构成要素而言，无论是小学还是初中，各省校际间生均校舍面积、生均活动场地面积和生均教学仪器设备值这三个指标普遍比生均计算机台数和生均图书册数的差异系数大，成为了造成省内物力资源投入差异的主要因素。就人力差异指数构成要素而言，各省校际间中级及以上职称教师占比都比师生比与专科及以上学历教师占比的差异系数大，说明教师职称代表的教师质量是影响人力资源投入差异的最重要因素。从不同区域看，与县平均水平一样，西部地区各项物力资源投入指标的差异系数及其合成指数基本最小，中部地区次之，东部地区最大，这说明西部地区的基本均衡县是在较高的物力资源配置水平上达到的校际均衡，换言之，中部地区不仅县域校际间资源配置平均水平较低，而且校际均衡程度也低。值得注意的是，西部地区基本均衡县的校际间资源配置平均水平不仅最高且校际均衡程度也最高，事实上，西部地区的办学质量及其均衡程度却一直较低。

（二）县域义务教育校际均衡发展状况：以 HB 省 A 县为案例

作为对我国县域义务教育校际均衡发展状况评估结果的补充，进一步利用 A 县的相关数据进行评估，评估结果见表 3.9。

表 3.9　　HB 省 A 县义务教育校际均衡发展程度的评估结果

子领域	评价指标 一级指标	评价指标 二级指标	评价方法 V 指数	评价方法 M 指数	评价方法 IndexV	评价方法 IndexM
入学机会均衡		择校率	0.06	0.27	0.06	0.27
资源配置均衡	财力差异指标	生均人员经费	0.51	0.80	0.27	0.12
		生均公用经费	1.18	0.72		
		生均基建支出	0.86	0.61		
	人力差异指标	专任教师师生比	0.46	0.76	0.01	0.18
		中级及以上职称专任教师占比	0.19	0.84		
		专科及以上学历专任教师占比	0.14	0.84		
	物力差异指标	生均校舍面积	0.64	0.58	0.24	0.07
		生均活动场地面积	1.23	0.44		
		生均图书册数	0.51	0.76		
		生均计算机台数	0.85	0.45	0.24	0.07
办学质量均衡		合格率	0.05	0.95	0.36	0.14
		良好率	0.18	0.83		
		优良率	0.41	0.63		
		优秀率	1.62	0.21		
Index			0.22	0.12		

注：表中各指标值利用调研获取的数据计算得到。

如表 3.9 所示，利用各指标差异系数构建的校际均衡指数 IndexV 表明，入学机会和人力资源投入的 IndexV 值较小，说明校际间的入学机会和人力资源投入较为均等；而衡量校际间物力资源投入、财力资源投入和办学质量均衡程度的 IndexV 值大于衡量校际间入学机会和人力资源投入均衡程度的 IndexV 值，且逐渐递增，说明校际间物力资源投入、财力资源投入和办学质量的差异较大,且办学质量的不均衡程度依次超过了财力资源投入和物力资源投入的不均衡程度。同样地,利用各指标 Mcloone 指数构建的均衡指数 IndexM 也得出了与 IndexV 指数一致的结论,即入学机会和人力资源投入的 IndexM 值较大,物力资源投入、财力资源投入和办学质量的 IndexM 值较小,说明薄弱学校和中等学校间的入学机会和人力资源配置差异不大,而办学质量差异程度远超过了财力资源投入和物力资源投入的差异程度。这也说明,即使在校际间实现了财力资源投入和物力资源投入的均衡,也不一定能够实现校际间办学质量的均衡。并且,结合表3.6的描述性统计分析结果,可以发现,虽然该县的人力资源投入指标的IndexV 和 IndexM 指数较小,即校际间的人力资源配置较为均衡,但是,表3.6所示的人力资源投入指标原值较小,也就是说,该县义务教育校际间的人力资源投入还处于较低水平的均衡状态。

因此,以 A 县为案例的县域义务教育校际均衡程度评估结果表明,在县级财力充足的情况下,物力资源配置均衡和财力资源配置均衡是较容易达到的,而人力资源配置和办学质量的均衡程度较低,这就意味着校际间资源配置的均衡不一定能够实现办学质量的均衡。那么,人力资源配置均衡、物力资源配置均衡还是财力资源配置均衡与学校办学质量均衡之间究竟存在什么关系,学校的各种资源配置对办学质量的影响程度有多大,这是促进县域义务教育校际均衡发展急需进一步理清的关键问题,可以为义务教育校际均衡发展的财政保障机制构建提供经验证据。

第四章　县域义务教育校际均衡的资源配置需求

为了实现义务教育均衡发展，我国现阶段的义务教育财政政策致力于促进义务教育资源配置的均衡。但正如《科尔曼报告》指出的教育资源配置均衡并不等同于学校办学质量均衡，教育资源配置均衡是手段，办学质量均衡才是目的[①]，而这两者又不是完全独立的两个阶段，义务教育办学质量的提高离不开教育资源的投入。因此，弄清学校办学质量与教育资源配置间的关系，对义务教育均衡发展的政策制定具有指导意义，尤其是对财政投入的力度和重心确定至关重要。

在本书导论部分对国内外学者研究教育资源配置与办学质量间关系进行文献综述的基础上，本章为了克服已有研究利用传统的教育生产函数进行多元回归分析存在估计偏差的缺陷，试图采用不同于以往研究的多层线性模型分析方法来验证教育资源配置与办学质量间的关系，利用 HB 省 A 县中小学及其学生问卷调查的两层结构数据，从学校和学生个体两个层面全面分析学校资源配置对学生成绩作用的路径与机制，考察哪些学校资源会影响学生成绩，为县域义务教育校际均衡的资源投入要素选择奠定基础。

第一节　多投入与单一产出的教育生产关系

自《科尔曼报告》发表以来，国内外学者就广泛利用教育生产函数研究教育资源配置与教育质量间的关系。Hanushek 在分别总结了 187 项

[①] J. S. Coleman, *Equality of Educational Opportunity*, Washington, D. C.: U. S. Government Printing Office, 1966.

发达国家（Hanushek，1991）和 96 项发展中国家（Hanushek，1995）的研究成果后发现，处于不同经济发展阶段的国家，学校资源配置对学生成绩的影响作用不尽相同，发达国家巨大的教育资源投入并没有对学生成绩产生显著的影响，而发展中国家的教育资源投入对学生成绩的影响较大。在学校投入与产出关系的研究中，运用最广泛的就是教育生产函数方法。但是，由于教育生产具有自身的独特性，简单地用标准的生产函数无法探究出被视为"黑箱"的教育内部生产过程和规律，学生的学业成绩即教育产出不仅与学校资源配置直接相关，而且还受学生个体特征包括学生所处的社会经济环境、家庭背景和自身天赋能力等因素的影响。为了理清校际间学校教育资源配置不均衡与办学质量差异之间的关系，本节遵循已有研究的思路，以 Hanushek（1986）建立的教育生产函数一般性模型为基础，借鉴 Belfield（2000）在 Hanushek（1986）研究基础上构建的修正的教育生产函数扩展性模型，从理论上探讨学校资源配置对学生成绩的影响机理。

一 传统的教育生产函数分析框架

在经济学研究领域，生产函数被广泛运用于研究企业生产过程中在既定生产技术条件下的投入与产出之间的关系。H. M. Levin（1995）指出，教育生产与企业生产相似，学校也是通过投入财力、物力和人力等资源来提供或生产教育产品或服务，并以学生学业成就及其他有价值的成果形式来衡量教育产出质量。因此，度量教育投入与产出间关系的教育生产函数也可以用来研究教育生产过程。正如 Hanushek（1986）建立的教育生产函数一般性理论模型：

$$Y_t = f(S_t, F_t) \tag{4.1}$$

模型（4.1）中，Y_t 代表一个学生在 t 时刻所获得的学业成就；S_t 表示学校投入的各种教育资源，包括教师、教学设施设备和教育资金等教育生产要素；F_t 涵盖了家庭影响学生学业成就的各种因素，如家庭的社会经济地位、父母受教育程度等。由此可见，学校资源配置和家庭背景是影响学生学业成就的两类关键因素，并且学校资源配置和家庭背景对学生学业成就的影响作用不是彼此孤立的，而是交互作用的。也就是说，学校资源配置对学生学业成就的影响，并非仅仅局限于对学校学生成就产生的直接影响，同时还有通过家庭背景对学生学业成就产生的间接影响。因为即使来自相同或相似家庭背景的学生就读于不同资源配置的学校,其学业成就也可能表现出不同的水平。那么,学校资源配置对学生学业成就的影响至少有以下两种可以叠加的作用机制:一是不同学校资源配置直接导致了学校间学生平均成绩的差异;二是学校资源配置的不同还导致了家庭背景对学生成绩的影响作用在校际间产生了差异,即相同家庭背景对学生个人成绩的影响作用要受制于其所处学校资源配置的约束。这种作用过程和机制可用图 4.1 来表示。已有国内研究较为关注前者,对后者的研究也开始崭露头角。

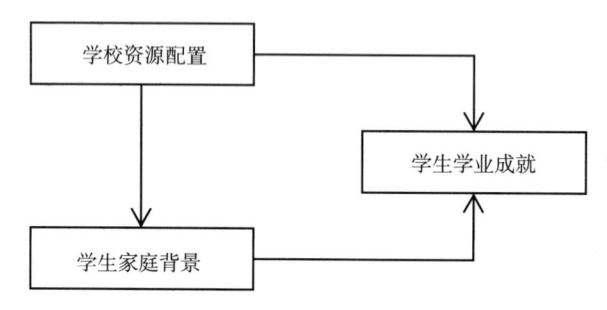

图 4.1 学校资源配置对学生学业成就的简单影响路径

二 扩展的教育生产函数分析框架

从学校资源配置对学生学业成就的影响机制可以看出,两条路径的共同作用表明以学生学业成就度量的学校办学质量存在内生性问题,即不同经济条件的家庭可以通过选择居住地点的形式来择校,从而获得较高质量的学校教育,那么,学校资源配置对办学质量的影响是通过家庭背景发挥作用的;如果家庭背景对学生学业成就有显著影响,虽然表现为学校办学质量的作用,实际上却是家庭背景的回报。而且学生取得学业成就所需要的教育资源往往是内生决定的,它与学生个人能力和努力程度密切相关,许多天赋较高的学生比其他资质平庸的学生的学业成就要好,而"笨鸟先飞、勤能补拙"的典故表明资质平庸的学生也能通过提高个人学习努力程度来改善自身学业成就。因此,除了要考虑教育生产函数的一般性理论模型中包括的学校资源配置和家庭背景两大关键因素外,还要考虑学生个体因素的影响。为此,Belfield(2000)在修正 Hanushek(1986)的教育生产函数一般性理论模型基础上,运用增量模型(Value Added Model),考虑了学校投入和家庭因素的累积影响,并引

入了学生已有能力和努力程度作为初始变量,建立了如下教育生产函数的扩展性理论模型:

$$Y_t = f(S_{t-1}, F_{t-1}, Y_{t-1}, P_{t-1}) \tag{4.2}$$

模型(4.2)中,Y_t仍然代表学生在 t 时刻所获得的学业成就;S_{t-1} 和 F_{t-1} 分别表示学校和家庭在前一时期投入的各种教育资源,包括教师、教学设施设备和教育资金等学校教育生产要素,以及影响学生学业成就的各种家庭因素,如家庭的社会经济地位、父母受教育程度等;Y_{t-1} 则反映学生已有的学习能力或基础,P_{t-1} 表示学生个人的努力程度。教育投入在多个层面对学生学业成就产生直接和间接的影响,这些影响因素来自学校、家庭和学生个体等多方面,各层次的因素交互作用形成了更为复杂的作用机理,如图4.2所示。至此,学校资源配置对学生学业成就的作用路径不仅表现为一般性理论分析下的两条路径,而且还新增了两条路径:一是学校与家庭通过相互配合来激励和约束学生学习状态,使学生个体学习的努力程度发生改变,进而对学业成就产生影响;二是学校中班级内部的同伴效应也会对学生个体学习的努力程度产生影响,从而通过学生个体层面对学业成就产生影响。

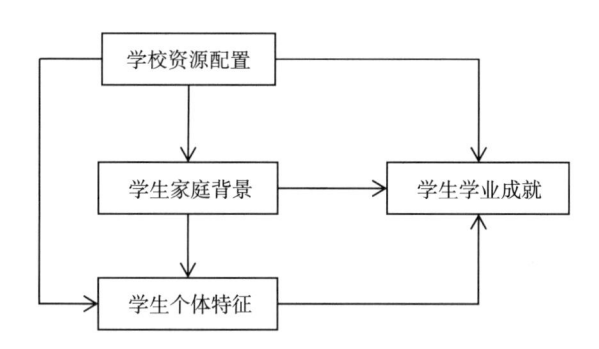

图 4.2 学校资源配置对学生学业成就的复杂影响路径

第二节 多层线性模型的构建

如前文所述,学校资源配置对学生成绩的影响路径包括了三个层次,即学校层次、家庭层次和学生层次。要分清这几个层次间交互作用的复杂关系,就需要特殊结构的数据,并引入新的分析工具。而统计学中多层线性模型的发展与应用,恰好契合了本研究的需要。[①]

一 多层线性模型的基本形式

根据教育生产函数理论模型构建的传统回归模型,不仅难以避免经典的内生性问题,导致估计结果出现偏误;并且线性回归系数仅能反映教育资源配置对学生成绩的边际效应,而无法考察教育资源配置在学生、班级和学校等多个层面对学生成绩的影响。传统线性模型的基本先决条件要求变量具有线性、正态、同方差以及独立分布的特征。对于分层数据结构而言,同所学校的学生受相同的学校变量的影响,独立分布的假设就不再成立,同时来自第二层数据即不同学校的误差项的方差也可能不同。多层线性模型(Hierarchical Linear Model,简称 HLM 模型)正是为了对应此类数据而产生的,并在近年来的应用中愈发成熟,使研究者可以同时处理多个层面的数据,进而估计各个层面上的变化,找出影响学业成就的因素和不同层次各个影响因素间的关系。这些特征正好契合了本研究的目的,因此本章将使用 HLM 模型从学生个体[②](第一层)和学校(第二层)两个层面数据来分析学校资源配置对学生成绩的影响及其作用机制。HLM 模型的基本形式如下:

第一层模型:

$$Y_{sij} = \beta_{s0j} + \beta_{s1j}X_{1ij} + \beta_{s2j}X_{2ij} + \cdots + \beta_{snj}X_{nij} + e_{sij} = \beta_{s0j} + \sum_{n=1}^{n}\beta_{snj}X_{nij} + e_{sij}$$

(4.3)

第二层模型:

$$\beta_{s0j} = \gamma_{s00} + \gamma_{s01}W_{1j} + \gamma_{s02}W_{2j} + \cdots + \gamma_{s0m}W_{mj} + \mu_{s0j} = \gamma_{s00} + \sum_{m=1}^{m}\gamma_{s0m}W_{mj} + \mu_{s0j}$$

(4.4)

$$\beta_{s1j} = \gamma_{s10} + \gamma_{s11}W_{1j} + \gamma_{s12}W_{2j} + \cdots + \gamma_{s1m}W_{mj} + \mu_{s1j} = \gamma_{s10} + \sum_{m=1}^{m}\gamma_{s1m}W_{mj} + \mu_{s1j}$$

(4.5)

---

① 王天夫、崔晓雄:《行业是如何影响收入的——基于多层线性模型的分析》,《中国社会科学》2010 年第 5 期。

② 由于家庭层次和学生层次的数据类型相同,均是以学生个体为单位收集的,因此,本书将这两个层次的变量统一看作学生个体层面的数据。

$$\beta_{snj} = \gamma_{sn0} + \gamma_{sn1}W_{1j} + \gamma_{sn2}W_{2j} + \cdots + \gamma_{snm}W_{mj} + \mu_{snj} = \gamma_{sn0} + \sum_{m=1}^{m}\gamma_{snm}W_{mj} + \mu_{snj}$$

(4.6)

式中，下标 s 代表考试的科目，i 代表第一层的学生个体，j 代表第一层学生所在的学校；n（n=1，2，…，n）代表第一层自变量的个数；m（m=1，2，…，m）代表第二层自变量的个数；

Y_{sij} 是因变量，表示第 j 个学校第 i 个学生 s 科目的学业成绩；

X_{nij} 是第一层的自变量，表示学生个体特征；

β_{s0j} 是第一层的截距，可以解释为第二层的第 j 个学校的平均数；

β_{snj} 是与第二层的第 j 个学校有关的第一层斜率，也是第二层的因变量；

e_{sij} 是第一层的残差或随机效应。

W_{mj} 是第二层的自变量，表示学校层面的影响因素；

γ_{sn0} 是第二层的截距，可以解释为第二层所有学校的总体平均数；

γ_{snm} 是第二层回归的斜率；

μ_{sij} 是第二层的残差或随机效应。

二 模型变量的选择

为了利用 HLM 模型来实证分析上述提出的学校资源配置对学生成绩的两种可以"分割"的影响过程与机制，需要进一步明确 HLM 模型中各层次的变量，即教育投入与产出的指标。教育产出指标的选择是以本书第三章第一节关于办学质量衡量指标与方法的论证为基础，按照国内外有关这方面研究的惯用做法，以学生成绩作为学校产出即办学质量的核心指标[1]，用全县统一考试的学生语文和数学成绩代替；在家庭因素及学校投入指标的选择上，为了便于比较，尽量选择了与现有国内研究和前文研究保持一致的指标，同时根据研究的需要和数据的可获得性，适当增加和修正了一些指标。教育投入产出指标体系见表 4.1。

---

[1] M. Carnoy 和 H. M. Levin 主编：《教育大百科全书——教育经济学》，杜育红等译，西南师范大学出版社 2011 年版，第 326 页。

表 4.1　教育投入产出指标体系

产出指标	投入指标		
	学校层面	学生层面	
		家庭背景	个体特征
学生语文和数学成绩	(1) 师生比	(1) 家庭收入	(1) 接受学前教育年限
	(2) 高级教师占比	(2) 父母受教育程度	(2) 独立完成作业程度
	(3) 生均固定资产价值	(3) 父母职业	(3) 课后学习时间
	(4) 生均图书册数	(4) 父母关系	(4) 问答积极性
	(5) 生均公用经费	(5) 父母对其成绩的态度	(5) 期望受教育水平
	(6) 学校规模		

（一）第一层自变量的选择

在表 4.1 给出的教育投入指标中，第一层即学生层面影响学生成绩的因素包括学生个体特征和家庭背景两个方面的因素。根据理论分析，选择了学生的人口特征、学习能力和努力程度代表个体特征，其中，学生人口特征变量是性别，女生赋值为 1，男生赋值为 0；学习能力变量包括接受学前教育年限和独立完成作业程度；学习努力程度变量用课后学习时间、问答积极性、期望受教育水平表示。家庭背景变量包括家庭收入、父母受教育程度、父母职业、父母关系、父母对其成绩的态度。上述变量中，独立完成作业程度、问答积极性、家庭关系和父母对其成绩的态度这些主观性较强的变量，采用里克特量表法（Likert scale）[1] 设计学生调查问卷[2]获取数据，每个被调查的学生的态度或状态就是他对各道题的回答所得分数，学生选择的选项赋值越高代表状态越好。

---

[1] 里克特量表（Likert scale）是由美国社会心理学家里克特（Likert）于 1932 年在原有的总加量表基础上改进形成的，它是目前最常用的一种评分加总式量表，由属于同一类别的各个项目得分加总来计分，单独或个别项目没有特别的意义。里克特量表由一组陈述性表达的选项组成，包括"非常同意""同意""不一定""不同意""非常不同意"等几种答案选项，每个选项分别被赋予 5 分、4 分、3 分、2 分和 1 分。

[2] 学生调查问卷见附录 A1。

(二) 第二层自变量的选择

第二层即学校层面的投入指标选择,包括学校规模、学校支出、教师特征、学校硬件、学校类型、同伴效应变量。学校规模即在校生人数。学校支出用生均公用经费度量,剔除了生均人员经费,主要是因为人员经费与师生比和高级教师占比呈高度正相关,即在一所学校的学生数给定的情况下,教师数越多,教师职称越高,人员经费拨款也越多。教师特征包括师生比、学历结构和职称构成,已有的研究常采用教师的学历和职称结构来反映学校间教师素质的高低,而这两个指标在调查的学校中均达到了80%以上,且校际间差异很小,相比较而言,教师职称结构的校际差异要略大于教师学历,故采用了中级以上职称教师占比即高级教师占比这一指标来衡量学校教师质量。衡量学校硬件条件的变量有生均固定资产价值、生均图书册数。

第三节 学校资源配置对办学质量影响路径的实证分析

一 数据的来源

为了获取研究所需的微观数据,按照研究的目的,笔者对 HB 省 A 县域内中小学生学业成绩的影响因素设计了问卷进行抽样调查(调查问卷见附录 A1 至附录 A3)。为了保证调查问卷的合理性,在试调查之前,笔者对所设计的调查问卷进行了内部一致性信度分析,其评价指标即克朗巴赫 α 系数达到 0.99,这表明用于问卷调查的量表具有较高的信度。

为保证样本的代表性,调查采用了随机抽样的方法,首先根据学校分布的地理位置、学校类型和学校规模从 A 县的 62 所中小学中抽取 14 所学校[①]作为调研的对象,教学点均被排除在外。调查采用了多阶段分层抽样方法,选择了三年级(代表小学低年级)、五年级(代表小学高年级)和八年级(代表初中)作为问卷调查的对象。如果所在学校抽样年级的班级数分别超过了两个班(含两个班),只抽取班级数为奇数的

---

① 14 所样本学校中包括 6 所小学、5 所初中和 3 所九年一贯制学校。

班级。调查根据抽样班级规模发放学生问卷，共发放问卷1350份，回收问卷1316份，其中有效问卷1248份，回收率为97.48%，有效率为94.83%。

调查内容包括家庭、学校、社区的社会经济特征和学生学习状况等，共获取了两类数据资料：一是学校层面上的学校资源配置数据，主要通过查阅A县历年的教育统计年鉴，辅之以访谈和问卷调查学校管理者和教师；二是个体层面的学生家庭背景和学生个体特征数据，以学生问卷的方式为主，查阅学生档案作为补充。学生的语文和数学成绩利用全县期末统考成绩，以保证测试标准的一致性。

二 变量的描述统计

表4.2和表4.3给出了学生和学校两层数据的描述性统计分析（限于篇幅，此处只报告了三年级的分析结果）。

表4.2　　　学生层面影响因素与学生成绩关系的描述性统计

		分类选项	有效样本量（个）	占比（%）	语文平均成绩（分）	数学平均成绩（分）
学生个体特征	性别	男生	226	51.48	86.31	87.86
		女生	213	48.52	88.64	87.29
	接受学前教育年限	0年	6	1.37	80.42	84.08
		3年以下	95	21.64	83.28	86.21
		3年及以上	338	76.99	88.71	88.04
	独立完成作业程度	不可以	3	0.68	70.67	70.67
		部分可以	185	42.14	86.48	87.23
		完全可以	251	57.18	88.32	88.06
	课后学习时间	很少	68	15.49	89.91	88.62
		偶尔	212	48.29	84.81	84.59
		经常	159	36.22	91.49	92.44
	问答积极性	很少	140	31.89	83.55	84.16
		偶尔	187	42.60	88.04	88.33
		经常	112	25.51	91.23	90.64
	期望受教育水平	初中	8	1.82	80.88	84.75
		高中	16	3.64	75.73	81.41
		大学	78	17.77	81.72	80.31
		研究生	337	76.77	89.46	89.64

续表

分类选项		有效样本量（个）	占比（%）	语文平均成绩（分）	数学平均成绩（分）
家庭背景	父亲职业				
	失业、务农或打工	193	43.96	85.78	83.58
	企业、银行或公司	208	47.38	87.48	89.33
	行政与事业单位	38	8.66	90.78	91.11
	母亲职业				
	失业、务农或打工	183	41.69	84.65	84.29
	企业、银行或公司	216	49.20	88.12	88.25
	行政与事业单位	40	9.11	92.33	92.86
	父亲受教育程度				
	不知道	126	28.70	83.17	83.31
	小学及以下	25	5.69	85.78	85.12
	初中	69	15.72	89.33	90.05
	高中	141	32.12	89.21	88.61
	大专及以上	78	17.77	89.91	91.28
	母亲受教育程度				
	不知道	134	30.52	83.96	83.87
	小学及以下	25	5.69	87.94	88.36
	初中	65	14.81	88.61	88.77
	高中	139	31.66	88.28	88.06
	大专及以上	76	17.31	90.59	91.67
	家庭收入				
	贫穷	33	7.52	78.76	80.29
	一般	177	40.32	85.45	83.85
	比较富裕及富裕	229	52.16	90.20	91.54
	父母关系				
	经常吵架或离异	50	11.39	83.08	80.71
	一般	165	37.59	86.97	88.17
	很好	224	51.03	88.73	88.70
	父母对其考试态度				
	打骂	144	32.80	85.77	85.17
	无所谓	74	16.86	82.83	84.29
	鼓励	221	50.34	90.04	90.27

注：家庭收入状况用家用电器的类型和数目多少加以区分。

通过表4.2对学生层面的个体特征数据进行简单的描述统计可知，（1）抽样调查的男生人数占比为51.48%，略高于女生的48.52%；而女生的语文平均成绩要高于男生，男生的数学平均成绩略高于女生，这也符合现代脑科学对女生形象思维较强而男生逻辑思维较强的解释。（2）不考虑性别差异，随着我国学前教育的不断推进和普及，样本中未接受过学前教育的学生占比为1.37%，接受过3年以下学前教育的学生占比为21.64%（主要分布在偏远农村），接受过3年及以上学前教育的学生达到76.99%；

并且学生已有的学习基础对学生成绩的影响是正向的，即接受学前教育年限越长，平均成绩越好，表现在数学学习上的优势比语文更突出。(3) 以独立完成作业程度表示的学生现有学习能力中，有极少数 (0.68%) 学生无法独立完成作业，接近一半 (42.14%) 的学生能够独立完成部分作业，一半以上 (57.18%) 的学生可以独立完成作业；且独立完成作业的能力越强，平均成绩越高，但表现在不同学科的成绩差异不明显。(4) 从学生学习努力程度来看，有15.49%的学生在课后很少学习，有48.29%的学生在课后偶尔学习，超过三分之一 (36.22%) 的学生课后经常学习，课后很少学习和经常学习的学生成绩较高，调研发现，这可能与学校的课业负担有关，如A县某私立外国语学校实行素质教育，学生课业负担较轻，鼓励学生自主学习，但该校整体办学质量较高，学生成绩较好，而位于乡镇的某公立学校办学质量也位于全县前列，却主要依靠给学生布置繁重的作业来提高学生成绩，导致学生课后很少有时间学习其他知识。(5) 就学生询问和回答老师问题的积极性而言，很少主动提问和回答问题的学生占31.89%，偶尔主动的学生占42.60%，经常主动的学生占25.51%，对问题有所思考的学生与基本不思考的学生其成绩差异较大。(6) 从学生的教育期望看，在全面普及九年义务教育、推行十二年教育的现阶段，仍有1.82%和3.64%的学生希望读到初中和高中毕业后就业，有17.77%的学生希望读到大学本科，而有76.77%的学生希望读到研究生，对自己期望受教育程度越高的学生学习越努力，平均成绩也越高。总体来说，学生个人学习能力和努力程度越高，学习成绩越好。

来自家庭背景对学生成绩的影响因素中，(1) 从父母职业来看，父亲和母亲失业、务农或打工的比例分别为43.96%和41.69%，父亲和母亲在企业、银行或公司有固定工作的占比分别为47.38%和49.20%，父亲和母亲在行政与事业单位工作的占比分别为8.66%和9.11%，父母从事的职业地位越高，学生语文、数学平均成绩越好。(2) 从父母受教育程度来看，不知道父亲和母亲受教育程度的学生分别占28.70%和30.52%，父母是小学及以下文化程度的占比均为5.69%，父母是初中文化程度的占比为15.72%和14.81%，父母是高中文化程度的占比为32.12%和31.66%，父母是大专及以上文化程度的占比为17.77%和17.31%，父母受教育程度越高，学生平均成绩越好。(3) 从家庭收入来看，贫困家庭占比为7.52%，经济条件一般的家庭占比为40.32%，比较富裕及富裕的家庭占比为

52.16%,家庭经济背景越好的学生成绩越高。(4) 从父母关系的和谐程度来看,父母经常吵架或离异有11.39%,父母关系一般的占37.59%,父母关系较好的占51.03%,父母关系越和谐,学生平均成绩也越好。(5) 从父母对学生成绩的态度来看,如果学生成绩较差,父母打骂的占32.80%,父母表示无所谓的占16.86%,父母鼓励的占50.34%,而父母鼓励的学生成绩较好。从以上代表家庭背景的指标看,家庭背景好坏与学生成绩高低高度相关,父母职业稳定,收入水平越高,越能够提供给子女稳定的生活环境,使学生学习质量有保障;而父母的文化程度高,家庭教育好,也使得学生的学习成绩更好;家庭的和谐程度和父母对子女的教育态度也对学生成绩有积极影响。总的来说,在不考虑学校资源配置的情况下,来自父母从事体力劳动或低端服务行业、父母文化程度低、父母关系不好的贫困家庭的学生成绩比较差,也就是说,较差的家庭背景对学生成绩产生了消极影响。

表4.3　　　　校际间学生语文和数学平均成绩与资源配置差异

投入产出指标	最小值	最大值	标准差	平均值	变异系数
语文平均成绩	72.21	93.42	12.55	85.43	0.15
数学平均成绩	70.01	94.55	14.25	84.99	0.17
生均公用经费	466.26	4607.81	1408.56	1408.54	1.00
师生比	3.38	12.36	2.80	5.92	0.47
高级教师占比	39.62	97.96	21.87	80.48	0.27
生均固定资产	1770.03	16926.99	5258.63	6554.70	0.80
生均图书册数	10.01	56.18	13.75	27.13	0.51
学校规模	89.00	2996.00	1042.25	1626.50	0.64

表4.3显示,校际间学生语文和数学平均成绩标准差分别为12.55和14.25,变异系数分别为0.15和0.17,表明校际间学生语文、数学平均成绩均存在一定差异。就校际间教育资源配置情况而言,除了师生比和高级教师占比在校际间的差异较小以外,其他各项资源配置在校际间差异都比较大,其变异系数均在0.5以上。已有研究得出比较一致的结论是:生均成绩与生均图书册数呈正相关,而与生均固定资产无显著关系。但在调查中却发现,生均固定资产总值较高的学校都是大规模的重

点和示范学校;与此相反的是,生均图书册数受学校规模的影响,使得规模大的好学校的生均图书册数反而比规模小的差学校的生均图书册数要少。因此,本章同时考虑了生均固定资产和生均图书册数这两个指标,以检验它们对学生成绩的影响。

三 实证模型的估计

按照研究目的和研究设计,本部分主要通过实证研究弄清两个问题:一是学生成绩的总体差异在多大程度上是由学校层面的资源配置不同引起的?二是学校资源配置究竟是如何影响学生成绩的?

(一) 零模型

要弄清因校际资源配置差异对学生成绩总体差异的影响程度,须对学生成绩总体差异进行分解。在 HLM 模型的第一层和第二层模型中不加入任何变量,可以构建一个零模型,将学生成绩的总体差异(即总方差)分解为学生个人和学校两个层次的方差,通过检验两个层次方差的比例是否显著,以确定使用 HLM 模型的有效性。模型如下:

第一层模型: $$achievement_{sij} = \beta_{s0j} + e_{sij} \tag{4.7}$$
第二层模型: $$\beta_{s0j} = \gamma_{s00} + \mu_{s0j} \tag{4.8}$$

其中,$achievement$ 代表学生考试成绩,其他变量意义与前文相同。

要确定学生成绩的总体差异有多大比例是由第二层即学校层面的差异造成的,还需要计算一个跨级相关系数 ρ(Intra-Class Correlation Index)。令 var(e_{sij}) = σ_s^2,var(μ_{s0j}) = τ_{s00},则 ρ 的计算公式为:ρ = σ_s^2/(σ_s^2 + τ_{s00})。是否适合进行第二层分析,通常判别的标准是 ρ 值大于 0.1。若 ρ 值太小,表明校际间学生平均成绩的差异不显著,无需进行第二层分析。[①]表 4.4、表 4.5 分别给出了学生语文和数学成绩总体差异分层分解的结果。

表 4.4 学生语文和数学成绩总体差异的固定效应部分分解结果

固定效应	系数	标准误	T 值	P 值
语文平均成绩	85.43	2.45	34.87	0.00
数学平均成绩	84.99	3.30	37.29	0.00

注:本表的估计结果是稳健标准误(with robust standard error)的估计结果。

[①] S. Mithas et al, "Designing Websites for Customer Loyalty Across Business Domains: A Multilevel Analysis", *Journal of Management Information Systems*, vol. 23 (3), (2007), pp. 97–127.

表 4.5　　学生语文和数学成绩总体差异的随机效应部分分解结果

学科	随机效应	方差成分	占总方差的份额	自由度	χ^2	P 值
语文	层级二随机项（校际间）	44.64	25.96%	29	107.71	0.00
	层级一随机项（学校内）	127.33	74.04%			
数学	层级二随机项（校际间）	83.18	37.28%	29	198.95	0.00
	层级一随机项（学校内）	139.93	62.72%			

从表 4.4 可以看出，三年级学生语文成绩和数学成绩的截距平均数分别为 85.43 和 84.99。表 4.5 给出学生语文和数学成绩零模型的方差成分估计结果显示，语文成绩的组内方差为 127.33，组间方差为 44.64，χ^2 值为 107.71；数学成绩的组内方差为 139.93，组间方差为 83.18，χ^2 值为 198.95。它们的卡方检验 p 值都在 29 个自由度下接近于 0，这表明校际间的学生语文和数学平均成绩的差异都十分显著。更进一步，利用跨级相关系数公式可计算出，三年级学生语文和数学成绩的总体差异在学校间和学校内部分解的结果：学校间的效应比例分别为 25.96% 和 37.28%，学校内部的效应比例分别为 74.04% 和 62.72%。换言之，学生语文和数学成绩的差异主要来源于个体层面的因素，但因学校间教育资源配置的不同造成的学生成绩差异也不可忽视，这部分差异分别达到了学生语文和数学平均成绩总体差异的 25.96% 和 37.28%，即两个跨级相关系数 ρ 都远大于 0.1 或 10%。因此，需要在第一层和第二层模型中都增加一些解释学生成绩的预测变量。

（二）随机效应回归模型

基于零模型的分析结果发现，学生个体层面的因素对学生成绩影响较大，因此，可以只在第一层加入控制变量、第二层不加入控制变量，首先建立一个随机效应回归模型（random effect regression model），专注于分析学生个体层面变量中影响学生成绩的因素，为下一步构建完整两水平模型筛选出设定为固定系数和随机系数的自变量。

由于问卷调查获取的学生层面变量较多，需要进行筛选，以避免模型中的自变量之间存在严重的多重共线性。首先，根据相关性分析，发现父亲职业和母亲职业以及父亲受教育程度和母亲受教育程度呈高度正相关，因此，选择相关性较大的父亲职业和母亲受教育程度这两个变量来分别代表父母职业和父母受教育程度。其次，对余下的其他变量分别建立语文和数学成绩的随机效应回归模型。具体模型如下：

第一层模型：

$$achievement_{si} = \beta_{s0j} + \beta_{s1j}edu_{ij} + \beta_{s2j}career_{ij} + \beta_{s3j}income_{ij} + \beta_{s4j}relation_{ij} + \beta_{s5j}attitude_{ij} + \beta_{s6j}preschool_{ij} + \beta_{s7j}independent_{ij} + \beta_{s8j}stime_{ij} + \beta_{s9j}initiative_{ij} + \beta_{s10j}anticipate_{ij} + e_{sij} \tag{4.9}$$

第二层模型：

$$\beta_{s0j} = \gamma_{s00} + \mu_{s0j}$$
$$\beta_{s1j} = \gamma_{s10} + \mu_{s1j}$$
$$\cdots\cdots$$
$$\beta_{s10j} = \gamma_{s100} + \mu_{s10j} \tag{4.10}$$

式中，所有变量意义与前文相同。

利用信度计算公式：信度统计值=系数方差/（系数方差+误差方差），可以考察真实差异造成的系数估计变异程度和回归方程的正确程度。[①] 其取值范围为（0，1），信度统计值越接近1，方程估计越有效；信度统计值越小（小于0.05），表明该变量在第二层的同质性越大，其对应的斜率系数估计的精确度就越差，可以在完整两水平模型分析中将该变量设定为没有随机效应的固定系数。[②] 学生语文和数学成绩的随机效应回归模型的信度和固定效应部分实证结果见表4.6。

表4.6 学生语文和数学成绩的随机效应回归模型分析结果

变量	语文成绩				数学成绩			
	模型1		模型2		模型3		模型4	
	回归系数	信度	回归系数	信度	回归系数	信度	回归系数	信度
截距	85.170*** (33.145)	0.970	85.22*** (33.647)	0.948	84.975*** (25.742)	0.979	84.957*** (27.480)	0.965
接受学前教育年限	0.158 (0.178)	0.578			−0.479 (−0.489)	0.603		

[①] 张雷、雷雳、郭伯良：《多层线性模型应用》，教育科学出版社2003年版，第69页。
[②] Stephen W. Raudenbush, Anthony S. Bryk, *Hierarchical Linear Models: Applications and Data Analysis Methods*, Thousand Oaks, C. A.: Sage, 2002.

续表

变量	语文成绩 模型1 回归系数	语文成绩 模型1 信度	语文成绩 模型2 回归系数	语文成绩 模型2 信度	数学成绩 模型3 回归系数	数学成绩 模型3 信度	数学成绩 模型4 回归系数	数学成绩 模型4 信度
独立完成作业程度	-0.713 (-0.605)	0.328			-1.173 (-1.063)	0.122		
课后学习时间	-5.558** (-2.695)	0.842	-5.423** (-2.439)	0.811	-5.717** (-2.371)	0.870	-5.984** (-2.527)	0.841
问答积极性	-3.171*** (-3.942)	0.254	-3.194*** (-4.142)	0.125	-2.584** (-2.635)	0.425	-2.859** (-3.402)	0.443
期望受教育水平	1.649 (0.961)	0.712			1.905 (0.998)	0.741		
父亲职业	0.577* (1.153)	0.365	0.780* (1.512)	0.334	-0.196 (-0.283)	0.625	0.545* (1.315)	0.299
母亲受教育程度	0.873* (1.351)	0.616	0.999* (1.796)	0.042	0.768* (1.157)	0.583	0.830* (1.689)	0.117
家庭收入	0.587 (0.965)	0.202	0.977* (1.735)	0.038	-0.137 (-0.138)	0.607	0.369 (0.602)	0.331
父母关系	-1.226 (-1.133)	0.531			-0.046 (-0.048)	0.342		
父母对成绩的态度	0.149 (0.198)	0.302			0.167 (0.210)	0.278		

注：*、**、***分别表示在10%、5%和1%的统计水平上显著。

如表4.6所示，模型1和模型3分别是包含了所有学生层面变量（母亲职业和父亲受教育程度除外）的学生语文成绩和数学成绩的随机效应回归模型。结果显示，课后学习时间和问答积极性两个学生个体特征变量和父亲职业、母亲受教育程度、家庭收入三个家庭背景变量具有统计上的显著性，表明它们对学生语文和数学成绩有显著的影响。而其他变量在统计上不显著，表明对学生语文和数学成绩的影响不显著。因此，剔除这些不显著的变量，进一步构建模型2和模型4，发现各变量的系数符号不变、显著性有所提高，且除母亲受教育程度和家庭收入外，其他变量的随机系数信度统计值都较高，说明样本估计结果可靠，在下一步的模型构建中须将母亲受教育程度和家庭收入变量的系数设定为固定系数。

就模型2和模型4的固定效应部分结果来说，课后学习时间对学生语文和数学成绩有显著的负向影响，其原因可能在于课后学习时间越长会导致学生学业负担越重，使得学校教育质量反而降低，值得注意的是这种现象在农村中小学较为普遍；问答积极性对学生语文和数学成绩有显著的负向影响，表明学生问题越多，对知识掌握得越不好，学习成绩越差；父亲职业对学生语文和数学成绩有显著的正向影响，表明来自父亲从事脑力劳动家庭的学生成绩要高于来自父亲从事体力劳动家庭的学生成绩；母亲受教育程度对学生语文和数学成绩有显著的正向影响，表明学生的母亲受教育程度越高，该学生成绩也越好；家庭收入对学生语文和数学成绩有显著的正向影响，其原因在于越富裕的家庭不仅可以保证子女衣食无忧地学习，还可以为他们创造更优越的学习环境。这些结果与前面的统计描述是一致的。

（三）第二层自变量的探索性分析

通过建立随机效应回归模型已筛选出课后学习时间、问答积极性、父亲职业、母亲受教育程度和家庭收入这五个学生层面变量需要构建第二层模型作进一步分析。而学校层面的哪些变量会对学生成绩起影响作用，可以利用探索性分析选择合适的潜在变量。其判断方法是对第二层模型中的每个潜在自变量的经验贝叶斯残差回归，根据回归结果显示的 T 值（t-to-enter）的大小进行筛选，T 值的绝对值越大，表明该潜在变量越好；当 T 值的绝对值接近或小于 1 时，对应变量不纳入第二层模型中。[①] 第二层模型即学校层面潜在变量的探索性分析结果见表 4.7。

表 4.7　　　　　　学校层面潜在变量的探索性分析结果

变量		语文成绩		数学成绩	
		模型 5		模型 6	
		系数	T 值	系数	T 值
截距	学校规模	0.005**	2.733	0.007***	3.322
	生均公用经费	−0.001	−0.556	−0.000	−0.030
	师生比	−1.469*	−1.838	−1.447	−1.240
	高级教师占比	0.216**	2.327	0.393***	7.988
	生均固定资产价值	−0.001**	−2.373	−0.001**	−1.530
	生均图书册数	−0.355**	−2.477	−0.284	−1.183

---

① 张雷、雷雳、郭伯良：《多层线性模型应用》，教育科学出版社 2003 年版，第 122—126 页。

续表

变量		语文成绩 模型5		数学成绩 模型6	
		系数	T值	系数	T值
父亲职业	学校规模	0.000	0.540	-0.000	-1.409
	生均公用经费	-0.000*	-1.892	-0.000	-1.232
	师生比	-0.087	-0.601	0.127	1.168
	高级教师占比	-0.011	-0.589	-0.032***	-3.757
	生均固定资产价值	-0.000*	-1.916	0.000	0.030
	生均图书册数	-0.041	-1.595	0.016	0.674
父母关系	学校规模	0.001**	2.877	0.002**	2.712
	生均公用经费	-0.000	-0.378	0.000	0.327
	师生比	-0.407*	-1.869	-0.383	-1.280
	高级教师占比	0.066**	2.880	0.102***	8.242
	生均固定资产价值	-0.000**	-2.129	-0.000	-1.035
	生均图书册数	-0.093**	-2.289	-0.067	-1.067
课后学习时间	学校规模	0.003**	2.309	0.005***	3.021
	生均公用经费	0.001	0.549	0.000	0.148
	师生比	-0.941	-1.425	-0.995	-1.267
	高级教师占比	0.232***	9.524	0.267***	8.553
	生均固定资产价值	-0.000	-0.829	-0.001	-1.274
	生均图书册数	-0.150	-1.044	-0.185	-1.130

注：*、**、***分别表示在10%、5%和1%的水平上显著。

如表4.7所示，通过对影响学生语文成绩的学校因素进行探索性分析发现，在以第一层模型的截距为因变量构建的第二层方程中，学校规模、高级教师占比、生均固定资产价值和生均图书册数这四个变量的T值绝对值介于2和3之间，说明它们对学生语文成绩有较大影响；在以父亲职业为因变量构建的第二层方程中，生均公用经费和生均固定资产价值这两个变量的T值绝对值介于1和2之间，说明它们对学生语文成绩有一定影响；在以父母关系为因变量构建的第二层方程中，学校规模、高级教师占比、生均固定资产价值和生均图书册数这四个变量的T值绝对值介于2和3之间，说明它们对学生语文成绩有较大影响；以课后学习时间为因变量构建的第二层方程中，学校规模和高级教师占比这两个变量的T值绝对值大于2，说明它们对学生语文成绩有较大影响。

对影响学生数学成绩的学校因素来说，在以第一层模型的截距为因变量构建的第二层方程中，学校规模、高级教师占比和生均固定资产价值这三个变量的T值绝对值较大，说明它们对学生数学成绩有较大影响；在以父亲职业为因变量构建的第二层方程中，高级教师占比的T值绝对值大于3，说明它对学生数学成绩有较大影响；在以父母关系为因变量构建的第二层方程中，学校规模和高级教师占比这两个变量的T值绝对值大于2，说明它们对学生语文成绩有较大影响；以课后学习时间为因变量构建的第二层方程中，学校规模和高级教师占比这两个变量的T值绝对值大于3，说明它们对学生语文成绩有极大影响。

因此，通过探索性分析学校层面潜在变量在第二层方程中的作用大小，可以筛选出影响学生语文和数学成绩的学校层面变量，以构建完整两水平线性模型。

（四）完整两水平线性模型

从前文的理论分析可知，学校资源配置对学生成绩的影响机制与路径较为复杂。根据零模型的计量结果计算的跨级相关系数得出，需要建立一个两水平线性模型来弄清这一复杂的影响机制。第一层模型的变量是通过构建随机效应回归模型来确定的，分析发现受学前教育年限、独立完成作业程度、问答积极性、期望受教育水平、父母对其成绩的态度这五个变量对学生语文和数学成绩的影响在校际间不存在显著差异，而课后学习时间、父亲职业、母亲受教育程度、家庭收入和父母关系对语数成绩的影响在不同资源配置的学校间存在显著的差异，因此，筛选出父亲职业、母亲受教育程度、家庭收入、父母关系和课后学习时间作为第一层模型中的自变量；并且利用信度估计值得出，当母亲受教育程度和家庭收入作为第二层模型的因变量时，须设定为固定系数。在此基础上，对第二层模型的潜在变量进行探索性分析，得出需要在截距方程中引入学校规模、高级教师占比、生均固定资产价值和生均图书册数作为自变量；在以父亲职业、父母关系和课后学习时间为自变量的第二层模型中，引入高级教师占比和生均固定资产价值作为自变量。至此，学生语文和数学成绩的完整两水平线性模型为：

第一层模型：

$$achievement_{si} = \beta_{s0j} + \beta_{s1j}edu_{ij} + \beta_{s2j}career_{ij} + \beta_{s3j}income_{ij} + \beta_{s4j}relation_{ij} + \beta_{s5j}stime_{ij} + e_{sij} \quad (4.11)$$

第二层模型：

$$\beta_{s0j} = \gamma_{s00} + \gamma_{s01}scal_j + \gamma_{s02}htro_j + \gamma_{s03}pfix_j + \gamma_{s04}pboo_j + \mu_{s0j}$$
$$\beta_{s1j} = \gamma_{s10} + \gamma_{s11}htro_j + \gamma_{s12}pfix_j + \mu_{s1j}$$
$$\beta_{s2j} = \gamma_{s20} + \mu_{s2j}$$
$$\beta_{s3j} = \gamma_{s30} + \mu_{s3j}$$
$$\beta_{s4j} = \gamma_{s40} + \gamma_{s41}htro_j + \gamma_{s42}pfix_j + \mu_{s4j}$$
$$\beta_{s5j} = \gamma_{s50} + \gamma_{s51}htro_j + \gamma_{s52}pfix_j + \mu_{s5j} \quad (4.12)$$

式中，所有变量意义与前文相同。

利用上述多层线性模型对学生语文和数学成绩的影响因素进行实证分析，计量结果见表 4.8。表 4.8 的左端列出的自变量分为两个层级，其中第一列是层级一的学生层面变量，第二列是嵌在相应的层级一变量下的层级二的自变量。需要特别注意的是，所有层级一自变量下的截距项的回归系数表示的是学生个体特征和家庭背景即学生层面因素对学生成绩的影响，而其余的层级二变量的回归系数表示的是学校资源配置对学生层面因素影响学生成绩作用的调整。下面将分步讨论学校资源配置对学生成绩的复杂影响作用。

表 4.8　学校资源配置影响学生成绩的多层线性模型分析结果

自变量	因变量	语文成绩 模型 7 回归系数	t 值	数学成绩 模型 8 回归系数	t 值
平均成绩	截距	91.640***	21.133	62.009***	11.921
	学校规模	0.007***	3.724	0.002	0.727
	高级教师占比	0.293***	4.995	0.403***	6.009
	生均固定资产价值	0.001***	5.089	0.001*	1.922
	生均图书册数	−0.460***	−4.316	−0.167	−1.388

续表

自变量	因变量	语文成绩 模型7 回归系数	t值	数学成绩 模型8 回归系数	t值
父亲职业	截距	4.390*	1.888	5.786**	2.210
	高级教师占比	-0.037*	-1.536	-0.048*	-1.793
	生均固定资产价值	-0.000**	-2.202	-0.000*	-1.542
母亲受教育程度	截距	0.948***	2.278	0.978***	2.235
家庭收入	截距	1.377***	2.457	0.620	1.041
父母关系	截距	6.453	1.340	10.253***	2.578
	高级教师占比	-0.060	-1.204	-0.111***	-2.670
	生均固定资产价值	-0.000	-0.077	-0.000	-0.228
课后学习时间	截距	26.299***	5.494	28.933***	4.823
	高级教师占比	-0.255***	-5.182	-0.286***	-4.621
	生均固定资产价值	-0.000	-0.031	-0.000	-0.048

注：*、**、***分别表示在10%、5%和1%的水平上显著。

从表4.8中可以看出，（1）学校资源配置对学校生均成绩的直接影响，无论是语文还是数学，高级教师占比对学生平均成绩都产生了显著的正向影响，说明高级教师占比越高的学校，学生平均成绩越高；生均固定资产价值对学生语文平均成绩比对学生数学平均成绩的正向影响的显著性大，说明生均固定资产价值越高的学校，学生平均成绩越高，并且对语文成绩的影响更大；而学校规模和生均图书册数对学生语文和数学平均成绩的影响出现了不一致的情况，即学校规模对学生语文平均成绩产生了显著的正向影响，但对学生数学平均成绩有正向影响但不显著，说明规模越大的学校，学生语文平均成绩越高；生均图书册数对学生语文平均成绩产生了显著的负向影响，对学生数学平均成绩也有负向影响但不显著，说明生均图书册数越多的学校，学生语文平均成绩反而越低，这与学校规模有关，通常规模大的好学校的生均图书册数比规模小的差学校的生均图书册数要少。（2）学生个体特征和家庭背景对学生成绩的影响，除了学生语文成绩模型中的父母关系变量的截距项和学生数学成绩模型中的家庭收入变量的截距项在统计上不显著外,两个模型的其他所有层级一的变量在第二层模型中的截距项都具有统计上的显著性,且对学生语文和数学成绩都有正向影响,这与模型2和模型4的回归结果一致,相应的解释此处不再赘述。(3)学校资源配置通过学生层面因素对学生成绩的调节效应,由于层级一中的母亲受教育程度和家庭收入这两个变量的系数是固定的,那么,学校资源配置对因母亲受教育程度和家庭收入不同所造成的学生成绩差异的调节作用不明显;在层级一中的父亲职业、父母关系和课后学习时间这三个变量下,出现比较一致的结果是,高级教师占比的回归系数均为负数,且除了学生语文成绩模型中的父母关系变量下的高级教师占比外,其余各系数在统计上都显著,说明较高的高级教师占比,能弱化父亲职业、父母关系和课后学习时间这三个学生层面变量对学生语文和数学成绩的正向影响,或者说,增加一个学校的高级教师数量,能缩小因父亲职业、父母关系和课后学习时间不同所带来的学生语文和数学成绩差异;生均固定资产价值与父母关系和课后学习时间对学生语文和数学成绩的影响作用无显著关系,而父亲职业对学生语文和数学成绩的影响作用有显著的负向关系,即削弱了父亲职业对学生语文和数学成绩的正向影响,说明生均固定资产总值越高的学校,父亲职业对学生语文和数学成绩的影响作用也越小。

四 实证分析的结论

在全国各地以县为单位大力推进义务教育均衡发展的过程中,理清学校资源配置与学生成绩间的关系至关重要。按照教育生产函数的理论分析框架,利用多层线性模型深入挖掘了学校资源配置对学生成绩影响的两个主要途径:一是学校资源配置的不同直接导致了学校间生均成绩的差异,即学校资源配置对学生成绩的直接影响;二是学校资源配置的不同还导致了学生层面因素对学生成绩的影响作用在校际间出现了差异,即学校资源配置对学生成绩的间接影响。主要的研究结论是:

(一)学校资源配置对学生成绩的直接影响

利用零模型分析得出,学校资源配置差异造成了学校生均成绩存在显著的差异。具体到数量上,因学校资源配置不同所引起的校际间三年级学生语文和数学平均成绩差异分别达到了总体差异的25.96%和37.28%,这已经是一个相当高的比例。由此可以看出,目前实行的促进校际间资源配置均衡政策，能在一定程度上促进教育公平和提高学校整体的教育质量。

具体到学校资源配置的各个因素对学生成绩产生的影响，根据对学校层面潜在变量的探索性分析和完整两水平线性模型的结果都显示，高级教师占比和生均固定资产价值对学生成绩具有显著的正向影响；学校规模对学生语文成绩具有显著的正向影响，而对学生数学成绩的正向影响不显著；受学校规模影响，生均图书册数对学生语文成绩具有显著的负向影响，而对学生数学成绩的负向影响不显著。由此可见，教师作为教育生产过程中的主体，其质量对教育质量具有重要影响，也是教育财政的重点投入对象。增加学校固定资产投入，不断改善办学条件，也对提高教育质量具有积极作用。从理论上讲，学校规模越大，管理学校的难度越大，学校管理者难以同时兼顾并处理好繁重的教学任务和管理协调工作，管理与教学任一方面的松懈都可能降低学校教育质量，而在我国的现实情况中，大规模学校往往是重点示范学校，这些学校拥有比普通学校更多更好的教育资源，就读于这类学校的学生成绩大多比较优异。增加学校图书册数，将有助于开阔学生视野，拓宽学生知识面，进而提高学生成绩，但是由于受学校规模的影响，规模越大的学校，生均图书册数越少。

(二) 学校资源配置对学生成绩的间接影响

理论研究表明，学生成绩不仅受学校资源配置影响，也受学生自身的学习心理和行为以及家庭背景的影响。随机效应回归模型和完整两水平线性模型的结果都显示，不考虑学校资源配置的情况下，来自父母文化程度低、父母从事体力劳动或低端服务行业、家庭贫困、父母关系不好、自身学习不努力的学生成绩比较差。也就是说，较差的家庭背景和学习努力程度对学生成绩产生了消极影响，体现了学校内"有教有类"的教育不公平现状。

虽然学生层面的父亲职业、母亲受教育程度、家庭收入、父母关系和课后学习时间等因素对学生成绩的影响作用相当显著，但这些因素对学生成绩的影响作用还受到了学校资源配置的约束与调节。完整两水平线性模型的分析结果显示，较高的高级教师占比能弱化父亲职业、父母关系和课后学习时间对学生语文和数学成绩的正向影响，较高的生均固定资产价值能弱化父亲职业对学生语文和数学成绩的正向影响。这一分析结果的政策含义是：如果把实现义务教育均衡发展的最终目标确定为教育质量均衡，那么经过近几年的政策支持使县域内学校间办学条件达到基本均衡以后，我国致力于义务教育均衡的公共教育支出政策就应该有所调整，即必须要对那些学生家庭背景整体较差的学校追加更多的公共教育资源，以缩小因家庭背景不同而产生的教育质量差异。

第五章 县域义务教育校际均衡的资源配置优化组合

根据教育生产函数构建多层线性模型进行研究的结论表明，教育资源与学生成绩间存在影响关系，并且学校资源不仅对学生成绩产生了直接影响，还在学生个人因素的作用下对学生成绩产生了间接影响。但是对于哪些资源才是提高教育质量的最重要因素还没有一致的结论，即学校教育资源配置的优先次序有待进一步明确。Monk（1989）建议，研究者可以使用不同的分析方法、统计技术和数据来验证已有的研究结果，从而得出一致的结论。本章在第四章就学校资源配置对学生成绩的影响机制进行实证分析的基础上，使用不同的典型相关分析方法来研究教育资源对学校办学质量的影响程度，以此找出教育资源的多投入变量与办学质量的多产出变量间的相关关系，为教育管理者和政策决策者有效制定校际均衡的财政支持政策提供丰富信息。

第一节 多投入与多产出的分析方法

一 典型相关分析法的基本思想

在研究变量间的关系时，常用相关系数表示变量间相关程度的强弱。在统计分析中，用简单相关系数可以表示两个变量间的相关关系，用复相关系数可以表示一个变量与多个变量之间的偏相关关系。为了更好地模拟现实，多数情况涉及多个变量与多个变量间的关系，如教育投入与产出的关系。典型相关分析正是研究两组变量之间相关关系的一种多元统计方法，它将每组变量分别当做一个整体来研究，而不是分析一组变量与另一组变量内部的各个变量之间的相关关系。这种方法最早是由 Hotelling（1936）提出来的，它的基本思想与主成分分析相似，把多个变量与多个变量之间的关系转化为两组变量之间的关系。其基本假定要求变量之间存在线性关系和相关关系。为了消除度量不同和数量级不同带来的影响，要求变量呈正态性，从而使标准化分布的变量之间的相关程度更高。但在严格意义上，如果变量的分布形式（如高度偏态分布）不会降低与其他变量的相关关系，那么典型相关分析也可以采用非正态分布的变量。并且，对每对典型相关变量进行多元正态性检验不一定可行，因此，在不严格要求正态性的假定下，可以对每个变量的正态性进行统计检验，如有必要，再对变量做标准化处理。

与多元回归分析相同的是，典型相关分析也是寻找一组权重使相关系数达到最大值。不同的是，多元回归分析中只对自变量 X 赋予不同的权重，典型相关分析中的自变量 X 与因变量 Y 都被赋予了不同的权重，设 X 和 Y 分别为 p 维和 q 维的随机向量，即 X＝(x_1, x_2, ···, x_p)，Y＝(y_1, y_2, ···, y_q)。自变量 X 和因变量 Y 的线性组合公式分别如下：

$$P_{1i} = a_1x_1 + a_2x_2 + \cdots + a_px_p$$
$$Q_{2i} = b_1y_1 + b_2y_2 + \cdots + b_qy_q \tag{5.1}$$

式（5.1）中，P_{1i} 是自变量的第 i 种线性组合，a_p 是典型权重，x_p 是自变量。同样地，Q_{2i} 是因变量的第 i 种线性组合，b_q 是典型权重，y_q 是因变量。其中，i＝1, 2, ···, n, n＝min (p, q)。

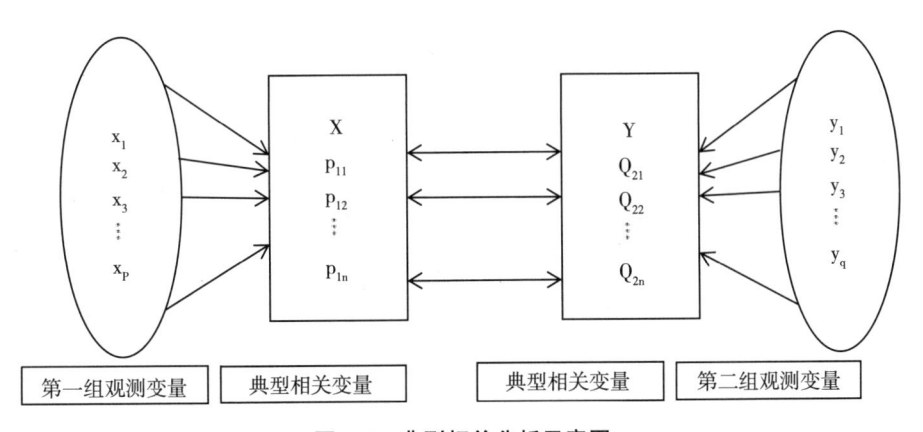

图 5.1 典型相关分析示意图

如图 5.1 所示，典型相关分析的具体步骤是：首先，分别对每组变量赋予不同的权重，构造出每组变量的线性组合，使两组变量的线性组合之间具有最大的简单相关系数，这种线性组合被称为典型相关变量，典型相关变量之间的相关性被称为典型相关，其强弱程度用典型相关系数 R_c 来度量。其次，从与第一组典型相关变量不相关的典型相关变量中，选取典型相关系数仅次于第一组典型相关变量的第二组典型相关变量，以此类推，直到两组变量之间的相关性被提取完毕为止。换言之，典型相关系数是根据相关性的重要程度排序计算出来的，随着典型相关变量的提取，典型相关系数越来越小。因此，从理论上讲，典型相关变量的对数和相对应的典型相关系数的个数与两组变量中变量较少的一组变量的个数相等。[①]

二 典型相关分析结果评价方法

Thompson (1991) 和 Sheskin (2001) 认为，计算的复杂性和结果解释的困难性限制了典型分析的广泛使用。因为两组变量可以构成多种线性组合，最大的典型相关系数不能解释所有的方差，利用典型相关分析找出第一组典型相关变量后，还可以继续提取剩余的典型相关变量。如何确定保留哪些线性组合，需要对典型相关变量的典型相关系数做显著性检验，其原假设是所有的典型相关系数均为 0，如果相应的 P 值小于给定的显著性水平，则拒绝原假设，说明至少有一个典型相关系数不为 0，而根据典型相关分析的计算规则，第一个典型相关系数的绝对值最大，它在统计上显著不为 0 的可能性也最大，然后按照典型相关变量提取的顺序对典型相关系数进行显著性检验，最终利用通过了显著性检验的典型相关系数来解释两组变量之间的相关关系。

由于典型相关分析是基于相关性的分析，典型相关系数代表了典型相关变量之间的相关关系，而典型相关变量是由观测变量构成的线性组合，因此，不仅在典型相关变量之间，而且在同一组的观测变量与典型相关变量之间以及不同组的观测变量与典型相关变量之间都可能存在一定的相关性。首先，就典型相关变量来说，典型相关系数 R_c 是典型相关

---

① 朱建平、殷瑞飞：《SPSS 在统计分析中的应用》，清华大学出版社 2007 年版，第 189—190 页。

变量之间的系数，用典型相关系数的平方 R_c^2 可以表示自变量组的典型相关变量解释因变量组的典型相关变量的共同方差比例。其次，就同一组的观测变量与典型相关变量来说，典型权重是这两者的系数，表示观测变量对本组典型相关变量的直接贡献。对于因变量，用典型载荷表示本组典型相关变量与每个因变量的相关系数，代表了观测变量对典型相关变量的总贡献。对典型载荷进行平方，可以得到因变量组的典型相关变量解释每个因变量的方差比例。在大多数情况下，典型权重与典型载荷是一致的，但当观测变量之间存在高度共线性时，典型权重较小，典型载荷却较大。再次，就不同组的观测变量与典型相关变量来说，冗余度表示典型相关系数平方与典型载荷平方的乘积，可以得到因变量与自变量组的典型相关变量的共同方差，代表一组典型相关变量对另一组观测变量的平均解释能力。

第二节 典型相关模型的构建

一 模型变量的选择

本书第四章利用多层线性模型分析了学校和家庭两个层面的多种因素对学生成绩的影响，但是基于教育生产函数的研究仅能描述单一产出的教育生产过程。而教育生产本身具有投入来源多渠道和产出功能多样性的复杂特点。为了克服教育生产函数法的局限性和进一步验证教育资源投入与学校办学质量之间的复杂关系，本部分在考虑多投入和多产出的教育生产过程情况下，使用与已有研究不同的典型相关分析来试图使已有研究的结论更明确。利用典型相关分析方法进行研究的首要步骤需要确定自变量和因变量。为了便于比较和验证前文的研究结论，并得到一个县域内义务教育校际均衡发展所需的教育资源配置，本章在第三章构建的义务教育校际均衡指标评价体系以及第四章利用这些指标进行实证分析得出的结论基础上，尽量选择了与前文研究一致的教育投入与产出指标，并根据典型相关分析方法的研究要求对指标数据进行了适当处理与修正，所用数据仍然来自 HB 省 A 县的学校样本。

（一）自变量的选择

典型相关分析的自变量用学校教育资源投入指标来表示。相关指标根据第三章构建的资源配置均衡评价指标体系进行筛选和处理。同样地，学校教育资源投入分为人力、物力和财力三个方面。其中，学校教育的人力投入主要是教师，其数量和质量都是影响教育产出的重要因素。人力投入数量一般用师生比来表示，人力投入质量由教师的学历、职称、教学经历等因素决定，利用第四章实证分析的结果，本章采用高级教师占比即教师职称结构来代表人力投入质量。物力投入用固定资产价值表示。财力投入主要表现为教育支出，包括人员经费支出和公用经费支出。为确保价格指标的外生性和可比性，分别使用了固定资产价值、人员经费和公用经费的生均指标，因此，在学校教育资源投入变量方面，本章最终选择了师生比、高级教师占比、生均人员经费、生均公用经费和生均固定资产价值五个投入指标，分别用 ts、th、per、exp 和 fix 表示。

（二）因变量的选择

典型相关分析的因变量用学校教育产出指标来表示。教育产出是学校办学质量的具体体现，由于义务教育校际间质量均衡发展是以人的发展为核心，关注重心在学生个体，用学生学业水平作为学校办学质量的度量指标较为合理，也符合国内外研究的惯用做法。义务教育均衡发展是一个动态过程，不仅要度量学校办学质量的实际水平，也要评价校际间办学质量的变化情况。具体来说，从静态角度来看，可以利用学生学业成绩的标准达成度评价学校办学质量的实际水平，标准达成度的各档次水平根据第三章构建的办学质量均衡评价指标确定为合格、良好、优良和优秀四个档次，分别用 level1、level2、level3 和 level4 表示。由于学校之间存在差异，静态指标只反映了教育结果，没有考虑到学校初始办学条件的差异。从动态角度来看，有些薄弱学校经过大力改造和发展，虽然仍有可能达不到重点示范学校的办学水平，但在此期间的办学质量提高较快，学生学业成绩的增值较大，其增值效应也应在办学质量的评价中予以考虑；而一些重点学校若不能实现质量的增值，甚至出现质量下滑的情况，那么，也不一定是办学质量较高的学校。因此，运用增值原理计算的各学校学生各学科平均成绩的增值率（add）作为教育产出的动态指标。

二 变量的假设检验

由于典型相关分析涉及多个变量，不同变量量纲和数量级别往往都不同,而典型相关变量作为原始观测变量的一种线性组合,如果直接利用各变量的原始数据构建线性组合显然缺乏实际意义,且不同数量级别的变量组合在一起会导致典型相关模型系数出现"以大吃小"现象,即数量级别较小的变量系数估计值较小,使得该变量的影响容易被忽略,从而不仅影响了分析结果的合理性,而且也无法通过比较系数大小判断指标的重要程度。因此,为了消除变量的量纲和数量级别对分析结果的影响,首先需对数据进行标准化变换处理[①],然后再作典型相关分析。如前所述,使用典型相关分析方法要求数据满足线性、相关性、多元正态性和方差齐性的假设。经标准化变换之后的协方差矩阵就是相关系数矩阵,通过对相关系数矩阵的分析,可以检验变量之间是否满足典型相关分析的线性相关假设,再结合原始观测变量箱线图和典型相关变量相关矩阵散点图判断变量是否呈正态分布。

(一) 相关性分析

利用 Pearson 相关系数可以判断原始变量是否存在线性相关关系,表 5.1 和表 5.2 分别给出了自变量和因变量两组变量内部的相关系数矩阵。

表 5.1　　　　　　　　教育投入变量的相关系数矩阵

变量	per	exp	fix	ts	th
per	1.000	0.730*** (0.000)	0.695*** (0.000)	0.776*** (0.000)	0.130 (0.342)
exp	0.730*** (0.000)	1.000	0.439*** (0.001)	0.430*** (0.001)	0.171 (0.208)
fix	0.695*** (0.000)	0.439*** (0.001)	1.000	0.796*** (0.000)	0.134 (0.324)
ts	0.776*** (0.000)	0.430*** (0.001)	0.796*** (0.000)	1.000	0.191 (0.158)
th	0.130 (0.342)	0.171 (0.208)	0.134 (0.324)	0.191 (0.158)	1.000

注:*** 表示 Pearson 相关系数在 1% 的统计水平上显著。

---

① 最常用的数据标准化方法是"标准差标准化法",也成为"Z 分数法",其计算公式为: $Z_i = (x_i - \bar{x})/S$,其中,x_i 为变量 x 的第 i 个观测值,$\bar{x}$ 为变量 x 的平均数,s 为标准差。

表 5.2 教育产出变量的相关系数矩阵

变量	ylevel1	ylevel2	ylevel3	ylevel4	yadd	slevel1	slevel2	slevel3	slevel4	sadd
ylevel1	1.000	0.797*** (0.000)	0.629*** (0.000)	0.172 (0.205)	0.388*** (0.003)	0.707*** (0.000)	0.516*** (0.000)	0.387*** (0.003)	0.305** (0.022)	0.047 (0.732)
ylevel2	0.797*** (0.000)	1.000	0.816*** (0.000)	0.279** (0.037)	0.442*** (0.001)	0.706*** (0.000)	0.567*** (0.000)	0.463*** (0.000)	0.320** (0.016)	0.080 (0.557)
ylevel3	0.629*** (0.000)	0.816*** (0.000)	1.000	0.294** (0.028)	0.307** (0.021)	0.693*** (0.000)	0.615*** (0.000)	0.650*** (0.000)	0.210 (0.120)	0.125 (0.357)
ylevel4	0.172 (0.205)	0.279** (0.037)	0.294** (0.028)	1.000	0.112 (0.410)	0.088 (0.519)	0.114 (0.403)	0.023 (0.865)	0.515*** (0.000)	0.088* (0.520)
yadd	0.388*** (0.003)	0.442*** (0.001)	0.307** (0.021)	0.112 (0.410)	1.000	0.180 (0.184)	0.201 (0.137)	0.142 (0.298)	0.276** (0.040)	0.466*** (0.000)
slevel1	0.707*** (0.000)	0.706*** (0.000)	0.693*** (0.000)	0.088 (0.519)	0.180 (0.184)	1.000	0.770*** (0.000)	0.697*** (0.000)	0.380*** (0.004)	0.226* (0.093)
slevel2	0.516*** (0.000)	0.567*** (0.000)	0.615*** (0.000)	0.114 (0.403)	0.201 (0.137)	0.770*** (0.000)	1.000	0.894*** (0.000)	0.427*** (0.001)	0.467*** (0.000)
slevel3	0.387*** (0.003)	0.463*** (0.000)	0.650*** (0.000)	0.023 (0.865)	0.142 (0.298)	0.697*** (0.000)	0.894*** (0.000)	1.000	0.440*** (0.001)	0.376*** (0.004)
slevel4	0.305** (0.022)	0.320** (0.016)	0.210 (0.120)	0.515*** (0.000)	0.276** (0.040)	0.380*** (0.004)	0.427*** (0.001)	0.440*** (0.001)	1.000	0.247* (0.066)
sadd	0.047 (0.732)	0.080 (0.557)	0.125 (0.357)	0.088* (0.520)	0.466*** (0.000)	0.226* (0.093)	0.467*** (0.000)	0.376*** (0.004)	0.247* (0.066)	1.000

注：***、** 和 * 分别表示 Pearson 相关系数在 1%、5% 和 10% 的统计水平上显著。

从表 5.1 和表 5.2 可以看出，教育投入变量之间的相关系数较大，在 0.430 至 0.776 之间，且都在 1% 的统计水平上显著。其中，相关性最强的是生均人员经费和师生比，相关系数达到 0.776；相关性最弱的是生均公用经费和师生比，相关系数为 0.430。教育产出变量之间的相关系数变化较大，但多数相关系数都在 0.4 以上[①]，且至少在 10% 的统计水平上显著。因此，各变量之间基本呈线性相关关系，符合典型相关分析的基本假设。

（二）正态性检验

为了直观地判断数据是否具有正态性和方差齐性，进一步绘制了各变量的箱线图和相关矩阵散点图。图 5.2 和图 5.3 分别报告了教育投入与产出变量原始观测值的箱线图，其中，纵轴表示变量实际取值范围，横轴表示原始观测变量。由于教育投入与产出变量的原始观测值具有不同的量纲和数量级，为了保证典型相关分析赋予变量的权重系数具有实际意义，需要利用标准化变量值进行分析，故图 5.4 给出了教育投入与产出变量标准化值的综合箱线图，其中，纵轴表示标准化变量取值范围，横轴表示标准化变量。图 5.5 是典型相关变量相关矩阵散点图。

从图 5.2 至图 5.4 可以看出，除教育投入变量有个别离散值外，所有投入与产出变量基本都是对称分布的，符合典型相关分析要求的正态分布假设。从图 5.5 可以看出，变量的相关矩阵散点图没有出现大量散点的模式，并且每个散点图中没有离散太大的点向外扩散，表明各变量也能满足典型相关分析要求方差齐性的假设。

三　计量模型的设定

通过前文的相关性分析和正态性检验表明，本节选取的生均人员经费、生均公用经费、生均固定资产价值、师生比和高级教师占比五个教育投入变量与学校语文和数学成绩的合格率、良好率、优良率、优秀率和增值率十个教育产出变量满足典型相关分析的基本假设。因此，利用这些教

[①] 利用 Pearson 相关系数判断两个变量之间的相关程度的常用标准是：当其取值范围为 0 至 1 之间时，表示两变量存在一定程度的线性相关。并且，相关系数的值越接近 0，说明两个变量之间的线性相关关系越微弱；反之，相关系数的值越接近 1，说明两个变量之间的线性相关关系越密切。一般来说，按照变量间线性相关关系的强弱程度，以 0.4 和 0.7 为界划分为三级标准：小于 0.4 表示变量间存在低线性相关关系、位于 0.4（含 0.4）至 0.7 之间表示变量间存在显著性相关、大于 0.7（含 0.7）表示变量间存在高度线性相关。

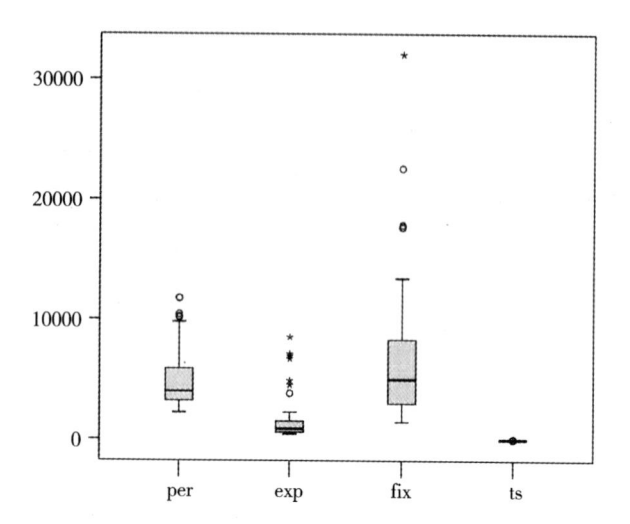

图 5.2 教育投入变量的箱线图

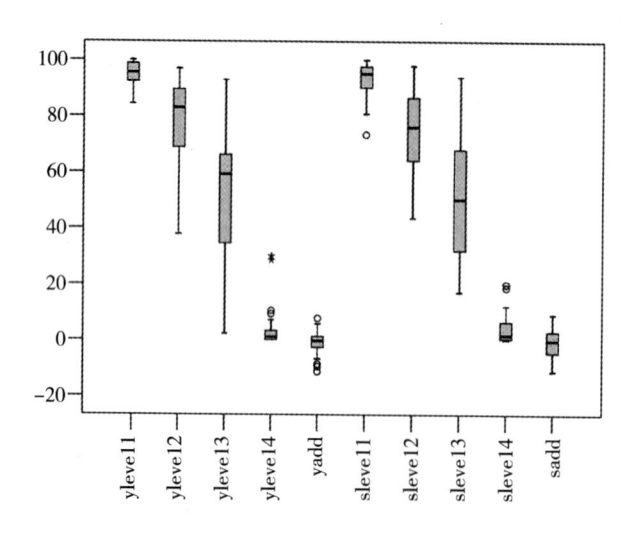

图 5.3 教育产出变量的箱线图

育投入与产出变量构建的典型相关模型如下：

$P_{1i} = a_1 per + a_2 exp + a_3 fix + a_4 ts + a_5 th$

$Q_{2i} = b_1 ylevel_1 + b_2 ylevel_2 + b_3 ylevel_3 + b_4 ylevel_4 + b_5 yadd + b_6 slevel_1 + b_7 slevel_2 + b_8 slevel_3 + b_9 slevel_4 + b_{10} sadd$ (5.2)

式 (5.2) 中，所有变量意义与前文相同。

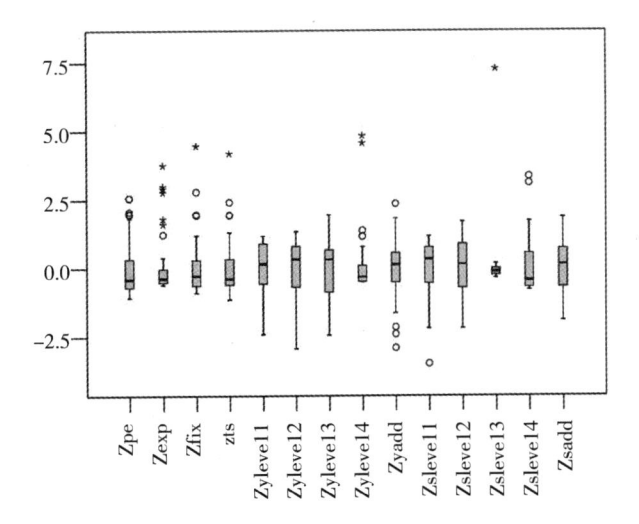

第五章 县域义务教育校际均衡的资源配置优化组合

图 5.4 标准化变量的综合箱线图

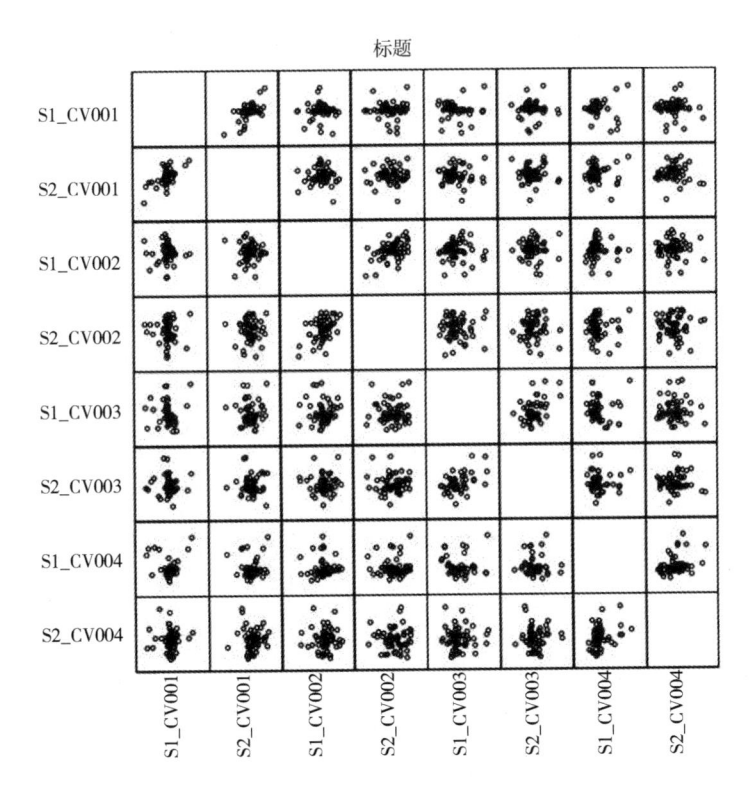

图 5.5 典型相关变量相关矩阵散点图

在考虑教育多投入与多产出的情况下，为了确定学校资源配置对办学质量的影响程度以及教育资源投入的优先次序，可以通过对教育资源的多投入变量和办学质量的多产出变量这两组变量各自赋予不同权重，分别构成两个线性函数来代表两个综合变量即典型相关变量，并找出使典型相关变量的典型相关系数达到最大值的最优线性组合。

第三节 学校资源配置对办学质量影响程度的实证分析

一 实证模型的估计

（一）典型相关变量的提取

由于典型相关分析所用变量均来自第三章所构建的指标体系，故本章不再给出相关变量的描述性统计分析结果，直接利用软件 SPSS 21.0 进行典型相关分析，得出的典型相关系数及其显著性检验结果见表 5.3。

表 5.3　　　　　　典型相关系数及其显著性检验结果

典型相关变量	R_C	R_C^2	Wilk's 值	χ^2 值	P 值
P_1 与 Q_1	0.727	0.529	0.171	82.959	0.002
P_2 与 Q_2	0.616	0.379	0.363	47.660	0.093
P_3 与 Q_3	0.473	0.224	0.585	25.226	0.394
P_4 与 Q_4	0.419	0.176	0.753	13.312	0.502
P_5 与 Q_5	0.293	0.086	0.914	4.231	0.646

从表 5.3 中可以看出，共提取了五对典型相关变量，相应地产生了五个典型相关系数。其中，第一组和第二组典型相关变量的典型相关系数较大，分别为 0.727 和 0.616，说明相应的典型相关变量之间存在密切关系，即学校资源配置与办学质量之间的典型相关性较强。但要确定学校资源投入变量与办学质量产出变量构成的典型相关变量的相关性显著程度，还需根据显著性检验来判断，主要的检验方法有 Wilk's 检验和 χ^2 检验。从显著性检验结果来看，第一组和第二组典型相关变量通过了显著性检验，其典型相关系数分别在 1% 和 10% 的统计水平上显著，其余的三组典型相关变量在统计上不显

著。第一组典型相关变量解释了总方差的52.9%，第二组典型相关变量解释了总方差另外的37.9%，两组显著的典型相关变量能解释总方差的90.8%。因此，学校资源的投入情况会影响办学质量的产出情况。这一结论与第三章第一节运用HLM模型进行实证分析得出的结论一致。

（二）典型权重、典型载荷和冗余度分析

在使用HLM模型和典型相关分析两种不同的方法验证了教育投入与产出之间存在影响作用后，需要进一步弄清的问题是哪些学校资源投入变量对办学质量产出变量的影响最大，从而找出促进义务教育校际间办学质量均衡发展的学校资源优先投入次序。典型相关分析得出的典型权重为解决这一问题提供了实证依据。但是，由于原始观测变量的计量单位和数量级不同，使得原始典型权重缺乏实际意义，因此，使用标准化变量值得出的标准化典型权重，更加有利于直接比较不同变量的典型权重大小。结合典型相关分析结果的评价方法，表5.4给出了典型权重、典型载荷和冗余度分析的结果。

表5.4　典型权重、典型载荷和冗余度分析结果

原始观测变量		第一组典型相关变量			第二组典型相关变量		
		典型权重	标准化典型权重	典型载荷	典型权重	标准化典型权重	典型载荷
投入变量	生均人员经费	0.000	-0.029	-0.223	0.000	-0.557	-0.597
	生均公用经费	0.000	0.213	0.076	0.000	-0.647	-0.740
	生均固定资产	0.000	-0.237	-0.352	0.000	1.040	0.072
	师生比	-0.104	-0.390	-0.336	-0.108	-0.405	-0.252
	高级教师占比	0.044	0.911	0.837	0.009	0.185	0.065
产出变量	语文成绩合格率	0.173	0.753	0.796	-0.152	-0.662	-0.030
	语文成绩良好率	-0.013	-0.182	0.703	0.133	1.855	0.375
	语文成绩优良率	0.023	0.486	0.836	-0.020	-0.424	0.191
	语文成绩优秀率	0.019	0.107	0.182	0.028	0.155	0.281
	语文成绩增值率	-0.106	-0.383	0.069	-0.122	-0.443	0.110
	数学成绩合格率	0.024	0.136	0.793	0.048	0.272	0.000
	数学成绩良好率	-0.022	-0.315	0.652	-0.124	-1.741	-0.278
	数学成绩优良率	0.015	0.340	0.634	0.028	0.626	-0.219
	数学成绩优秀率	-0.045	-0.217	0.142	-0.001	-0.007	0.059
	数学成绩增值率	0.052	0.279	0.150	0.127	0.682	0.036

续表

原始观测变量	第一组典型相关变量			第二组典型相关变量		
	典型权重	标准化典型权重	典型载荷	典型权重	标准化典型权重	典型载荷
典型相关系数	0.727			0.616		
冗余度	0.105			0.178		0.283

由于典型相关分析是一种统计预测的分析方法，因此，标准化典型权重和典型载荷的分析受在统计上显著的典型相关变量中投入变量的限制。典型载荷是原始变量与本组典型相关变量的相关系数，与第一组典型相关变量相关的投入变量按重要程度排序，依次是高级教师占比、生均固定资产、师生比、生均人员经费和生均公用经费，它们的典型载荷分别是 0.837、-0.352、-0.336、-0.223 和 0.076，其中，高级教师占比反映具有中级以上职称教师所占的比重，受教师经验和教育水平影响，生均固定资产价值与学校办学条件密切相关，师生比代表了教师数量，生均人员经费和生均公用经费与财力投入有关。每个变量的相对重要性可以通过标准化典型权重来确定。在第一组典型相关变量中，出现最大效应的投入变量仍然是高级教师占比，它的标准化典型权重为0.911，其绝对值最大，表明第一组典型相关变量中的投入变量主要由教师质量的度量值决定；并且，在第一组典型相关关系中，教育投入和产出变量的线性相关关系在统计上是显著的。因此，在第一个典型相关模型中，教师质量是学校办学质量最重要的预测变量。

同样地，与第二组典型相关变量相关的投入变量按照重要性排序，依次是生均公用经费、生均人员经费、师生比、生均固定资产和高级教师占比，它们的典型载荷分别是-0.740、-0.597、-0.252、0.072 和 0.065。在第二组典型相关变量中，生均固定资产对本组典型相关变量中的投入变量的影响最大，它的标准化典型权重为1.040，表明第二组典型相关变量中的投入变量主要通过生均固定资产的度量来定义。这个变量在较大程度上反映了学校办学条件，被作为相应的代理变量；并且，在第二组典型相关关系中，教育投入和产出变量的线性组合也在统计上具有显著性关系。因此，在第二个典型相关模型中，学校办学条件是学校办学质量最重要的预测变量。

单纯就教育产出而言,在诸多教育产出目标下,利用标准化典型权重可以分析出每个产出变量的重要程度,从而确定在现有教育资源配置环境下,可实现的办学质量目标。从与第一组典型相关变量相关的产出变量来看,按照相对重要性排序,语文成绩合格率、优良率和增值率以及数学成绩优良率、良好率和增值率的标准化典型权重绝对值较大,表明可以保证合格率、促进优良率作为现阶段语文教学质量基本目标,以优良率和良好率作为数学教学质量基本目标,同时要兼顾语文和数学教学质量的提升情况。而从与第二组典型相关变量相关的产出变量来看,语文和数学成绩良好率的标准化典型权重绝对值都是最大的,说明在实现基本目标后,提升良好率是下一阶段的办学质量目标。

为了定量地测度典型相关变量所包含的原始信息量的大小,可以利用典型相关模型冗余度进行分析,冗余度代表一组典型相关变量对另一组观测变量的平均解释能力。第一组典型相关变量的冗余度为10.5%,即代表产出变量的第二组典型相关变量解释了第一组典型相关变量中五个投入变量10.5%的变异。第二组典型相关变量的冗余度为17.8%,说明投入变量的第一组典型相关变量解释了第二组典型相关变量中表示其他产出变量的原始观测变量17.8%的变异。因此,这个典型相关模型的总冗余是28.3%,即教育产出变量的线性组合大约有28.3%的方差可以被教育投入变量的线性组合预测。由于典型相关分析是一种关于两组变量线性组合的协方差的估计,而不是对变量本身方差的估计,因此,依据典型相关性解释的方差可能很高,而冗余度很低,但这并没有限制冗余度的有效性,其值通常被用来避免对较高的 R_c^2 值的误解。[①]

二 实证分析的结论

本章的研究目的是考察教育多投入与多产出变量之间的关系,并使用了与已有国内研究不同的统计分析方法来验证上述变量的复杂关系,通过定量分析确定了教育资源投入变量对学校办学质量产出变量的影响程度,从而为促进县域义务教育校际间办学质量均衡的财政投入政策制定提供了实证依据。主要的研究结论是:

首先,研究结论表明教育资源投入是教育多产出目标的有效预测变

---

① 朱建平、殷瑞飞:《SPSS 在统计分析中的应用》,清华大学出版社 2007 年版,第 191 页。

量,同时也验证了典型相关分析是一种可行的统计分析方法,它可以得到与已有使用教育生产函数来研究教育投入和学生成绩间关系一致的结论,从而验证了Monk(1989)的推断与已有的关于教育投入和产出之间关系的研究结论,使研究者和政策制定者有统一的依据可循。

其次,教育投入与产出变量之间在统计上存在显著的相关关系。五组典型相关变量中的两组分别在1%和10%的统计水平上显著,其中,第一组典型相关系数为0.727,第二组典型相关系数为0.616,表明投入变量与产出变量之间的线性组合的确是相关的,即教育资源的配置对学校办学质量存在显著影响。两组显著的典型相关变量能够解释总方差的90.8%,这在一定程度上缓和了冗余度,两组显著的典型相关变量相互解释另一组观测变量的总体冗余度为28.3%。

再次,从人力、物力和财力三个方面构建的五个原始观测变量对第一组典型相关变量中的教育投入变量非常重要。按照重要性排序,这些变量分别是高级教师占比、生均固定资产、师生比、生均人员经费和生均公用经费。其中,第一组典型相关关系中对投入变量的线性组合贡献最大的是高级教师占比,这个变量是教师质量的代理变量,因为高级教师规模主要受教师整体教龄和教育水平影响。第二组典型相关关系中,对投入变量的线性组合贡献最大的是生均固定资产价值,这个变量是学校办学条件的代理变量,它反映了学校硬件条件的好坏。这一发现表明,与办学条件相比,教师质量才是影响办学质量最重要的因素。这与王善迈(2013)的研究结论一致,他认为教师质量是影响学生成绩的最重要因素,好的教师比差的教师教授的学生学业进步得更快,而且教师对学生的影响不仅限于学习方面,还包括心理、行为习惯等。因此,要使县域内不同学校的所有学生达到均衡发展的教育目标,并不需要花费大量的财力将中小学都建成统一的标准化学校,而应将义务教育均衡发展的财政政策重心转向为教师提供充足的资金,尤其是偏远农村地区的薄弱学校和少数民族学生、残疾学生、贫困学生等特殊学生较多的学校,其办学质量比较落后,要提高这些学校学生的成绩往往需要额外的帮助,而这些学校又特别难招聘到和留住高质量的教师,急需从财政上加大对教师工资的投入,吸引优质的教师到那里任教,也可以增加对农村教师的培训经费,不断提高他们的教学水平,并构建一个保障教师合理流动的财政补贴制度,使各地区各层次的教师能够互相学习,自由交流。

最后，利用学校学生成绩构建的教育产出变量按照重要性排序，可以看出在当前教育投入下，适宜以保证合格率和促进优良率为语文教学目标、以良好率为数学教学目标，同时兼顾各学科成绩的增值率。

值得注意的是，虽然典型相关分析能克服教育生产函数的局限性，更好地模拟教育多投入和多产出的生产过程，并明确得出了教师质量和学校办学条件是决定学校办学质量的关键因素，以及现阶段可实现的均衡发展目标是保证各学校语文和数学成绩分别达到合格率和良好率。为了实现教育多产出目标，一味地增加教育投入可能会产生资源配置效率低下的问题，而典型相关分析方法无法考察教育资源配置的效率，因此，还需要进一步研究如何有效率地配置教育财政资金使县域义务教育实现校际间办学质量均衡发展。

第六章 县域义务教育校际均衡的财力需求估算

教育财政学家 C. 本森提出判断义务教育财政支出绩效有三个标准：充足、公平与效率。① 第四章和第五章对教育资源配置与办学质量关系的研究，确定了县域义务教育校际均衡发展所需的资源配置组合，但是，县域内义务教育阶段各学校利用教育资源的效率存在差异，要使校际均衡发展的财政支出绩效满足三个标准，本章进一步利用 DEA 模型识别出县域内各学校义务教育财政支出效率，再根据教育成本函数对县级政府有效配置或使用教育资源的最低成本进行估算，从而将达到一定办学质量标准的学校所需资源投入转化为财力需求，为县域义务教育校际均衡发展的财政保障机制构建提供经验证据。

第一节 教育成本函数的分析框架

本书第二章的理论分析表明，在县域范围内，构建一个促进义务教育校际均衡发展的财政保障机制，从本质上来说，就是实行以校际均衡发展为导向的义务教育财政支出绩效预算。为了实现义务教育校际均衡发展目标，同时有效率地使用教育资源，实行义务教育财政绩效预算需要解决两个关键问题：一是财政应保证教育产出达到什么样的均衡水平？二是投入多少财力资源才能使各学校达到这样的教育产出水平？具体到技术操作层面，即估算一个以校际间教育产出均衡标准为基础的教育成本函数。

---

① [美] 小弗恩·布里姆莱、鲁龙·贾弗尔德：《教育财政学——因应变革时代》，窦卫霖主译，中国人民大学出版社 2007 年版，第 56 页。

一 考虑效率因素的教育成本函数设定

为了准确地估算县域义务教育校际均衡发展所需的财力,首先要区分成本和支出两个概念,成本是指政府提供特定水平的义务教育所需要的经费或最低支出量,不是实际所花费的支出,它是由教育生产技术决定的;支出不仅受教育生产成本的影响,而且受教育资源使用效率和当地居民教育需求水平的影响。确定县域义务教育校际均衡发展所需财力的关键是估算出使县域内义务教育阶段各学校达到一定办学质量标准所需的最低成本,最低成本意味着学校教育生产是有效率的。

利用成本模型模拟教育生产过程,假设 C 是教育总成本函数,Y 是教育产出,Z 是外生的社会经济特征,教育成本函数表示为 C=c(Y, Z),Y 和 Z 分别代表多产出和外生影响因素的向量。允许存在教育生产无效率的状态下,设定一个效率因子 γ,可以将教育成本与实际支出之间的关系表示为 Exp= γc(Y, Z)($\gamma \geqslant 1$),其中,Exp 表示观测到的实际支出,c 表示达到一定办学质量标准所需的最低成本,γ 表示成本效率的倒数,其取值范围超过 1(包括 1),γ=1 代表学校教育生产是有效率的,若 Y_A 代表达到一定办学质量的校际均衡产出水平,Z_0 代表有效率学校所处的社会经济环境,则很容易得出学校花费 c(Y_A, Z_0)可以达到 Y_A 的教育产出水平。但是要直接估算出 c(Y_A, Z_0)并不简单,因为可以观测到的实际支出并不等于成本,不控制资金使用无效率的状态会扭曲财力的度量,而且学校达到一定办学质量标准所需的最低成本还根据其所处的社会经济环境不同而有所差异。

二 不同环境下教育成本与支出的关系

假设存在好、中和差三种环境,相应地有三个成本函数,图 6.1 绘制出不同环境下的教育成本曲线,以比较达到不同教育产出水平的成本、支出与效率情况。C_H、C_M 和 C_F 分别代表了差、中和好三种环境。学校 H_1、H_2 和 H_3 处于较差的环境中,因此提供任意给定产出水平的教育都需要较高的成本。学校 M_1、M_2 和 M_3 比 H_1、H_2 和 H_3 面临的环境相对较好,因此提供相同水平的产出需要较低的成本。最后,学校 F_1、F_2 和 F_3 所处的环境最好,在任何产出水平上的成本都较低,其中,F_1 刚好位于成本曲线上,表明该学校提供 Y_A 的教育产出所花费的实际支出与最低成本相等,它能够通过有效配置教育资源达到均衡标准下的产出水平。因而，对于中等和较好环境中的学校来说，要达到均衡标准的产出水平 Y_A 至少需要花费 C_A^F 到 C_A^M 的成本。而处于较差环境中的学校 H_1、H_2 和 H_3 难以达到均衡标准，因为处于较差环境中的学校要达到均衡标准需要较高的成本，这也表明较高的教育投入并不会必然导致所有学校都达到均衡标准。

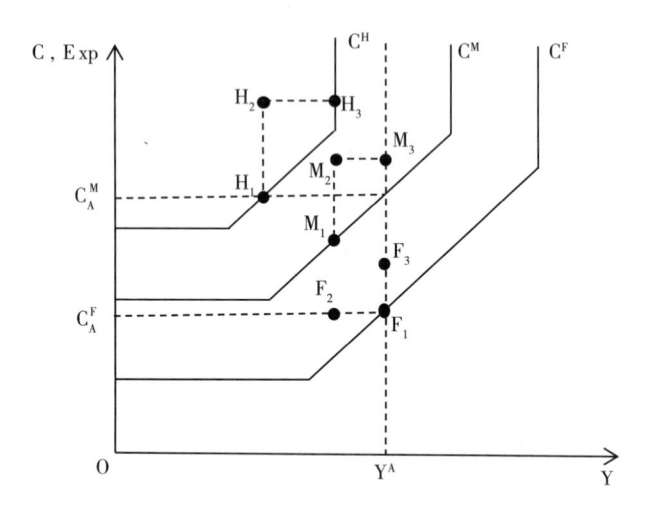

图 6.1　不同环境下的教育成本曲线

结合教育成本与实际支出之间的关系式，从图 6.1 中可以识别出各学校使用教育资源的效率，以及达到均衡标准的方式。学校 H_2、M_2、F_2 和 F_3 分别与 H_1、M_1、M_1 和 F_1 的产出水平相同，但前面四所学校花费的实际支出都超过了后面四所学校所代表的最低成本，说明前面四所学校教育资源配置是无效率的。位于成本曲线上的学校 M_1 的实际支出与达到相同产出水平的最低成本相等，说明它是有效率的，但却缺乏足够的资金实现均衡标准下的产出水平 Y_A，因此，它需要更多的补助资金，可以成为教育财政转移支付的对象。学校 M_2 和 F_2 的教育产出水平低于 Y_A，所花费的实际支出都高于最低成本，表明这两所学校不仅没有达到均衡标准的产出水平，而且存在资源浪费的情况，那么，可以通过提升资金使用效率来提高产出水平。学校 M_3 和 F_3 提供了均衡标准下的教育产出，但资源配置效率低下，则可以通过提高资源配置效率来进一步提升教育产出质量。

第二节 基于非参数法的计量模型构建

一 数据包络分析法

正如文献综述所示,国外学者自20世纪90年代开始就对充足性教育成本测算进行了广泛的研究,探索了多种不同的估算方法,主要方法有成功学区法、成本函数法、经验证据法、专家判断法和质量教育模型法等,但是这些方法都没有考虑到教育资源使用效率的问题,它们均先验性地假定了所有学校都能有效地配置教育资源,而排除了有的学校可能存在资源使用效率低下的状态。数据包络分析法(Data Envelopment Analysis,简称DEA)不仅可以用来评价学校教育资源配置的相对效率,还可以在考虑教育资源配置无效率的情况下估算出各学校达到校际均衡发展的办学质量标准所需教育成本,并且可以通过对效率值进行分解来进一步分析教育资源配置无效率的原因,从而为教育财政政策的改进提供科学依据。

(一) DEA 基本模型原理

利用DEA方法来评估效率的技术最早是由Farrell提出的,并由Charnes等人推广发展。1957年,Farrell首先提出了不预设函数形式的"非参数边界分析"的观念[1],在此基础上,Charnes和Cooper(1978)等人创建出一种通过线性规划的方式来度量决策单元(Decision Making Units,简称DMU)相对效率的方法即数据包络分析法。[2] 与参数法相比,使用非参数的DEA方法建立线性规划模型,其最大的优点在于无需事先设定决策单元的生产函数形式,而是直接利用各决策单元的投入和产出指标的观测值建立线性规划方程,求解有效率的凸性生产前沿边界,然后判断各决策单元是否位于生产前沿面上,据此识别出低效率的决策单元,根据决策单元到生产前沿面的距离测算出决策单元的效率值大小。如果决策单元位于生产前沿面上,其效率值为1,则为DEA有效;如果决策单元位

---

[1] M. J. Farrell, "The Measurement of Productive Efficiency", *Journal of the Royal Statistical Society*, vol. 3, (1957), pp. 253-290.

[2] A. Charnes, W. W. Cooper and E. Rhodes, "Measuring the Efficiency of Decision Making Units", *European Journal of Operational Research*, vol. 2, (1978), pp. 429-444.

于生产前沿面下，其效率值小于1，则为 DEA 非有效。一般而言，DEA 方法既能从投入角度也能从产出角度来测算效率，投入导向型的 DEA 模型可以用来找出得到相同产出所需的最小投入，产出导向型的 DEA 模型则有助于发现如何使相同投入得到最大产出。具体采用投入导向还是产出导向，通常根据实际选择更容易控制的那一方来确定。在规模报酬不变的情况下，这两类模型计算出的效率水平是相等的，但在规模报酬可变的情况下，结果可能不同。Banker、Charnes 和 Cooper（1984）在只能处理不变规模报酬（CRS）特征的 CCR 模型基础上，又开发了可以处理可变规模报酬（VRS）特征的 BCC 模型。结合 CCR 模型，利用 BCC 模型可以推导出决策单元的总技术效率、纯技术效率和规模效率[1]，即总技术效率可以分解为纯技术效率和规模效率之乘积。

（二）DEA 超效率模型原理

在 CCR 和 BCC 模型下，DEA 效率值取值范围为小于或等于1，仅能反映决策单元的无效率和有效率情况，当出现多个决策单元的相对效率值均为1时，无法直接比较有效决策单元之间的效率高低和对所有决策单元的效率情况进行排序。为了弥补这一缺陷，Andersen 和 Petersen（1993）提出可以将有效决策单元从效率前沿面分离出去，从而构建出 DEA 超效率模型。[2] 在超效率模型中，可以具体计算出各决策单元的实际效率值，其取值不再限定在小于或等于1的范围内，对于效率值小于1的无效率决策单元，其超效率值与传统的 DEA-CCR 和 DEA-BCC 模型计算出的效率值是一致的；而对于效率值大于或等于1的有效率决策单元，按比例增加投入仍然可以保持效率值不变，其投入增加的比例即为超效率值。例如，某有效率的决策单元的效率值为1，超效率值为1.25，表示即使再以相同的比例对该决策单元增加25%的投入，它仍然可以位于效率前沿面上进行生产，即在整个样本集合中该决策单元始终保持相对有效率。[3]

---

[1] R. D. Banker, A. Charnes, W. W. Cooper, "Some Models for Estimating Technical and Scale in Efficiencies in Data Envelopment Analysis", *Management Science*, vol. 30, (1984), pp. 1078–1092.

[2] P. Andersen, N. C. Petersen, "A Procedure for Ranking Efficient Units in Data Envelopment Analysis", *Management Science*, vol. 39 (10), (1993), pp. 1261–1264.

[3] 吉生保、席艳玲、赵祥：《中国农业上市公司绩效评价——基于 SORM-BCC 超效率模型和 Malmquist 的 DEA-Tobit 分析》，《农业技术经济》2012年第3期。

二 模型选择与设定

为了避免使用参数法可能出现教育生产函数形式设定错误和随机误差影响等计量问题,并将效率因素纳入模型中,本章选择了非参数的 DEA 方法。如前所述,随着数据包络分析法的推广与发展,目前已有多种运用成熟的 DEA 模型,具体选择哪种类型的 DEA 模型,还须根据实际研究问题进行筛选。

(一) 初始评价的 SDEA 模型

在教育生产过程中,教育产出质量往往较难控制,它受教育投入情况影响,从财力上保证教育投入的充足性容易在政策实践中得到落实,同时,考虑到学校教育生产具有规模报酬可变的特征,本章采用投入导向型 BCC-DEA 超效率模型作为基准模型对学校教育资源配置效率进行初始评估,以便比较有效效率的高低。假设有 s 所学校,每所学校利用 j 种教育投入(x 为投入向量)实现 r 种教育产出(y 为产出向量),s_r^+ 和 s_j^- 分别为产出和投入松弛量,ε 为任意无穷小的正数。评估第 k 所学校教育资源配置效率 θ_k 的 BCC-SDEA 模型如下:

$$\begin{aligned}
&Min\theta - \varepsilon\Big(\sum_{r=1}^{R} s_r^+ + \sum_{j=1}^{J} s_j^-\Big) \\
&s.t. \sum_{i=1}^{s} \lambda_i y_{ri} - s_r^+ = y_{rk},\ \forall r = 1, \cdots, R \\
&\quad\ \sum_{i=1}^{s} \lambda_i x_{ji} + s_j^- = \theta_k x_{jk},\ \forall j = 1, \cdots, J \\
&\quad\ \sum_{i=1}^{s} \lambda_i = 1,\ \lambda_i \geq 0,\ \forall i = 1, \cdots, s \\
&\quad\ s_r^+,\ s_j^- \geq 0
\end{aligned} \quad (6.1)$$

(二) 考虑环境因素的四阶段 DEA 模型

由于上述方法忽略了外部环境差异,导致效率得分估计有偏,任何偏离都被看作是管理无效率。Fried 等(1999)开发了四阶段 DEA 模型修正效率得分,步骤是:

1. 基准模型计算出第 k 所学校的初始效率 θ_k 和松弛量 s_{jk}^-,加总各学校各项教育投入的无效部分和松弛部分,得到第 j 种教育投入总松弛量 S_{jk},公式为:

$$S_{jk} = (1-\theta_k)\, x_{jk}+s_{jk}^{-} \tag{6.2}$$

2. 分别以各项投入的总松弛量 S_{jk} 和外生环境变量 Z_{jk} 作为因变量和自变量，构建 J 个 Tobit 模型，其中，α_j 为常数项，β_j 为待估系数向量，u_j 为误差项。

$$S_{jk}=\alpha_k+\beta_k Z_{jk}+u_j \tag{6.3}$$

3. 利用 Tobit 回归模型得到的拟合松弛量 $\hat{S}_{jk}$，修正初始投入变量[①]，公式为：

$$x_{jk}^{adj}=x_{jk}+[\max^k\{\hat{S}_{jk}\}-\hat{S}_{jk}] \tag{6.4}$$

式（6.4）中，$\max^k\{\hat{S}_{jk}\}$ 是最大拟合松弛量，当某学校处于最差环境时，$\max^k\{\hat{S}_{jk}\}-\hat{S}_{jk}=0$，相当于未调整初始投入；当学校处于较好环境时，$\max^k\{\hat{S}_{jk}\}-\hat{S}_{jk}>0$，调整后的投入高于初始投入，也就是说，在产出不变情况下，增加投入会降低效率，因此，通过这一调整，将部分学校因具有外部环境优势而高估的效率得分予以"过滤"，从而使所有学校公平处于最差的社会经济环境中。

4. 基于调整后的教育投入和初始产出数据，重新评价 DEA 效率，新的效率得分 $\theta_k^°$ 表示第 k 所学校如果处于最差的社会经济环境下，通过有效使用教育资源达到当前实际教育产出水平，至少可降低 $1-\theta_k^°$ 比例的教育投入。

（三）控制随机冲击的 Bootstrap-DEA 模型

采用四阶段 DEA 模型的估计结果没有剔除外生随机冲击带来的偏误，仍具有样本敏感性，Simar 和 Wilson（1998，2000）提出的 Bootstrap-DEA 模型可以解决这一缺陷。算法是：将四阶段 DEA 模型调整后的投入和初始产出数据作为 Bootstrap 初始样本，进行有放回的重复抽样，利用自助样本统计推断未知总体，获得渐近有效的 bootstrap-DEA 估计量 $\theta_k^{°*}$；重复上述步骤 B 次（B=1000），计算第 k 所学校初始效率得分 $\theta_k^°$ 的偏误 $bias_k = 1/B*(\theta_1^{°*}+\theta_2^{°*}+\cdots+\theta_B^{°*})-\theta_k^°$；修正后效率得分 $\theta_k^{°*}=\theta_k^°-bias_k$。

至此，在不限制效率得分取值范围且控制了外部环境、随机冲击等影响后，各学校在面临最差外部环境和相同运气下，如果有效运作，则投入比例至少可以减少 $1-\theta$。

[①] 如采用的是产出导向的 DEA 模型，则应计算产出松弛量。

（四）估算充足投入的 DEA 拓展模型

上述三个模型已能够有效评价每所学校资源配置效率，但是只能确定在当前教育产出水平下的效率和最低成本，而估算充足投入还需要给定教育产出目标，因此，对 Bootstrap-DEA 模型进行两个关键改动：产出约束由观测到的实际产出 y 替换为目标产出 y^A，将实际投入 x 替换为调整后达标学校的最大实际支出 x_{max}，计算第 k 所学校达到给定产出目标的效率值 $\hat{\theta}_k$，形成如下线性规划模型：

$$\begin{aligned}
Min\theta &- \varepsilon\Big(\sum_{r=1}^{R} s_r^+ + \sum_{j=1}^{J} s_j^-\Big) \\
s.t. \sum_{i=1}^{s} \lambda_i y_{ri} &- s_r^+ = y_{rk}^A, \quad \forall r = 1, \cdots, R \\
\sum_{i=1}^{s} \lambda_i x_{ji} &+ s_i^- = \hat{\theta}_k x_{max}, \quad \forall j = 1, \cdots, J \\
\sum_{i=1}^{s} \lambda_i &= 1, \lambda_i \geq 0, \quad \forall i = 1, \cdots, s \\
s_r^+, s_j^- &\geq 0
\end{aligned} \quad (6.5)$$

如果上述线性规划有解，在控制社会经济环境和随机冲击后，学校达标所需最低成本即充足投入需求是 $x_{max} * \hat{\theta}_k$。正如前文讨论的，模型也可能无解。因为可能存在一些处于较差社会经济环境中的学校，即使追加更多投入也无法达到给定的教育产出目标，从而无法估算出所需投入，除非社会经济环境得到改善，否则投入越多反而效率越低。

三 模型变量的选择

DEA 方法是评价多投入与多产出效率问题的前沿方法，使用该方法的关键是确定投入与产出指标。为了使指标的选择既符合研究需要，又考虑到投入与产出变量之间的显著相关性，结合第三章至第五章研究的结果，本节构建了基于 DEA 方法估算县域义务教育校际均衡财力需求的教育投入产出指标体系。

与前文研究一致，教育投入指标包括人力、物力和财力三个方面指标，为了避免因变量间存在高度相关性导致 DEA 评价失效，根据第五章典型相关分析结果，选择对教育投入典型变量的贡献最大的高级教师占比（th）作为人力投入指标，在一定程度上代表学校办学硬件条件的生均固定资产价值（fix）作为物力投入指标；对于财力投入指标，由于义务教育阶段主要由财政拨款，且调研县的生均预算内教育经费占生均教育经费的比重在95%以上，鉴于本节研究的主题是估算县域义务教育校际均衡的财政资金需求，因此，选取生均预算内教育经费（pexp）作为财力投入指标。在教育产出指标方面，为了较为全面地反映教育产出状况，同时考虑到教育生产的规模经济效应，包含了教育产出数量和质量两个方面指标，教育产出数量采用国内外通用的学校规模即在校生人数（sn）表示；教育产出质量指标则结合了典型相关分析结果进行筛选和补充，根据校际均衡发展的办学质量标准的重要性排序表明，义务教育阶段语文和数学平均成绩达到优秀率的比例较低，且对教育产出典型变量的贡献最小，因此，最终选取语文和数学平均成绩及其合格率、良好率和优秀率（yave、save、yl1、yl2、yl3、sl1、sl2和sl3）等教育产出质量指标。

第三节 效率评价与财力需求估算

一 变量的描述统计

为使研究结论具有系统性，并对比考察不同社会经济环境下的学校投入与产出情况，本章将来自HB省A县56所公立学校的样本数据按照学校隶属的区域不同，分为城区、郊区和农村学校，对相关变量分区域进行描述性统计，统计结果见表6.1。

从表6.1中可以看出，就教育投入与教育产出数量的关系来看，城区学校平均规模最大，生均公共教育成本的平均值最低；郊区学校平均规模居中，生均公共教育成本也居中；农村学校平均规模最小，生均公共教育成本的平均值最高。由此可以得出，A县域内位于不同环境下的学校教育生产普遍存在规模报酬递减的趋势。由于城区学校平均规模过大，导致城区学校生均固定资产价值的平均值远低于郊区和农村学校，城区学校大多出现拥挤现象。而由于城区社会经济环境较好，更能吸引优质教师，因此，城区、郊区和农村学校高级教师占比的平均值呈递减趋势。并且，城区学校之间的上述各项指标差异比郊区和农村学校小，说明郊区和农村学校之间的教育资源配置更不均衡。从教育投入与教育产出质量的关系来看，

表 6.1　不同环境下教育投入与产出变量的描述统计

区域	变量	pexp	fix	th	yave	yl1	yl2	yl3	save	sl1	sl2	sl3	sn
	单位	元	元	%	分	%	%	%	分	%	%	%	人
城区	均值	4444.23	4154.07	80.83	88.58	96.35	85.20	64.89	86.73	95.16	79.15	57.52	1823
	标准差	902.71	3229.03	22.55	5.56	5.31	14.43	19.97	5.87	5.57	14.77	23.06	1011
	最小值	2746.66	1666.46	24.56	76.51	84.42	52.45	26.99	73.46	80.83	43.53	17.83	292
	最大值	5677.38	10690.02	97.96	93.33	100	97.00	93.00	94.09	100	98.00	94.00	3169
郊区	均值	5478.75	7340.23	77.72	87.26	93.82	81.18	60.59	88.36	94.61	79.75	65.12	660
	标准差	3783.97	8671.24	11.52	2.55	3.66	7.43	12.86	5.08	3.83	12.93	18.58	652
	最小值	2660.77	1445.84	49.18	81.73	86.80	63.50	36.83	74.49	83.60	45.60	21.40	116
	最大值	16212.46	32068.97	92.59	91.63	99.69	92.98	76.33	93.20	98.56	91.98	84.00	2076
农村	均值	7679.17	7264.70	71.19	83.83	94.82	74.66	44.14	82.40	92.05	69.82	40.94	352
	标准差	4693.81	4177.46	22.35	4.84	3.97	14.50	19.68	4.73	6.07	12.41	17.39	274
	最小值	3348.67	2847.24	0.00	73.03	87.05	37.80	2.23	73.36	73.40	44.59	17.08	67
	最大值	18927.84	17834.22	100	95.15	100	92.38	76.39	93.90	100	96.88	83.75	978
全县	均值	6435.86	6617.02	74.89	85.70	94.90	78.55	52.70	84.81	93.36	74.30	50.54	744
	标准差	4179.01	5660.04	20.65	5.01	4.31	13.80	20.51	5.73	5.66	13.94	21.80	836
	最小值	2660.77	1445.84	0.00	73.03	84.42	37.80	2.23	73.36	73.40	43.53	17.08	67
	最大值	18927.84	32068.97	100	95.15	100	97.00	93.00	94.09	100	98.00	94.00	3169

虽然城区和郊区学校的教育投入指标平均值均低于农村学校,但城区和郊区学校的语文与数学平均成绩以及合格率、良好率和优良率等指标的平均值却都大于农村学校的这些指标平均值,说明要达到较高的教育质量并不一定需要投入更多的教育资源和花费更多的教育财政资金,这与前文理论分析结论一致。相反,生均教育投入最高的农村学校其教育质量明显低于城区和郊区学校,尤其是语文与数学的平均成绩和优良率,这两个指标都无法达到全县的平均水平,存在严重的教育结果不公平现象,出现这种现象的原因之一在于这些学校面临着严峻的社会经济环境。对比城区、郊区和农村学校相关变量的描述性统计结果,不同地区学校的教育投入与产出水平都存在明显差异,这不仅造成了县域内教育资源配置不均衡,也存在校际间发展不均衡,如何从财力上保障不同社会经济环境下的学校都能实现校际均衡发展,还需要通过模型估计结果进行进一步分析。

二 实证模型的估计

为了对县域内各学校的办学质量达标情况和教育资源使用效率情况进行评估,并根据评价结果进一步估算出各学校在有效使用教育资源情况下达到校际均衡发展标准的财政经费需求,本部分首先采用 DEA 模型(6.1),识别出哪些学校既达标又有效率、哪些学校没达标但资源使用有效率、哪些学校达标但存在资源浪费、哪些学校既没达标又存在资源浪费等情况;然后利用教育成本与实际支出关系式测算出各学校在当前办学质量标准下有效使用教育资源的最低成本(cost);最后利用模型(6.2)估算出每个学校达到义务教育质量均衡标准的财政经费需求(adequacy)。

(一) 学校资源配置效率分析

利用 R 软件评价投入导向型 DEA-BCC 超效率模型,得到县域内样本学校教育资源配置效率结果,如表 6.2 所示。

表 6.2　　HB 省 A 县各学校教育资源配置效率评价结果

效率 学校	初始 SDEA 评价结果			环境变量调整后 DEA 评价结果			Bootstrap 修正 DEA 评价结果		考虑充足性后 DEA 评价结果	
	(1)	(2)	(3)	(4)	(5)	(6)	(7)	(8)	(9)	(10)
	θ_{CRS}	θ_{VRS}	θ_{SE}	θ°_{CRS}	θ°_{VRS}	θ°_{SE}	bias	θ^{*}_{VRS}	$\hat{\theta}_{VRS}$	$\hat{\theta}_{Boot-VRS}$
school1	0.336	0.791	0.425	0.192	0.469	0.409	0.053	0.415	0.469	0.412

续表

效率\学校	初始SDEA评价结果			环境变量调整后DEA评价结果			Bootstrap修正DEA评价结果		考虑充足性后DEA评价结果	
	(1)	(2)	(3)	(4)	(5)	(6)	(7)	(8)	(9)	(10)
	θ_{CRS}	θ_{VRS}	θ_{SE}	$\theta°_{CRS}$	$\theta°_{VRS}$	$\theta°_{SE}$	bias	θ^*_{VRS}	$\hat{\theta}_{VRS}$	$\hat{\theta}_{Boot-VRS}$
school2	0.813	1.098	0.740	0.661	1.069	0.618	0.199	0.870	0.950	0.761
school3	0.475	0.901	0.528	0.230	0.390	0.590	0.057	0.333	0.390	0.331
school4	0.663	1.586	0.418	0.224	0.445	0.504	0.071	0.374	0.445	0.364
school5	0.270	0.523	0.516	0.226	0.329	0.686	0.048	0.281	0.316	0.273
school6	0.657	0.771	0.851	0.393	0.403	0.975	0.061	0.342	0.330	0.275
school7	1.248	2.209	0.565	0.934	1.955	0.478	0.249	1.705	1.718	1.445
school8	0.317	0.498	0.635	0.767	0.867	0.885	0.159	0.708	0.596	0.466
school9	0.535	0.559	0.957	0.371	0.391	0.949	0.071	0.320	0.355	0.281
school10	0.614	0.632	0.972	0.379	0.499	0.760	0.071	0.427	0.499	0.415
school11	0.968	0.978	0.990	0.348	0.358	0.973	0.053	0.305	0.297	0.255
school12	0.860	0.917	0.937	0.630	0.631	0.998	0.106	0.524	0.631	0.514
school13	0.680	0.684	0.994	0.575	0.844	0.681	0.114	0.730	0.844	0.715
school14	0.828	1.000	0.828	0.514	1.000	0.514	0.258	0.742	1.000	0.702
school15	0.663	1.000	0.663	0.607	1.000	0.607	0.266	0.734	1.000	0.705
school16	0.690	0.756	0.913	0.611	0.612	0.999	0.094	0.518	0.577	0.499
school17	0.573	0.594	0.964	0.779	0.949	0.821	0.169	0.780	0.655	0.525
school18	1.389	2.009	0.691	0.580	1.336	0.434	0.233	1.103	0.409	0.320
school19	1.868	2.444	0.764	0.423	0.733	0.577	0.114	0.618	0.340	0.290
school20	0.388	0.390	0.995	0.482	0.516	0.933	0.086	0.430	0.446	0.373
school21	0.362	0.465	0.779	0.282	0.299	0.944	0.040	0.258	0.280	0.245
school22	1.541	1.816	0.848	0.432	0.796	0.543	0.132	0.663	0.253	0.216
school23	0.769	1.326	0.580	1.432	1.823	0.786	0.253	1.571	1.823	1.550
school24	0.487	0.621	0.785	0.212	0.301	0.704	0.042	0.259	0.301	0.259
school25	1.655	1.884	0.879	0.494	0.508	0.973	0.092	0.416	0.282	0.227
school26	0.298	0.333	0.893	0.266	0.267	0.997	0.041	0.226	0.261	0.223

续表

效率\学校	初始 SDEA 评价结果			环境变量调整后 DEA 评价结果			Bootstrap 修正 DEA 评价结果		考虑充足性后 DEA 评价结果	
	(1)	(2)	(3)	(4)	(5)	(6)	(7)	(8)	(9)	(10)
	θ_{CRS}	θ_{VRS}	θ_{SE}	$\theta°_{CRS}$	$\theta°_{VRS}$	$\theta°_{SE}$	bias	θ^*_{VRS}	$\hat{\theta}_{VRS}$	$\hat{\theta}_{Boot-VRS}$
school27	0.520	0.636	0.819	0.509	0.667	0.763	0.115	0.552	0.501	0.403
school28	0.285	0.702	0.405	0.118	0.354	0.334	0.051	0.303	0.354	0.296
school29	0.318	0.624	0.510	1.315	2.040	0.644	0.253	1.787	1.825	1.540
school30	1.196	1.196	1.000	0.787	1.196	0.658	0.262	0.933	1.196	0.897
school31	0.391	0.730	0.536	0.817	1.062	0.770	0.196	0.866	1.057	0.837
school32	0.428	0.778	0.550	0.465	0.739	0.629	0.092	0.647	0.738	0.638
school33	0.094	0.437	0.216	0.149	0.544	0.275	0.060	0.483	0.544	0.478
school34	0.816	0.916	0.891	1.330	1.525	0.872	0.244	1.280	1.101	0.899
school35	1.542	1.590	0.970	1.492	1.570	0.950	0.235	1.335	1.376	1.122
school36	1.105	2.250	0.491	0.778	2.000	0.389	0.251	1.749	2.000	1.720
school37	2.301	3.312	0.695	5.667	8.480	0.668	0.255	8.225	7.710	7.417
school38	0.755	0.759	0.995	0.582	0.616	0.943	0.102	0.515	0.616	0.499
school39	0.406	0.407	0.997	0.391	0.392	0.998	0.064	0.328	0.374	0.316
school40	0.898	1.047	0.858	1.435	2.219	0.647	0.256	1.962	2.219	1.919
school41	0.968	0.982	0.986	0.872	1.041	0.837	0.159	0.883	1.041	0.848
school42	0.715	0.828	0.864	0.416	0.713	0.583	0.099	0.614	0.709	0.597
school43	0.781	1.483	0.527	0.712	1.317	0.541	0.238	1.079	1.259	1.000
school44	0.714	0.749	0.953	0.667	0.683	0.977	0.113	0.569	0.683	0.565
school45	0.477	0.504	0.947	0.747	0.823	0.908	0.129	0.694	0.640	0.533
school46	0.536	1.287	0.417	0.679	1.593	0.426	0.248	1.345	1.333	1.066
school47	10.409	12.375	0.841	8.000	16.750	0.478	0.262	16.488	3.548	3.247
school48	0.411	0.425	0.965	5.126	6.875	0.746	0.260	6.615	3.742	3.443
school49	0.516	0.686	0.752	0.425	0.502	0.845	0.074	0.428	0.502	0.430
school50	0.615	0.920	0.668	0.515	0.950	0.543	0.145	0.804	0.338	0.290

第六章　县域义务教育校际均衡的财力需求估算　　149

续表

效率\学校	初始 SDEA 评价结果			环境变量调整后 DEA 评价结果			Bootstrap 修正 DEA 评价结果		考虑充足性后 DEA 评价结果	
	(1)	(2)	(3)	(4)	(5)	(6)	(7)	(8)	(9)	(10)
	θ_{CRS}	θ_{VRS}	θ_{SE}	$\theta°_{CRS}$	$\theta°_{VRS}$	$\theta°_{SE}$	bias	θ^{*}_{VRS}	$\hat{\theta}_{VRS}$	$\hat{\theta}_{Boot-VRS}$
school51	0.509	0.676	0.754	0.389	0.439	0.886	0.089	0.350	0.439	0.336
school52	0.343	0.376	0.911	0.350	0.352	0.993	0.051	0.301	0.246	0.205
school53	1.969	3.193	0.617	0.302	0.303	0.997	0.046	0.257	0.278	0.243
school54	3.878	3.889	0.997	0.368	0.439	0.838	0.072	0.368	0.344	0.279
school55	0.539	0.638	0.845	0.502	0.664	0.755	0.108	0.556	0.595	0.496
school56	0.268	1.544	0.174	0.389	1.405	0.277	0.232	1.173	1.405	1.140
均值	0.976	1.299	0.755	0.881	1.376	0.723	0.141	1.235	0.967	0.828
标准差	1.427	1.690	0.215	1.364	2.508	0.212	0.081	2.469	1.174	1.111

注：CRS 表示综合效率，VRS 表示纯技术效率，SE 表示规模效率。限于篇幅，Bootstrap-DEA 效率和考虑充足性的 DEA 效率均只列示了用于分析的纯技术效率值，如读者对其他效率值感兴趣，可向作者索取。

如表 6.2 所示，分别考察不同模型下各学校的教育资源配置效率和办学质量达标情况。通过 SDEA 模型分析，得出 A 县 56 所学校资源配置平均综合效率和技术效率分别为 0.976 与 1.299，造成平均技术效率超过 1 的原因主要是 school47 的效率畸高[①]；利用 Tobit-DEA 模型，控制环境变量后，计算出的平均综合效率下降到 0.881，技术效率上升到 1.376，比初始 SDEA 效率平均得分高 0.077，这表明初始 SDEA 模型低估的资源配置平均效率在很大程度上归因于不利环境的干扰，这要大于对处于有利环境学校配置效率的高估；为了消除随机冲击影响，Bootstrap-DEA 模型修正结果得出，平均偏误在 0.141，平均技术效率下降到 1.235；考虑充足性后，未剔除和剔除随机冲击影响的 DEA 平均技术效率分别为 0.967 和 0.828。

分步骤来看，表 6.2 的（1）－（3）列给出了经典 DEA 超效率模型评价结果，有 21 所学校的可变规模报酬技术效率超过 1，有 35 所学校的资

---

① 该校属于典型的农村教学点，班额仅有 4 个，专任教师 9 人，在校学生 136 人。

源配置效率未达到最优状态。在保持教育投入结构、规模报酬和产出水平不变的情况下，如果要实现有效配置资源，平均需增加29.9%的投入，究其原因在于有8所学校技术效率超过了2，其中4所学校属于典型的农村教学点，师生比和平均班额均未达到基本办学水平，而其他学校则属于超大规模办学，在校生数量高达1000—2000人，专任教师却不足100人；如果各学校能够在最优规模下办学，则平均可减少24.5%的投入。

受外生环境影响，初始SDEA效率无法准确反映各学校资源配置的真实效率。本书利用四阶段DEA-Tobit模型"过滤"外生环境变量影响。本书用各学校地理位置和贫困生占比作为外生解释变量，将SDEA模型得到的效率值和松弛量代入式 $S_{ji} = (1-\theta_i) x_{ji} + s_{ji}^-$ 中计算得到三种教育投入的总松弛量，作为被解释变量，构建Tobit模型，回归结果见表6.3。

表6.3　　　　　　　　教育资源投入松弛量Tobit模型回归结果

解释变量	被解释变量		
	pexp 松弛量	pfix 松弛量	th 松弛量
c	−698.77 (−0.92)	−1434.30 (−0.82)	−0.01 (−0.09)
poor	10905.43** (2.58)	15776.55 (1.67)	0.71** (2.36)
D1	436.63 (0.45)	823.76 (0.49)	0.08 (1.18)
D2	5197.57*** (2.70)	9823.11*** (3.00)	0.32*** (4.34)
Log likelihood	−387.47	−408.96	3.50

注：***、**、*分别表示在1%、5%和10%的水平上显著。括号中为t值。

表6.3显示，无论是人力、物力还是财力作为投入松弛量，poor、D1和D2的系数均为正，且poor和D2基本通过了显著性检验，表明处于农村和贫困生人数越多的学校面临环境越差，通过改善教育管理、提升管理效率等方式能节约的机会成本越多，这在一定程度上验证了理论假设。利用拟合修正后的投入和初始产出变量，重新计算DEA效率得分如表6.2中的（4）—（6）列所示：有20所学校资源配置效率上升，其中14所位于农村和乡镇，效率下降的33所学校中有14所位于城市，这进一步验证了忽视学校所处的不利社会经济环境会低估其资源配置效率，而不控制有利

环境会高估效率;此外,有3所学校效率保持不变。通过调整使各学校处于相同社会经济环境中,减少效率偏误,降低了标准差。调整后规模报酬递减的主要是一些城市学校,因投入过度而出现规模无效率状态;控制环境因素后,大部分规模报酬递增的乡镇和农村学校实际处于投入不足状态。

表6.2中的(7)—(8)列是Bootstrap修正四阶段DEA效率得分偏误后的结果。所有学校资源配置效率均有所下降,平均降低了0.141,效率得分的标准差也减小了,说明校际非均衡程度降低。同时控制社会经济环境和随机冲击因素影响,学校均处于最差的社会经济环境下,要实现有效配置资源,平均需增加23.5%的投入。

表6.2中的(9)—(10)列是考虑充足性后DEA模型计算结果。以所有学校学生语文和数学成绩合格率达到100%作为校际均衡发展的最低产出标准,以Bootstrap-DEA模型得出的标杆学校中最大的生均经费支出调整投入,重新评价效率发现:未剔除和剔除随机冲击的技术效率平均得分分别为0.967和0.828,比控制环境因素后的效率均有所降低,这表明若通过适当加大经费投入的方式改善教育质量较低学校面临的恶劣社会经济环境,投入越多反而效率越低。

三 实证分析的结论

义务教育阶段各学校由于在学校规模与管理能力方面的差异,在配置教育资源实现义务教育均衡发展目标的过程中,对教育资源和财政资金的使用效率存在高低之分。利用DEA超效率模型可以评估出处于不同社会经济环境下的各学校在达到校际均衡标准过程中的资源配置效率,并结合教育成本函数估算出达标所需的教育财政资金。根据分析结果显示:

一是学校所处的环境与其效率水平、达标情况有正向的相关关系,即在社会经济环境越差的农村地区和县城郊区,教育资源配置效率与办学质量水平低下的学校数量越多。并且,几乎所有学校都处于规模报酬递减状态,这有可能与学校规模过大与管理水平落后有关,尤其是农村中小学大规模撤点并校会导致这一结果。

二是处于不同社会经济环境中的学校要达到校际均衡的办学质量标准,需要根据学校当前的达标情况和资源使用效率水平确定财政资金需求。对于处于较差环境中的学校要达到均衡标准,必然需要较大的财力投入来改善办学条件,但是较高的教育投入并不必然导致其实现均衡目标,有可能还受学校利用教育资源的效率影响,因此,还可以辅之以合理的布局调整和科学的教学管理等方式来提升学校的规模效率和资源配置效率。对于办学质量较高但资源配置效率低下的学校,应加强学校管理,通过提高资源配置效率进一步提升办学质量水平和节约财政资金。对于办学质量达标且资源配置有效率的学校,不仅可以节约财政资金,而且削弱了财政支出越多必然产生更好的办学质量这一说法,解除了某些地方政府对是否需要加大财政投入来促进义务教育均衡发展的疑虑。

第七章　县域义务教育校际均衡财政保障机制构建的路径

本章根据第三章至第六章的实证分析结果，对现行义务教育均衡发展财政政策存在的问题进行总结，并从体制机制角度深入分析问题的成因，以此揭示构建县域义务教育校际均衡财政保障机制的动因。在对前面各章节内容进行总结的基础上，运用第一章与第二章奠定的理论基础，以义务教育校际办学质量均衡为目标、以需求为依据、以绩效为导向，就如何逐步构建现代财政体制框架下的县域义务教育校际办学质量均衡的财政保障机制进行探索。

第一节　县域义务教育校际均衡财政保障机制构建的现实困境

从本书前几章的分析可以看到，按照国内外教育公平理念及其财政政策演变的历史轨迹，结合理论分析和我国实际，我国在县域内推行义务教育校际办学质量均衡具有现实性和可行性，而且利用 DEA 模型对县域内学校的办学质量达标情况和教育资源使用效率进行实证分析也发现，目前政府致力于义务教育资源配置均衡的财政政策没有取得良好的效果，还存在诸多问题，不仅无法保证学生享有接受大致相当的教育质量的平等机会，而且在财政投入上也存在投入不足以及资金使用效率低下等问题。但是，要追求质量均衡也离不开财政资源投入，从国外的财政政策实践来看，义务教育均衡发展目标的深化必然伴随着财政体制机制的改革与完善，因此，从义务教育体制机制角度剖析义务教育均衡发展财政政策存在问题的成因才能够追根溯源。

一 我国义务教育均衡发展财政政策目标的局限

2010年，国务院出台的《国家中长期教育改革和发展规划纲要（2010—2020年）》（下称《纲要》）明确提出，到2020年基本实现区域内义务教育均衡发展。[①] 根据《纲要》精神，教育部与各级政府共同制定了义务教育均衡发展的时间表，即2012年努力实现义务教育发展区域内初步均衡。根据第三章对义务教育校际均衡发展现状的分析来看，尽管各级政府积极采取了各项措施，使区域间、学校间的发展差距逐渐缩小，但仍然存在较大差距。正如第五章实证分析的结果显示，教师质量是影响义务教育均衡发展的首要因素，以师资状况为例，中国教育科学研究院发布的义务教育均衡发展报告显示，县域内城乡之间师资配置差异较大，高于规定学历教师占比在城镇小学和农村小学之间的差距为35.51%，初中则高达47.52%；具有高级职称的教师比例在城镇小学和农村小学之间的差距为44.22%，初中为53.17%。[②]

由于义务教育是政府的一项基本公共服务，长期以来，我国义务教育均衡发展对义务教育财政投入的依赖性较强。促进义务教育均衡发展的财政政策已经推行了多年，通过大力推进中小学标准化建设，办学条件得到较大改善，城乡间、区域间、学校间的办学条件差距也有所缩小，但是办学质量还是存在差异，这也说明办学条件的基本均衡并不能从根本上改变办学水平的不均衡，这一点与科尔曼的观点是相符的。前文实证研究也表明，由于教育资源的初始配置本身存在差异，而且各地区和学校自身发展能力的差异又会使其利用教育资源的效率存在差异，即使在促进义务教育均衡发展的过程中投入相同的资源，还是会存在学校之间教育质量和办学水平参差不齐的状态，引发择校现象出现。因此，现阶段以教育资源配置均衡为目标的义务教育均衡发展财政政策，也越来越不适应社会公众对优质教育的现实需求和教育公平目标的最终要求，而有的教育部门和学者们也发现了这个问题，开始对此展开研究并积极探索解决方案。那么，对现有的义务教育均衡发展财政政策进行深入反思和全面审视，分析出现有政

[①] 国务院：《国家中长期教育改革和发展规划纲要（2010—2020年）》（http://www.gov.cn/jrzg/2010-07/29/content_1667143.htm），2010年7月29日。

[②] 中国教科院"义务教育均衡发展标准研究"课题组：《义务教育均衡发展国家标准研究》，《教育研究》2013年第5期。

策与制度存在的问题及其问题的成因,可以为下一步财政保障机制的构建提供科学依据和线索。具体来说,主要存在以下几个方面的局限:

第一,财政分权体制下,致力于义务教育资源配置均衡的财政政策效应存在偏差。一方面,现阶段,政府主要用均衡配置教育资源的方式来促进义务教育均衡发展,在义务教育均衡发展的低水平阶段,尤其是区域间和学校间义务教育经费投入不足以及办学条件较差、差距较大的情况下,这种财政投入方式比较有效,有助于在短时间内改善办学条件和缩小办学条件差距。但是,各地区义务教育经费的投入水平与其社会经济发展水平关系密切,在分权化的义务教育财政体制下,发达地区财力雄厚,有充足的财政资金投入义务教育,而经济欠发达地区往往人口众多、教育规模大或者人口分散、教育成本高,地方政府财力薄弱,本级教育财政投入少,如果没有上级政府足够的转移支付资金,反而会加剧义务教育非均衡发展的状态。另一方面,若以资源配置均衡为导向,政府以自有财政能力为基础,则会将资源配置均衡标准设定为财力范围内能够达到的水平,那么,标准会随着政府财力的大小而变化,当政府财力充足时,学校资源配置水平可达到较高的均衡标准,当政府财力不足时,学校资源配置水平则处于较低的均衡标准。除此之外,理论与实证研究都表明,各级政府和学校的教育管理能力和利用教育资源的效率存在差异,即使投入相同的教育资源,也不会必然实现以办学质量衡量的教育结果均衡。若以办学质量均衡为导向,测算出达到一定办学质量均衡标准所需的教育资源及其最低成本,那么,只要办学质量均衡标准一经设定,县域内义务教育校际均衡发展所需的财力就是确定的,不会因为政府财力的大小而发生改变,对于财力充足的县级政府,利用自有财力则可以使各学校办学质量达到校际均衡标准,对于财力不足的县级政府,达到校际间办学质量均衡标准所需的财力缺口则可由上级政府提供转移支付进行弥补。

第二,促进义务教育均衡发展的财政政策碎片化,专项转移支付项目多,均衡发展义务教育的效果有限。自 20 世纪 90 年代以来,中央政府先后出台了《国务院关于深化农村义务教育经费保障机制改革的意见》《中央财政支持农村义务教育阶段学校教师特设岗位计划》等诸多政策措施,从改善办学条件、改造薄弱学校、推动义务教育阶段学校标准化建设、保障农村义务教育经费、保障教师工资、资助贫困学生、加大对贫困地区转移支付等各个方面促进义务教育均衡发展。但是,这些财政支持政策比较分散、缺乏系统性，往往是在实践中发现存在问题之后，就针对哪些方面出台相应的补丁式政策来解决问题，头痛医头，脚痛医脚，缺乏全局性与前瞻性。而且实现这些政策目标所需的财政资金大多是以中央和省级政府专项转移支付的形式划拨，经过中央到省、省到县、县再到学校这样多级财政的层层下拨，财政资金的配置效率难免不受损，专项资金过多也可能降低地方政府义务教育财政预算的灵活性，进而减少县级政府教育决策与管理的自主性。而不规定具体用途的一般性转移支付既能弥补地方各级政府财政收支差额即平衡纵向财力，也可以平衡相同级次不同地区财政收支差异即平衡横向财力，从而实现各地基本公共服务均等化，但其在义务教育转移支付规模中所占比重较低。

第三，县域义务教育均衡发展评估指标不完善，教育经费投入与 GDP 挂钩不科学。县域义务教育均衡发展情况评估以及教育经费投入与 GDP 挂钩的双重考核容易导致地方政府行为扭曲。自《纲要》提出要通过建立县域义务教育均衡发展督导评估制度促进义务教育均衡发展，教育部于 2012 年开始实行《县域义务教育均衡发展督导评估暂行办法》，该办法的评估内容主要是县级政府均衡配置教育资源的情况，要求采用差异系数计算的指标对办学条件进行评估，而以各种教育资源投入的平均数计算的差异系数，容易掩盖薄弱学校办学条件差的现实，若政府继续以生均指标的大小确定财政投入量，将会导致薄弱学校仍然难以得到财政支持，从而进一步扩大校际间办学质量差距。而且，要使办学条件达标，最快捷的方式是增加教育财政投入。在财政性教育经费投入方面，国家要求政府财政性教育经费支出占 GDP 比例要达到 4% 的目标，并且教育经费做到"两个提高"和"三个增长"[①]。义务教育经费与 GDP 挂钩的要求恰好契合了改善办学条件的财力需求，使义务教育均衡发展有了财政投入方向。为了达到评估标准，全国各地都将义务教育工作重心转移到均衡发展评估验收的工作中，有的县级政府就可能挤压本应投入到其他公共服务上的财政资金，而缺乏教育财政经费投入长效机制会导致地方政府均衡发展义务教育的后劲不足，县域学校的办学质量也并没有在短期内得到实质性的提升。而且

---

① 参见国务院新《义务教育法》第六章第四十二条规定，"两个提高"即教育经费支出占国民生产总值的比例随国民经济的发展和财政收入的增长逐步提高，教育经费支出占财政支出总额的比例随国民经济的发展逐步提高。"三个增长"即义务教育财政拨款的增长比例应当高于财政经常性收入的增长比例，义务教育生均费用应逐步增长，义务教育教职工工资与生均公用经费应逐步增长。

在财政性教育支出与 GDP 挂钩的考核目标下，虽然教育财政支出水平会随着社会经济的发展而变化或提高，但这并没有考虑到居民对教育需求的变化和教育财政支出的效率，也会使义务教育财政资金的使用绩效大打折扣。

二　我国义务教育均衡发展财政政策存在问题的成因

既然我国义务教育均衡发展中存在上述问题，那么就有必要对这些问题的成因进行深入分析，为从根本上解决这些问题理清思路、寻找到具体的措施，并构建出一个有效的财政保障机制。根据新制度经济学的基本观点，经济绩效决定制度变迁，技术进步推动制度创新。正如国外基础教育财政政策的变迁，从现象上看是基础教育的发展不能满足人们对教育公平的要求，但实际上也是因为义务教育财政投入体制存在缺陷，最终通过改革和完善财政投入体制，使财政投入机制向以教育结果为导向的绩效财政方向改革才让存在的问题得到缓解，推动义务教育向更高层次的均衡目标发展。本书第二章的理论分析表明，我国实行的分权化义务教育财政管理体制本身是有利于促进教育公平和效率的，但是在现行的制度安排下，促进义务教育均衡发展的政策效果并不尽如人意，第六章的实证分析也发现，现行的县域义务教育财政投入方式在效率与公平方面都有损失，其深层次的原因也是缺乏一个有效的义务教育均衡发展的财政保障机制。具体来说，表现在以下几个方面：

一是政府对义务教育均衡发展的最终目标界定不清晰。我国现阶段大力推行的以资源配置均衡促进义务教育均衡发展，这种方式已经凸显出来的问题，从根本上讲主要是由于政府对义务教育均衡发展的目标界定不清晰。第一章理论分析表明，义务教育均衡发展分为机会公平、过程公平和结果公平三个阶段，这三个阶段是相互联系的，追求过程公平是实现结果公平的手段，结果公平才是最终的目标。目前，不论是政府还是学术界，都把资源配置均衡这一过程公平目标作为财政投入和研究的重点，而鲜有学者和政策制定者从理论和实证层面论证资源配置均衡与教育质量均衡之间的关系问题，更没有从理论上清晰界定义务教育均衡发展的最终目标，从而导致政府在制定相关政策时出现导向偏差的问题，损失了义务教育财政投入的效率与公平。

二是事权与支出责任划分不清晰，没有把义务教育均衡发展作为地方政府的一项重要事权。在现行的"以县为主"义务教育财政管理体制下，促进县域内义务教育校际均衡发展的事权与支出责任理应主要由县级政府承担，但是，没有相关规定对县级政府促进义务教育均衡发展的事权责任进行规范和界定，导致相应的财政支出责任也不明确。而且，中央以考核形式下达均衡发展义务教育的工作，对评估指标的考核力度大，进而对县级政府形成较大的财政支出压力，在政绩观驱使下，地方政府就会将有效的财政资金优先投入到支出成本小、容易达标的项目，而不考虑义务教育财政支出的整体绩效。

三是财政保障机制不健全。义务教育均衡发展的支出责任不明确，必然导致其财政保障机制不健全，直接的表现就是现行的义务教育财政管理体制中并没有把均衡发展所需财力考虑到一般预算拨款公式的因素中，因为只有事权而缺乏财权的县级教育部门，虽然在县域义务教育均衡发展现状及其财力需求方面具有信息优势，但是在义务教育财政资金分配过程中缺少话语权，难以参与到预算决策过程中，更没有涉及对义务教育财政预算资金的使用进行绩效管理，教育财政资金究竟投入到哪个方面的绩效更高，缺乏科学的论证和严格的考核，这种重投入轻结果的财政拨款方式不仅造成了教育财政资金的浪费，也使县级财力薄弱的地方政府产生了疑惑，致使其投入财力的积极性降低。而本身就存在的或因均衡发展新产生的资金缺口又没有规范的转移支付制度来保障，相应的转移支付公式设计也存在缺陷，专项转移支付对地方义务教育财政支出的激励作用有限，一般性转移支付主要解决的是财力均衡问题，而在义务教育成本存在差异的情况下，保证财力均衡并不能实现义务教育均衡发展，因而转移支付公式设计中还需要在考虑共性因素后加入差异化的因素，以校际均衡发展的财力需求为依据，完善义务教育转移支付制度。

第二节 县域义务教育校际均衡财政保障机制构建的基本思路

遵循我国义务教育均衡发展财政政策演变的内在逻辑，针对当前存在的问题，结合义务教育均衡发展的方向，构建一个有效的县域义务教育校际均衡财政保障机制的基本思路如下：首先，按照国际上评价教育财政的标准，义务教育均衡发展财政保障机制的构建需要遵循充足、效率与公平三个原则。在此基础上,结合前文理论分析,主要从财政管理体制、财政筹资机制和财政拨款制度三个方面来构建县域义务教育校际均衡的财政保障机制。

一 县域义务教育校际均衡财政保障机制构建的原则

根据教育财政学家 C. 本森（1978）提出的,判断教育财政机制好坏的标准主要有三个,即教育财政资金是否充足、教育资源的使用是否有效以及教育资源的配置是否公平。因此,构建县域义务教育校际均衡财政保障机制应遵循这三个原则。

（一）充足原则

所谓充足性,即有效的财政保障机制应确保政府能够为县域义务教育校际均衡发展提供足够且富有弹性的公共教育经费。也就是说,随着社会发展和经济增长,人们对义务教育质量均衡要求提高,义务教育经费需求量随之增长,实际增加的义务教育经费要能满足义务教育成本的变化。20世纪60至70年代上半期,国际上判断教育经费是否充足,通常是利用教育经费占GDP的比例和公共教育经费占公共财政支出的比例这两个指标来评价。但是这样的评价指标并不令人满意,因为它们无法让公众了解到政府教育财政预算执行的有效性。从20世纪70年代后期开始,世界银行提出的一套更关注教育结果的新评估标准开始为人们所接受并广泛推广,即入学率、升学率和文盲率三大标准,要达到这些目标,需要充足的教师、教育资源,相应地也需要充足的教育经费,那么,就涉及政府需要确定和规范这些标准,并提供达到这些标准所需的教育财政资金。而达到一定的教育结果标准所需的教育财政经费,受教育系统及其财政保障机制运行效率的影响。

（二）效率原则

所谓效率性,即有效的财政保障机制应尽可能确保在实现质量均衡的过程中义务教育财政经费有效率地使用。用来判断教育财政效率的标准主要有两种,包括配置效率和技术效率,从配置效率来说,在义务教育财政投入不变的情况下,通过对义务教育资源的优化组合和有效配置,实现最优产出即办学质量达到均衡标准的教育结果,则实现了帕累托效率；就技术效率而言,在既定的义务教育资源投入下实现了教育产出最大化,或者实现既定的教育产出时,使义务教育财政投入最小化。为了使义务教育资源有效配置，首先需要判断其是否有效率，政府有必要建立一个全面、良好的指标体系或信息管理系统，来对义务教育办学质量及其财政资金使用情况进行科学的评估，且评估能够不受政治因素影响须保持中立；其次，要尽可能地让更多的人参与到义务教育质量均衡发展的教育决策与财政预算资金的监督过程中，以监督义务教育质量均衡财政保障机制运行效率；然后，针对办学质量不达标、资金使用效率不高的问题，通过财政手段来解决，从而实现义务教育的财政资金有效配置。

（三）公平原则

所谓公平性，即财政保障机制的设计应确保义务教育资源分配的公平。公共教育资源的分配公平具体包括三层含义：第一层含义是义务教育公共资源在地区间的分配公平，也就是说，无论公民居住地和所处社会环境如何，都能享受到质量水平大致相等的义务教育；第二层含义是区域内学校之间义务教育公共资源的分配公平，即学校之间的办学条件大致相等，使学生择校的理由不是为了获取优质的教育资源，而主要是基于个人偏好不同选择不同特色的学校就读；第三层含义是学生个体之间义务教育公共资源的分配公平，即公共财政要为处境不利的学生提供额外的义务教育财政补助，使所有学生无论家庭条件、个人情况如何都能享受到质量大致相等的义务教育。

因此，与现有的追求资源配置公平的义务教育财政机制不同，促进县域义务教育质量均衡发展的财政保障机制不仅要遵循公平原则，还要兼顾充足和效率原则，这是适应并符合现代教育财政制度发展要求的。

二 县域义务教育校际均衡财政保障机制的主要内容

如何构建县域义务教育校际均衡财政保障机制，进而满足上述提出的义务教育经费充足、义务教育资源使用效率和分配公平三个要求？从义务教育财政保障机制构成要素来看，不外乎就是财政管理体制、筹资体制和投入机制三个方面的内容。第二章的理论分析已经为这三个方面的研究内容提供了思路。

财政体制是义务教育财政保障机制构建的制度基础，集权化和分权化的财政管理体制对义务教育财政资金分配的影响各不相同。完全集权会使中央政府无法及时了解地方居民对义务教育及其办学质量需求的变化而导致财政决策出现偏差和滞后性；完全分权又会使地方政府偏离中央政府的政策目标或缺乏对义务教育的长期规划来编制义务教育经费预算，而且义务教育财政经费的拨款完全由地方经济和财力决定，这会因为地区间的财力差异导致义务教育资源分配不公。在多级政府框架下，基于义务教育属于空间外溢性的地方公共品，采取介于完全集权和完全分权两种方式之间的财政分权管理体制，由中央与地方政府共同承担义务教育质量均衡发展的财政责任较为合理。即义务教育校际间办学质量均衡发展的财政责任主要由地方政府承担，在考虑县域内学生义务教育需求和地方财力的基础上，中央与省级政府为地方政府的财政支出缺口提供财政补助。

在财政分权体制下，建立县域义务教育校际均衡发展财政保障机制，前提条件是合理划分政府间的事权与支出责任，建立事权与财政支出责任相适应的财政制度。在县域义务教育校际均衡发展事权的划分上，从理论分析和现实环境来看，县级政府应承担县域义务教育校际均衡发展的具体事务，包括教育经费预算与拨付、义务教育阶段学校均衡发展水平的评估、教师队伍建设、教育教学管理等内容；中央主要制定涉及义务教育均衡发展的全国统一基本标准，负责全国范围内义务教育均衡发展规划，并对地方开展业务咨询和指导；省级政府在全国统一的基本标准基础上，根据本省的各县义务教育校际间质量均衡发展实际情况，负责制定全省范围内的义务教育均衡发展规划，并对县级政府执行各项标准的情况进行检查和考核，为县级政府提供业务咨询和指导。

按照事权与支出责任相适应的要求，县级政府是义务教育校际均衡发展的事权责任主体，相应地也是支出责任主体，即县域义务教育校际均衡发展所需的财政经费应纳入财政预算，由于义务教育校际办学质量均衡是以结果为导向的发展方式，其预算拨款方式也应以绩效为导向，实行绩效预算。由县级政府通过绩效预算方式拨款，并不等于纳入县级财政预算的经费完全来自县本级自有财力，理论上，如果完全由县本级自有财力承担促进本县范围内义务教育校际均衡发展所需的全部公共经费，义务教育空间外部性会导致县级财政支出激励不足；就现实而言，县级财政普遍困难，也没有能力完全承担所需公共经费。因此，在合理划分县域义务教育校际均衡发展的事权与财政支出责任基础上，还应建立起规范的财政转移支付制度。若县级政府在均衡发展义务教育方面的事权和支出责任不对称，以及同级政府间的财力严重不平衡，即存在财政纵向和横向非平衡的状况，中央和省级政府还须通过无条件或总量一次性转移支付即一般性转移支付来平衡县级政府的财政能力,确保各地区的县级政府都有充足的财力提供教育质量大致相等的公共义务教育。在不考虑政府间财政纵向和横向不平衡的情况下,为了矫正义务教育的外部性和实现其结果公平,上级政府也须对地方政府进行义务教育转移支付。矫正外部性的最佳转移支付方式是配套性财政转移支付;在实现义务教育个人结果公平方面,最好的补助方式是专项一次性转移支付,这种补助形式旨在提高受教育者个人的教育成本承担能力,为防止补助资金渗漏和确保其针对性,上级政府一般不通过地方政府进行委托代理发放补助资金,不将公共资金直接拨付给学校,而是采用实物和教育券凭证形式直接发放给受教育者个人或家庭。

第三节 促进县域义务教育校际均衡发展的财政保障机制设计

基于教育财政评价的充足、效率与公平三个原则,追求县域义务教育校际均衡发展,首先须合理划分县域义务教育校际均衡发展的事权与支出责任,县级政府作为责任主体,主要通过财政手段履行责任,如何保证促进县域义务教育校际均衡发展的财政拨款充足、有效,实行绩效预算是一种合理的选择,对于县级政府财力不足的情况即存在财政不平衡,客观上可以利用义务教育财政转移支付予以补充。因而,促进县域义务教育校际均衡发展的财政保障机制设计主要包括两个部分:一是绩效预算;二是转移支付。

一 实行以结果公平为导向的义务教育绩效预算

(一) 实行绩效预算的必要性

现有的政府间义务教育财政支出预算拨款机制是以资源配置均衡为目标,确保各地区、各学校达到最低支出水平,预算编制分基本支出和项目支出,基本支出包括对工资福利支出、对个人和家庭的补助、商品和服务支出的预算,主要根据学校教职工、在校生情况和分类定额标准,采用定员定额法编制;项目支出预算则往往根据学校发展规划以及学校的基本办学条件目标来编制。这种按照"人员—职能—经费"拨款的财政预算模式存在诸多问题,不仅容易滋生因人设事的财政资金浪费现象,而且没有考虑到预算需要解决的最关键问题:一是为什么要编制这笔预算支出?二是拨付这笔预算支出要达到什么样的目标或效果？三是这样拨款是否满足以及在多大程度上满足了社会公共需求？这些有关预算支出结果的重要信息难以在传统预算编制过程中凸显出来，因此，这种以投入为导向的预算方式，重投入轻结果，预算支出需求没有和教育结果挂钩，对学校的预算约束力较差，对县级财政也缺乏激励作用，导致他们的工作重点放在达到国家规定的基本要求如保证教师工资按时足额发放以及义务教育经费按比例增长等目标上。在这种预算安排下，上级政府如果加大对县级政府的财政转移支付力度，很容易对县级政府义务教育财政投入产生挤出效应，使得县级政府的义务教育财政支出努力程度不仅没有增加，反而有所下降，导致义务教育财政资金使用的逆向激励和低绩效，以及义务教育财政资金的浪费，助长地方政府间争投入争基数的不良风气。

为了进一步完善公共财政体系，优化财政资源配置，提高财政资金的使用效益以及公共产品和服务的供给质量，我国已全面推进了预算绩效管理改革。技术进步推动制度创新。当前绩效预算在我国的快速发展与推广应用无疑为财政保障机制的构建提供了基础条件。实行预算绩效管理，更侧重于对财政预算资金的使用效果进行事中管理和事后评价，而绩效预算管理，则是覆盖事前预算编制、事中预算执行到事后绩效评价的全过程管理。按照我国改革预算绩效管理体制的路线图，其最终目标也是将绩效预算管理的各环节要素融入财政预算中来推行绩效预算。绩效预算强调按绩效目标来分配财政预算资金，将财政资源的投入与使用绩效联系起来，并将结果导向的绩效理念融入预算的编制、执行与监督等各个环节。在预算编制环节，需要明确预算资金的使用要达到的目标和实现的效果，围绕达到绩效目标所需的财政支出成本分配预算资金；在预算执行环节，通过预算绩效管理对预算资金的使用进行控制；在预算监督环节，构建预算绩效评价指标体系，利用绩效评价指标对预算资金的投入、产出和使用效果进行评价，并将评价结果运用到下一次预算编制过程中，以改进预算绩效。因此，绩效预算是把政府当作一个提供公共品的经济部门，基于成本效益分析，在预算中融入成本核算的理念，建立起"公共品—公共品成本—预算"的拨款模式，体现出预算的约束机制，使预算按照遵循价值规律的公共品成本进行核算。它不仅仅是将财政预算形式从投入导向型转变为结果导向型，因为单纯改变财政预算形式并不会直接带来预算绩效的迅速提升、预算过程的改变以及预算执行者的行为规范，而是通过构建了一个包含绩效目标规划、绩效评价和绩效管理等各方面内容的绩效预算系统来实现的,从而为预算编制和绩效监督提供及时有效的绩效信息,规范决策者行为,强化了政府内控机制,使得预算分配更科学、合理。

(二) 实行绩效预算的步骤

在我国财政预算管理体制深化改革的背景下,追求县域内义务教育办学质量校际均衡,并为之构建一个财政保障机制,需要以县域内义务教育阶段各学校办学质量为评价指标,以办学质量的均衡状况为绩效导向,通过合理有效配置义务教育财政资金满足其财政支出需求,那么,在县级政府承担主要事权与支出责任的义务教育财政管理体制下,实质上是要求县级政府对义务教育的拨款实行绩效预算。在我国现行的预算绩效管理体制框架下,改革义务教育财政预算拨款方式,实行以义务教育办学质量均衡为目标的绩效预算,将义务教育投入与结果或产出联系起来,要解决如下基本问题:一是如何度量义务教育阶段学校办学质量,义务教育校际间办学质量均衡标准是什么;二是达到一定标准需要哪些义务教育资源的投入要素,各种义务教育资源投入要素之间存在什么样的相互关系,以及如何使这些投入要素实现优化组合;三是如何对达标所需的这些义务教育资源的成本进行测算,并通过预算拨款方式使这些资源得到合理配置与有效使用。

具体到操作与实施层面,第一,要建立科学的义务教育质量评价指标体系,选择合理的义务教育校际间办学质量均衡标准。根据本书第三章至第五章的分析结果,借鉴在国际上有重大影响力的PISA、TIMSS和PIRLS等大型测评项目的经验,从可度量的角度出发,确定能够反映学生综合素质的学业成就是度量义务教育办学质量的核心指标,学生学业成就表现为学生对义务教育阶段所学知识和技能的掌握程度,及其包含的身心健康等非认知能力方面的状况,而知识与技能需要通过学习各种课程获取,各种课程的学习可以培养学生应知道什么、能够做什么以及怎样才能显示出所掌握的知识和技能,所以,反映义务教育办学质量结果的评价指标应包含义务教育阶段学生各学科学业成绩。评价义务教育办学质量均衡状况的标准是依据教育部印发的《义务教育语文等学科课程标准(2011版)》,采用国际上广泛应用于学业能力测试和水平考试等领域的安哥夫(Angoff)法和书签(Bookmark)法确定的,分为合格、良好、优良和优秀四个档次。具体的均衡标准选择可以根据事权的划分,由省级政府考虑本省各县义务教育校际间办学质量均衡发展实际情况，确定全省范围内的义务教育校际均衡的基本标准和达到更高均衡标准的时间表，在此基础上，县级政府结合县级财政供给能力与国家相关规定选择某一标准值作为县义务教育学校办学质量均衡标准。绩效预算虽然重视义务教育的结果，但是评价指标体系的设计不仅包括义务教育办学质量结果方面的指标，也要包括义务教育投入方面的指标，从而有利于找出义务教育投入与产出之间的关系，对义务教育财政预算投入进行绩效评价。

第二，明确县域内义务教育阶段学校达到统一质量标准的投入要素需求。影响义务教育办学质量的公共资源投入指标包括人力、物力和财力三方面内容，具体用教师数量、教师质量、学校在校生数表示人力投入指标，用固定资产价值、图书册数、计算机台数、学校占地面积、校舍建筑面积等表示物力投入指标，而人力和物力投入反映到财力投入指标上则有人员经费支出、公用经费支出和基础建设项目支出。根据第五章典型相关分析实证结果显示，教师质量是影响办学质量最重要的因素，反映办学条件的固定资产是第二重要的因素，在要素投入的优化组合上应考虑优先投入这两种要素，并从财力上保障这两种要素投入量的充足性。影响义务教育结果的资源投入除了公共投入外，学生个人及其家庭的私人投入也很重要，如学生的学习能力、学习努力程度、父母受教育程度、父母职业、家庭收入、父母关系、父母对学生成绩的态度等，第四章利用多层线性模型的实证分析结果表明，公共投入与私人投入之间存在嵌套的影响关系。由于义务教育阶段各学校学生的私人投入各不相同，以达到质量均衡标准为目标，考察公共投入资源的效应或使用绩效，不能用简单、统一的衡量教育投入差异性的指标来评价，因此，单纯针对义务教育公共投入方面的指标并没有一个统一的评价标准。

第三，完善义务教育阶段学校绩效预算制度，设计满足县域义务教育校际均衡的预算拨款方式。实行义务教育绩效预算，测算县域各学校达到质量均衡目标所需的预算支出，既要考虑公共教育资源投入，也要考虑学生个人特征，通过在县域内校际间合理配置义务教育财政资源，保障有不同需求和背景的学生至少都能达到统一质量标准的学业成就。换言之，绩效预算支出是学生达到一定学业成就所需的最低生均公共教育经费或公共教育成本。借鉴国际经验，计算达到一定学业成就所需教育成本的方法主要有专家判断法、成功学区法、经验证据法、质量教育模型法和成本函数法五种，如本书导论部分文献综述所述，虽然各种方法的具体步骤各不相同，但都是基于教育生产函数的基本思想或学生学业成就与教育经费之间的关系来构建拨款公式的。除成本函数法之外，其他方法均存在人为筛选的环节，难免具有一定的主观性，所测算的教育成本通常作为其他方法的参考或补充数据。是否能够利用成本函数法估算出合理的义务教育经费支出标准，其关键在于影响义务教育财政支出因素的确定。利用成本函数法估计各学校学生达到统一质量标准的教育财政资金需求，首先，需要利用县域范围内的已有数据，构建多元回归模型，拟合出一个教育成本函数即带有各变量参数系数的教育成本指数；然后代入通过义务教育质量评价已确定好的办学质量均衡标准或给定办学质量标准，其他变量值取县均值，估算出达到给定标准的典型学校平均成本；再利用各学校其他变量的实际值测算出不同学校达标的成本差异，据此对各学校教育经费需求赋予相应的权重进行成本差异调整；最后将估算出的各学校教育成本加总得到县域义务教育校际均衡发展的县级政府绩效预算拨款支出总需求。

第四，强化以绩效管理为基础的义务教育预算执行、评价和结果应用。对县域义务教育财政资金拨款实行绩效预算的目的是为了更有效地配置义务教育资源，为了达到这一目标，不仅要确定明确的预算编制目标，利用科学的方法合理编制预算，更重要的是预算执行要到位，对预算结果要有科学评估，并将评估结果应用到下一年度绩效预算编制过程中，形成健全的绩效预算管理体系。一是在预算执行方面，深化国库集中收付制度改革，将义务教育阶段学校所有的收费、政府的转移支付等财政性教育资金全部纳入国库单一账户，按照绩效目标测算出的人员经费、公用经费和项目支出等义务教育财政支出由国库直接支付，以提高拨付效率，确保预算资金及时到位；同时，推进政府采购制度改革，对于义务教育阶段学校学生学习所需免费教科书、教辅设施、教学用品以及改善学校办学条件的基础设施建设项目，由财政部门、教育部门、学校按照《政府采购法实施条例》，统一组织公开招标、竞标，对中标标的物实行政府集中采购，从而减少中间环节及其寻租空间，产生规模效益，降低采购成本，提高资金使用效率。二是在绩效评价方面，义务教育预算支出绩效评价是绩效预算的核心内容。首先，要求教育部门和学校等预算单位在申请预算拨款时，就提出明确的义务教育质量均衡发展绩效目标；其次，在预算执行结束后，由财政部门或预算部门利用义务教育财政支出决算数据，或引入独立的第三方评估机构,按照完善的义务教育预算绩效评价指标体系,运用成本效益分析法、因素分析法、公众评判法等一种或多种科学评价方法,组织专业人员对义务教育财政支出使用绩效进行客观评价。三是在绩效评价结果的应用方面,这是实施绩效预算的落脚点。将义务教育财政支出绩效评价结果作为下一年度和以后年度义务教育阶段学校预算编制的重要依据,强化绩效评价结果对预算安排和调整的约束,真正形成分年度实施预算计划的滚动预算;另外,为了增强义务教育财政支出的透明度和社会公众对义务教育均衡发展程度的满意度,还应加强人大、审计部门和社会公众对义务教育财政支出绩效评价结果的监督与激励,探索建立义务教育绩效评价信息公开制度。

因此,通过建立以结果为导向的义务教育办学质量评估体系和形成义务教育财政绩效与预算拨款挂钩的反馈机制而实施的义务教育财政绩效预算,将逐步引起县级政府、教育部门、学校和社会公众对义务教育办学质量的高度重视,并随之改变相关部门只注重义务教育财政资源配置的合规性和公平性,而忽视对义务教育财政资金使用绩效的考核与反馈,从而优化义务教育财政资源的配置,提高义务教育财政资金的使用效率,提升义务教育办学质量。

二 规范财政分权体制下的义务教育转移支付制度

从国外基础教育财政充足性的政策实践来看,我国追求县域内义务教育校际均衡发展必然会提高县级政府义务教育财政支出水平,而农村县的现有财力很难满足这种支出需求,客观上需加大上级政府的财政补助力度。从理论上讲,促进县域义务教育均衡发展的转移支付主要有一般性转移支付和专项转移支付两类,前者侧重于公平目标,主要解决财政纵向和横向不平衡,后者偏重于效率目标,主要用于纠正义务教育的外部性。一般来说,一般性转移支付没有规定财政资金的具体使用用途,我国目前正在广泛推广国际上通用的规范的"因素法"拨款公式分配均等化转移支付资金,公式中一般包含了不受学校控制的外部影响因素,包括地方经济发展水平、地方政府财政能力、地方政府对义务教育投入的财政努力程度以及地方的自然、气候、地理环境等,因而,分配的一般性转移支付资金也不受地方政府义务教育决策的影响;专项转移支付一般带有特定的政策目的性,种类复杂多样,往往根据政策目标规定了资金使用用途和要达到的绩效目标，主要依据达标的实际需求数分配转移支付资金，并引入成本效益分析方法评估专项转移支付资金的使用绩效。

（一）一般性转移支付

如果能够保证县域义务教育校际均衡发展所需的财政资金按照绩效预算的方式拨款，在实行绩效预算拨款改革后，首先在拨款方式上就打破了基数加增长的模式，进而转向了以结果为导向的绩效预算拨款模式，而绩效预算评价不仅仅评估生均拨款的使用效果，而且也被应用于考核转移支付的效果，因此，在确定县域义务教育校际均衡发展的基本经费标准的基础上，应在现行的财政分权体制下建立一个以县为主的促进县域义务教育校际均衡发展的财政转移支付制度，其主要内容包括：一是构建合理的县级义务教育财政转移支付模型，确定促进县域义务教育校际均衡发展的县级财政资金缺口，明确义务教育财政转移支付的资金需求；二是合理划分中央与省级政府应承担的县域义务教育转移支付财政责任。换言之，本部分的核心工作是如何在充分考虑县域义务教育校际均衡发展的财政支出需求、县级财政能力和县义务教育财政努力程度的基础上，设计一个各级政府共同承担经费责任确保县域内义务教育校际间办学质量均衡的财政转移支付制度。

根据上述提出的构建促进县域义务教育校际均衡发展转移支付制度的基本思路，理论上县义务教育财政收入与财政支出之间的资金缺口用一般性转移支付弥补，既能平衡各县财政能力，也有助于调动县级政府义务教育财政投入的积极性。确定一般性转移支付的额度，首先需要科学地设计县域义务教育校际均衡发展的财政支出标准的测算公式，以及县级政府义务教育财政收入标准的测算公式，并考虑县级政府义务教育财政努力程度[①]，具体的方案设计如下：

1. 标准财政支出的测算

目前，国际上主要有两种方法被广泛用来测算义务教育财政支出需求：一种方法是需求标准法，即先求得县义务教育生均财政支出标准，再引入义务教育成本差异系数对各县实际所需财政支出进行微调，最后乘以义务教育规模数量得到财政支出总需求。该方法的最大缺陷在于，以支出

[①] 县义务教育的标准财政收入与校际间质量均衡发展所需的标准财政支出以及教育经费相关指标均限于预算内，一般性转移支付专指为实现县域义务教育校际均衡发展所需的一般性转移支付资金，为简化公式，后文分别用标准财政收入、标准财政支出和一般性转移支付作简称，并不再说明。

为导向计算出的财政支出标准通常是仅能满足人力、物力和财力等方面的资源配置均衡要求的最低支出标准，而没有考虑到义务教育财政支出使用绩效包括资金使用的效率和效果等方面的因素。目前，我国义务教育标准财政支出仍然采用这种方法。另一种方法是因素法，即先确定影响义务教育财政支出的因素，再通过计量回归的方式求得各因素的影响程度，最后代入已确定的绩效目标或给定办学质量标准来预测县义务教育财政支出需求。该方法优点在于能够克服第一种方法的不足，而且将因素法运用到转移支付公式设计中也蕴含了绩效预算的思想，但是，运用该方法的难点在于：一是影响因素的确定，这将直接决定模型设置是否正确、有无影响因素遗漏；二是包含了各因素的回归模型内生性问题的技术处理，这将直接影响财政支出需求测算的准确程度。

根据美国基础教育充足性财政改革的经验表明，以支出为导向的义务教育转移支付的均等化效果明显比以绩效为导向的义务教育转移支付差，且存在资金使用效率低下的状况，因此，本书设计的县域义务教育校际均衡财政保障机制中将选择因素法拨款方式来确定一般性转移支付的规模，对第一种方法下文将不再赘述，而主要介绍因素法。

因素法的原理实质上就是首先利用成本函数法测算出的绩效预算财政支出基本标准，其基本公式为：$AC_{it} = f(S_{it}, F_{it}, P_{it}, E_{it}, Z_{it})$，其中，AC为学校的生均教育经费支出；S为学生学业成就水平；F代表学生个体特征，包括衡量学生个人学习能力、学习努力程度、学生家庭背景、特殊学生和少数民族学生需求等内容的变量；P是义务教育经费投入要素的价格指数，如教师工资指数；E代表影响县域内学校利用义务教育财政预算资金的效率因素；Z为影响县域学校教育成本的社会环境因素，包括可以衡量学校所在区域的学龄人口密度、交通状况、气候条件、学校规模等内容的变量；i和t分别表示各学校和时间。其次，再根据Z变量代表的海拔、学龄人口密度、温度、交通距离、少数民族、特殊学生规模等影响财政支出的客观因素计算确定成本差异系数，利用成本差异系数再对基本财政支出标准进行调整。具体公式如下：

县标准财政支出 = $\sum_{j}$（义务教育阶段各学校学生数×生均财政支出基本标准×成本差异系数）

在上式中，生均支出标准用学校财政总支出需求除以学生数得到，成本差异系数是由各个影响因素产生的额外支出占总支出的比重乘以影响因子系数加总后得到的总差异系数。在实际操作中,需要按教育级次和财政支出类别分解标准财政支出的公式,分别计算出小学和初中的人员经费与公用经费支出标准,各学校人员经费支出标准用在校学生数、师生比与人均人员经费支出标准相乘得到,各学校公用经费支出标准则用在校学生数与生均公用经费支出标准相乘得到。

2. 标准财政收入的测算

县标准财政收入由县本级可支配标准财政收入即县级政府财政能力和县级政府义务教育财政支出努力程度共同确定,具体可用如下公式测算:

县标准财政收入=县本级可支配标准财政收入×县级政府义务教育财政努力程度

县本级可支配标准财政收入=县本级自有财政收入+上级政府的无条件转移支付

县本级自有财政收入=$\sum_k$(各税种的税基×平均有效税率)

其中,县本级可支配标准财政收入由县本级自有财政收入和上级政府转移给县且县能自由支配的各种转移支付构成,县本级自有财政收入主要根据相关税种的税基乘以税率计算得到,税率按照县平均有效税率计算确定,并适当考虑实际收入情况确定,如以某些税种的税基和税率进行测算比较困难,则可暂以实际收入计入可支配标准财政收入,或者利用 GDP 和产业经济结构等宏观经济指标作为税基的代理变量来间接测算可支配标准财政收入。县级政府义务教育财政支出努力程度表示县本级可支配标准财政收入中用于义务教育的财政支出比例,由于县级政府承担了教育、医疗、社会保障等各项基本公共服务,其可支配财政收入要投入到各项支出项目中,因此,理论上,县级政府义务教育财政支出努力程度的取值范围在 0 到 1 之间。

3. 激励系数的确定

在不考虑激励因素的情况下,按照标准财政支出与标准财政收入之间的差额确定一般性转移支付额就是县所需的一般性转移支付额,但这并不一定恰好等于县实际能够接收到的一般性转移支付额[①],因为按照这种方式测算的县级政府获得的总财政收入从理论上满足义务教育标准财政支出的基本需求,考虑到财政支出的效率问题以及上级政府因县财政努力程度

---

① 赵海利、高伟华:《从教育公平看我国义务教育转移支付制度的完善》,《上海教育科研》2012 年第 12 期。

而给予的一般性转移支付奖励,就会导致县级政府最终得到的一般性转移支付虽然是以需求量为基础,实际所得却是依赖于上级政府实际的一般性转移支付额。因此,加入上级政府实际可供分配的一般性转移支付额这一因素,不仅体现了上级政府对县级政府提高义务教育财政努力程度和财政支出效率的激励作用,而且也显示出了一般性转移支付在一定程度上对纵向财政的平衡能力,使得本书设计的因素法转移支付拨款方式能够同时解决财政横向和纵向不平衡的问题。那么,上级政府实际分配的一般性转移支付总额与县级政府所需和所得的一般性转移支付之间的关系用公式表示如下:

某县得到的一般性转移支付＝某县所需的一般性转移支付占比×上级政府实际分配的一般性转移支付总额

某县所需的一般性转移支付占比＝某县所需的一般性转移支付额／所有县所需的一般性转移支付额

上述公式并未给出激励系数的测算公式,因为该系数的确定不适宜采用全国统一标准,由各省份根据省内各县义务教育均衡发展状况来确定更加合理。其原因在于,第一,根据本书第三章和国内已有研究表明,我国义务教育资源分配不均衡和办学质量的省内差异远高于省际差异,以省为单位确定激励因素比以全国为单位更有利于促进义务教育的财政公平;第二,基于发达省份和欠发达省份之间的省际差异,发达省份财政能力较强,对它们确定一个较低水平的激励系数实质上是对欠发达地区实行义务教育成本的补偿机制,目前,省际间的教育资源分布虽然不均衡,但欠发达省份的学龄人口容易通过升学和就业的方式流动到发达省份,发达省份吸纳的高素质人才,其义务教育培养成本来自于欠发达省份的财政投入,根据"谁受益、谁分担"的教育成本分担原则,对发达省份实行较低水平的激励和欠发达省份实行较高水平的激励也能在一定程度上纠正外部性。

4. 一般性转移支付的测算

根据《国务院关于改革和完善中央对地方转移支付制度的意见》(国发〔2014〕71号),结合构建县域义务教育校际均衡财政保障机制的实际情况,县域义务教育达到质量均衡标准所需的一般性转移支付资金采用规范的公式法进行分配,一般性转移支付额按照各县义务教育的标准财政收入与校际间质量均衡发展所需的标准财政支出之间的差额以及转移支付系数计算确定。用公式表示为:

一般性转移支付额=（县标准财政支出-县标准财政收入）×激励系数=（县标准财政支出-县标准可支配财政收入×县义务教育财政努力程度）×激励系数

利用公式计算出的一般性转移支付，如果为正数，则表明县级政府的义务教育可支配财政能力较低，无法满足县域义务教育校际均衡发展的财力需求，应得到上级政府的义务教育一般性转移支付，且可支配的财政能力越低，得到的一般性转移支付越多；如果为负数，则表明县级政府的义务教育可支配财政能力充足，能够满足县域义务教育校际均衡发展的财力需求，将无须对县级财政进行义务教育一般性转移支付。上述公式还体现出，接受义务教育一般性转移支付的县级政府，如果在促进县域义务教育校际均衡发展上的财政支出努力程度，超过了省内所有县的平均财政努力程度或者省级政府规定的用于义务教育的财政支出比例，并且在保证县级政府按照自身财政努力程度计算得出的一般性转移支付额保持不变的情况下，上级政府还可以对县级政府进行专门用于义务教育的一般性转移支付的奖励；反之，若县级政府可支配财政收入中用于义务教育的财政支出比例达不到规定的要求，则应取消其补助资格。

（二）专项转移支付

义务教育质量均衡的理念是以学生为中心，目标是使不同背景的学生在不同办学质量的学校都能至少达到一定均衡标准的学业水平。根据罗尔斯的差异补偿原则，弱势群体要达到平均水平，需要政府提供额外的补助，专项转移支付恰好是实现义务教育个人结果公平的一个最有效的方式。针对学生个人或家庭，运用较广的专项转移支付形式是教育券和资助补助。教育券是由美国经济学家弗里德曼提出的，政府可将生均教育经费以教育券的形式直接向学生提供补助，学生利用教育券选择适合的学校，学校获得教育券即取得了相应的教育经费补助。在我国各省份内部探索实施义务教育的教育券制度，不仅可以促进学校间的良性竞争，提高办学质量，而且可以使义务教育专项转移支付资金确实用到促进义务教育质量均衡发展的过程中，让学生真正受益。在资助补助方面，可以对贫困学生、少数民族学生、农民工子女和有特殊需求的残疾学生等提供资助，根据地区经济发展状况和学生家庭情况，无论公办还是民办的中小学校，结合各类学生的不同需求、现有的学业水平以及需达到的学业成就等，确定各地义务教育不同类型的资助标准，建立完善的学生专项资金补助制度。

(三) 各级政府间转移支付责任分担

在保持现有中央、省与县的财政收入分配格局不变的情况下，根据具体事项细化中央与地方的义务教育共同财政事权，进一步完善"以县为主"义务教育财政体制。具体来说，对于义务教育的人员经费，中央政府采用一般性转移支付来平衡省际间的财政能力。公用经费由国家制定生均基准定额标准，所需经费由中央与地方分档按比例分担。对于家庭经济困难学生生活补助，可以由国家制定寄宿生生活补助国家基础标准，按国家基础标准的一定比例核定非寄宿生生活补助标准，由中央和地方财政分比例分担所需经费。中央财政承担国家规定课程教科书和小学一年级新生正版学生字典所需经费，地方财政承担地方课程教科书所需经费。对于校舍单位面积补助标准，农村和城市公办学校分别由国家和地方制定，农村公办学校所需经费由中央与地方财政分档按比例分担，城市公办学校所需经费则由地方财政承担。

三 促进县域义务教育校际均衡发展的其他财政措施

义务教育校际均衡发展作为县级政府的一项重要事权，离不开财政投入的保障。促进县域义务教育校际均衡的财政保障机制不仅涉及县级义务教育财政预算拨款模式的改革即实行以教育结果为导向的绩效预算，以及上级政府转移支付制度的规范，还需要注重落实其他方面的财政措施。

(一) 教育财政支出与国内生产总值不宜长期挂钩

党的十八届三中全会提出，清理规范重点支出同财政收支增幅或生产总值挂钩事项，一般不采取挂钩方式。[①] 教育是与财政收支增幅和国内生产总值挂钩的重点支出领域之一，《教育法》规定，各级政府的教育财政投入增长量应高于财政经常性收入的增长量；财政教育性经费支出要达到 GDP 比例的 4%。在教育发展落后的特定时期，这种教育支出挂钩机制发挥了重要作用，大幅增加了财政性教育投入，扩大了教育规模，但也带来了不少问题，主要表现在：一是这种挂钩机制使教育部门致力于追求利益最大化，政府只管投入不管使用，不符合现代财政体制的内在要求，尤其是与预算绩效管理改革目标相背离的，弱化了政府的公共服务职能。二是

---

① 中国共产党十八届三中全会：《中共中央关于全面深化改革若干重大问题的决定》（http://www.gov.cn/jrzg/2013-11/15/content_ 2528179.htm），2013 年 11 月 15 日。

在现行分税制财政体制下，挂钩机制使地方政府教育财政支出压力较大，为达到4%的目标，容易产生对其他公共支出的挤出效应。三是这种挂钩机制没有考虑各地教育、经济发展和财政能力的实际情况，经济发达地区有充足的财力保障教育投入，教育规模小、经济欠发达的民族地区可以依靠中央的转移支付平衡财力，而教育规模大、经济水平一般的地区即使有能力达到4%的目标比例，但由硬性指标规定的教育投入也可能并不能满足教育的实际需求。因此，教育财政投入要考虑实际情况，不宜长期与经济指标挂钩，否则，即使达到了某一投入目标，如果教育财政资金没有被高效使用，也只会造成浪费，而取消挂钩并不等于不重点保障教育资金的投入，重点支出应通过合理的预算安排和可行的财政政策予以保障，且预算安排要有导向，如果不脱钩就无法真正实现绩效预算改革，实行以绩效为导向的县域义务教育校际均衡的财政保障机制也就成为了一句空话，这表明教育支出与经济指标脱钩是构建财政保障机制的必要条件。

（二）完善现行税收制度以确保稳定的经费来源

充足的财力是政府保障义务教育校际均衡发展的基本条件。税收作为各级政府财政收入的重要来源，税权的划分影响着各级政府之间财力分配状况。分税制改革以后，中央政府将税源相对集中、容易征收的税种集中上收，把税源相对分散、不易征收的税种留给了地方政府，从而出现了中央政府财力雄厚、地方政府尤其是县级政府财政收入不足的局面。加之，在现行中国式财政分权体制和以 GDP 为主要指标的政绩考核机制下，地方政府官员更不愿将有限的财政资金过多投入到在任期内对政绩作用有限的义务教育上，导致地方政府在支持义务教育均衡发展方面的财政投入严重不足，而主要依赖中央政府的专项转移支付。出现这种现象的根本原因还在于地方政府均衡发展义务教育的事权与支出责任不匹配，尤其是县级政府承担的事权较多而财力不足，在合理划分各级政府均衡发展义务教育的事权基础上，要增强地方政府财力，需要进一步合理划分税权，在税制设计上增强地方政府筹集财政资金的能力，确保县级政府有稳定的财政收入来源用于均衡发展义务教育。如果地方政府没有稳定的财政收入来源确保县域内义务教育校际间办学质量均衡发展，说明义务教育财政预算体系没有实现真正的分级预算，更谈不上通过绩效预算提高义务教育办学质量水平和教育资源的配置效率。因此，在遵循税收的税负公平、征收便利、税收中性等原则下，通过完善地方税收体系，拓宽地方政府投入义务教育的财政收入来源渠道；并且确保城乡教育费附加、教育部门自筹经费以及从政府土地出让金中提取的用于义务教育的经费等各种教育经费的落实到位，形成保障县域义务教育校际均衡发展的专项资金。

(三) 拓宽义务教育经费的筹资渠道

政府除了可以通过完善税制，确保有稳定的自有财政资金投入外，还可以通过鼓励捐赠、发行公债和教育彩票等形式吸引和引导社会资金投入到义务教育均衡发展的事业上来，以弥补义务教育财政经费投入的不足。具体来说，首先，目前，我国缺乏鼓励义务教育捐赠的完善税收政策体系，虽然有部分税收优惠政策鼓励私人和社会团体对义务教育进行捐赠，但是这些政策不成体系，分散在各税种下，主要是在所得税中规定了一定的税前扣除比例，对企业进行义务教育捐赠的激励作用有限，并且没有专门的法律制度保障义务教育捐赠资金的规范使用，也使义务教育捐赠资金缺乏有效监督，进一步降低了纳税人捐赠的积极性，因此，一方面，针对我国现行税制，可以加大对社会捐赠的税前扣除比例包括允许加计扣除来加强税收优惠力度；另一方面，对社会各界捐赠资金使用方面，可以整合捐赠资金，成立义务教育均衡发展的专项基金，主要用于平衡县域内校际间义务教育投入的差异，为办学质量较差的学校提供资金支持。其次，在义务教育财政预算收入远不能满足质量均衡发展所需的预算支出情况下，还可以用财政收入作担保，凭借政府信用，向国内外发行义务教育专项公债，将社会闲置资金集中起来用于均衡发展义务教育，其中，教育国债由中央政府统一发行和分配使用，用来平衡地区间义务教育质量发展差异，在允许地方发行债券的情况下，地方政府可以发行地方性教育公债，主要用来调节区域内学校间的办学质量差异。再次，积极探索发行教育彩票。从我国福利彩票和体育彩票的发行和销售情况来看，我国彩票市场运行机制较为完善，而且近几年的销售情况很好，逐年呈大幅增长趋势，具有较大的发展空间，为教育彩票的发行提供了良好的市场基础和可行的运行机制，因此，也可以借鉴福利彩票的发行方式发行教育彩票，将筹集的民间资金重点用于扶持落后农村地区义务教育的均衡发展。

(四) 建立义务教育教师工资保障制度

根据本书的研究结论，教师质量是影响义务教育学校办学质量最重要的因素，教师工资作为义务教育财政经费支出中的重要组成部分，又是决定教师供给数量与质量的关键变量，因此，提高教师质量是促进县域内校际间义务教育质量均衡发展的重要手段,而建立义务教育教师工资财政保障制度则是激励教师提高自身质量的制度保障,这需要明确各级政府中承担教师工资的责任主体,以及教师工资的合理水平和拨款方式。从理论上说,在多级政府组织结构下,义务教育教师工资责任既可以由中央政府或地方政府独立承担,也可以由各级政府共同分担,通常情况下,由中央政府或较高层级的地方政府承担教师工资责任,有利于保证全国或全省范围内的中小学教师获得大致相等的基本工资水平,从而稳定中小学教师队伍、提高教师素质和均衡中小学办学质量,避免基层地方政府因财政负担过重而无法保证教师工资的及时支付,出现拖欠教师工资的现象,造成农村中小学教师严重流失。有鉴于此,首先,义务教育阶段教师基本工资由较高层级的政府负担,并按照《义务教育法》规定的教师平均工资水平参照当地公务员平均工资水平发放,同时切实落实教师绩效工资制度,将教师绩效工资全额纳入财政预算,主要由县考核教师绩效、省级政府统筹绩效工资所需财政经费、中央适当给予财政经费的补充与支持,来保障义务教育教师的工资待遇和身份地位。其次,在拨款过程中,义务教育质量均衡发展所需的全部财政资金都应通过国库集中支付系统进行统一结算,教师工资也不例外,包括教师基本工资、绩效工资和津贴补助等由银行直接划入教师个人账户,保证教师工资的拨款及时到位,防止教师工资被政府部门、教育部门或所在学校挤占和挪用,也有助于避免公用经费被学校挪用于发放教师工资和福利奖金,使人员经费和公用经费能够专款专用。另外,为了合理配置城乡地区的教师资源,需要设立扶持农村学校均衡发展的专项经费,用于提高农村地区和艰苦边远地区教师的工资待遇,并逐步完善边远地区教师培训和流动制度,将培训经费和流动教师津贴补贴列入财政预算中,鼓励优秀教师和师范院校高校毕业生到农村地区和艰苦边远地区长期任教。

(五) 组建专业队伍提供必要的技术支持

构建县域义务教育校际均衡财政保障机制的关键步骤是对财力需求进行科学测算,测算财力需求和后续的资金分配都需要与之相关的大量数据信息,以及能够处理这些数据的专业化人才。在我国城镇化快速推进的过程中,城乡人口流动性加快,中小学学龄人口的分布和结构都会发生较大改变,这将直接影响县域内义务教育均衡发展的政策规划,因此,一方面,急需利用现代信息技术,尽快建立起一个可信的大型基础数据库,用于收集县域义务教育阶段学生、学校、教师、教育财政等各方面的动态信息和数据，为政府决策、财政拨款和相关学术研究提供真实、科学和可靠的依据。另一方面，要以动态数据为基础，根据县域义务教育均衡发展的变化趋势，利用科学的预测方法如构建计量经济模型测算财力需求，而基层教育管理人员往往缺乏专业的技术水平和能力，这就需要专业化的人员承担义务教育校际均衡发展的财政规划责任，为此，可以遴选教育、财政方面的专家组成专家组，共同研究制定出可行的县域义务教育校际均衡发展的财力需求和分配方案。

参考文献

[美] 埃尔查南·科恩、特雷·G. 盖斯克：《教育经济学》，范元伟译，上海人民出版社 2009 年版。

卜紫洲、侯一麟、王有强：《中国县级教育财政充足度考察——基于 Evidence-based 方法的实证研究》，《清华大学教育研究》2011 年第 5 期。

曹淑江：《从教育财政中性到教育的充分性——美国教育财政诉讼及其对教育财政改革的促进作用》，《比较教育研究》2004 年第 11 期。

陈志勇、刘京焕、李景友：《财政学原理》，高等教育出版社 2011 年版。

程方平：《学校均衡发展与人的发展》，《教育研究》2002 年第 2 期。

褚宏启、高莉：《义务教育均衡发展评估指标与标准的制订》，《教育发展研究》2010 年第 6 期。

褚宏启：《教育公平与教育效率：教育改革与发展的双重目标》，《教育研究》2008 年第 6 期。

崔慧广：《基于公众需求的义务教育均衡发展财政政策研究——一个理论框架的构建》，《现代教育管理》2012 年第 4 期。

崔友兴、向晓春、李森：《中小学生学业质量标准的历史检视与现实启示》，《教育理论与实践》2014 年第 22 期。

丁维莉、陆铭：《教育的公平与效率是鱼和熊掌吗——基础教育财政的一般均衡分析》，《中国社会科学》2005 年第 6 期。

董世华、范先佐：《我国县域义务教育均衡发展监测指标体系的构建——基于教育学理论的视角》，《教育发展研究》2011 年第 9 期。

杜育红：《教育发展不平衡研究》，北京师范大学出版社 2000 年版。

杜育红：《中国义务教育转移支付制度研究》，《北京师范大学学报》（人文社会科学版）2000 年第 1 期。

范先佐：《县域教育均衡：国家教育均衡发展的基础》，《江苏教育》2010 年第 6 期。

范涌峰、宋乃庆：《从重点化到特色化：改革开放 40 年义务教育的战略走向——公平与效率的视角》，《中国教育学刊》2018 年第 11 期。

方建锋：《让每一个孩子享受公平的教育——义务教育均衡化发展概述》，《教育发展研究》2005 年第 4 期。

［美］费雪：《州和地方财政学》，吴俊培译，中国人民大学出版社 2000 年版。

冯建军：《论教育质量及教育质量均衡》，《教育研究与实验》2011 年第 6 期。

冯建军：《义务教育优质均衡发展的理论研究》，《全球教育展望》2013 年第 1 期。

冯婉桢、吴建涛：《我国县域内义务教育均衡发展的帕累托路径研究——基于增量教育资源配置的视角》，《教育学术月刊》2012 年第 6 期。

付建军：《从同质公平到差异公平——美国基础教育财政政策中公平理念的转变、应用与启示》，《外国教育研究》2011 年第 9 期。

龚锋、卢洪友：《公共支出结构、偏好匹配与财政分权》，《管理世界》2009 年第 1 期。

龚锋：《地方公共安全服务供给效率评估——基于四阶段 DEA 和 Bootstrapped DEA 的实证研究》，《管理世界》2008 年第 4 期。

郝大海：《中国城市教育分层研究（1949—2003）》，《中国社会科学》2007 年第 11 期。

郝文武：《平等与效率相互促进的教育公平论》，《教育研究》2007 年第 11 期。

贺武华：《公共教育改革中的新自由主义思想取向与反思》，《教育研究》2009 年第 9 期。

胡伶：《校际均衡发展的政策工具》，《当代教育科学》2009 年第 23 期。

胡森：《论教育质量》，施良方译，《华东师范大学学报》（教育科学版）1987 年第 3 期。

胡森：《平等——学校和社会政策的目标》，张人杰译，《全球教育展望》1987 年第 2 期。

胡咏梅、杜育红：《中国西部农村小学教育生产函数的实证研究》，《教育研究》2009 年第 3 期。

黄斌、钟宇平：《教育财政充足的探讨及其在中国的适用性》，《北京大学教育评论》2008 年第 1 期。

黄翔：《论基础教育和谐发展：基于课程的视角》，《教育研究》2006 年第 4 期。

李秉中：《西部地区义务教育阶段校际均衡发展的制度建设——以贵阳市为例》，《教育研究》2005 年第 5 期。

李春玲：《社会政治变迁与教育机会不平等——家庭背景及制度因素对教育获得的影响（1940—2001）》，《中国社会科学》2003 年第 3 期。

李明华：《义务教育均衡发展的政策选择与制度设计——以浙江省为案例》，《中国教育学刊》2008 年第 9 期。

李世刚、尹恒：《县级基础教育财政支出的外部性分析——兼论"以县为主"体制的有效性》，《中国社会科学》2012 年第 11 期。

李文利、曾满超：《美国基础教育"新"财政》，《教育研究》2002 年第 5 期。

李湘萍：《义务教育阶段择校行为与教育机会分布公平性研究——基于中国 18 个城市居民家庭教育选择支出的实证分析》，《教育研究》2008 年第 3 期。

李祥云、魏萍：《我国学前教育财政投入的现状、问题与政策建议》，《财政经济评论》2013 年下卷。

李祥云：《美国基础教育财政政策演变及启示》，《比较教育研究》2009 年第 2 期。

李祥云：《税费改革后义务教育维持性支出的地区差异分析——以湖北省为例》，《中南财经政法大学学报》2006 年第 5 期。

李祥云：《我国财政体制变迁中的义务教育财政制度改革》，北京大学出版社 2008 年版。

李宜江、朱家存：《均衡发展义务教育的理论内涵及实践意蕴》，《教育研究》2013 年第 6 期。

李煜：《制度变迁与教育不平等的产生机制——中国城市子女的教育获得（1996—2003）》，《中国社会科学》2006 年第 4 期。

厉以宁：《论教育在经济增长中的作用》，《中国社会科学》1981 年第

3 期。

栗玉香：《结果均衡：义务教育财政政策新视角》，《中国教育学刊》2011 年第 3 期。

梁文艳：《基础教育财政充足：美国经验能否用于中国》，《外国中小学教育》2008 年第 10 期。

梁雪峰、乔天文：《城市义务教育公平问题研究——来自一个城市的经验数据》，《管理世界》2006 年第 4 期。

廖楚晖、张吕：《政府教育财政体制的问题与探讨》，《管理世界》2005 年第 7 期。

林德全：《论教育质量均衡的内涵与路径》，《教育导刊》2010 年第 1 期。

刘天、程建坤：《改革开放 40 年我国义务教育均衡发展的政策变迁、动因和经验》，《基础教育》2018 年第 12 期。

刘精明：《中国基础教育领域中的机会不平等及其变化》，《中国社会科学》2008 年第 5 期。

刘泽云：《西方发达国家的义务教育财政转移支付制度》，《比较教育研究》2003 年第 1 期。

卢洪友：《中国基本公共服务均等化进程报告》，人民出版社 2012 年版。

陆璟：《上海基础教育公平评价的新发展——基于 PISA2012 数据的分析》，《教育发展研究》2014 年第 4 期。

陆铭、陈钊、万广华：《因患寡而患不均——中国的收入差距、投资、教育和增长的相互影响》，《经济研究》2005 年第 12 期。

吕开宇、王桦、金莲：《不发达地区父母外出非农就业对子女教育的影响——从儿童辍学原因谈起》，《农业经济问题》2006 年第 4 期。

吕寿伟：《从均衡到优质均衡：义务教育均衡发展目标的转换》，《教育导刊》2011 年第 12 期。

马骏：《新绩效预算》，《中央财经大学学报》2004 年第 8 期。

马晓强：《"科尔曼报告"述评——兼论对我国解决"上学难、上学贵"问题的启示》，《教育研究》2006 年第 6 期。

闵维方：《教育经济学国际百科全书》，高等教育出版社 2000 年版。

乔宝云、范剑勇、冯兴元：《中国财政分权与小学义务教育》，《中国社会科学》2005 年第 6 期。

秦玉友：《教育质量的概念取向与分析框架——联合国相关组织的研究与启示》，《外国教育研究》2008 年第 3 期。

秦玉友：《用什么指标表达教育质量——教育质量指标的选择与争议》，《教育发展研究》2012 年第 3 期。

阮成武：《我国义务教育均衡发展政策的演进逻辑与未来走向》，《教育研究》2013 年第 7 期。

沈百福：《义务教育投入的城乡差异分析》，《教育科学》2004 年第 3 期。

宋乃庆、罗士琰、王晓杰：《义务教育改革与发展 40 年的中国模式》，《南京社会科学》2018 年第 9 期。

苏榕娜：《美国教育财政诉讼中的"财政充分"问题》，《外国教育研究》2005 年第 12 期。

孙阳、杨小微、徐冬青：《中国教育公平指标体系研究之探讨》，《教育研究》2013 年第 10 期。

谈松华：《论我国现阶段的教育公平问题》，《教育研究》1994 年第 6 期。

涂咏梅、袁洋：《义务教育质量均衡及影响因素研究》，《教育研究与实验》2013 年第 6 期。

万明钢、白亮：《"规模效益"抑或"公平正义"——农村学校布局调整中"巨型学校"现象思考》，《教育研究》2010 年第 4 期。

汪明：《义务教育均衡发展与若干保障机制——部分地区的政策及实践分析》，《教育发展研究》2005 年第 19 期。

王建容、夏志强：《我国义务教育均衡发展的内涵及其指标体系构建》，《理论与改革》2010 年第 4 期。

王善迈、董俊燕、赵佳音：《义务教育县域内校际均衡发展评价指标体系》，《教育研究》2013 年第 2 期。

王善迈、袁连生、刘泽云：《我国公共教育财政体制改革的进展、问题与对策》，《北京师范大学学报》（社会科学版）2003 年第 6 期。

王善迈：《基础教育"重点校"政策分析》，《教育研究》2008 年第 3 期。

王善迈：《教育公平的分析框架和评价指标》，《北京师范大学学报》

（社会科学版）2008 年第 5 期。

王正惠、蒋平：《义务教育均衡发展：免费后的考验》，《教育发展研究》2009 年第 11 期。

魏后凯、杨大利：《地方分权与中国地区教育差异》，《中国社会科学》1997 年第 1 期。

魏权龄：《数据包络分析》，科学出版社 2004 年版。

文东茅：《我国城市义务教育阶段的择校及其对弱势群体的影响》，《北京大学教育评论》2006 年第 2 期。

吴春霞、王善迈：《阶层差距与义务教育公平问题研究——来自北京市初中的经验数据》，《教育与经济》2008 年第 4 期。

吴宏超：《义务教育均衡发展的现状与政府效能改进——基于湖北省的数据分析》，《教育发展研究》2007 年第 23 期。

吴宏超、胡玲：《义务教育如何从基本均衡跨向优质均衡——基于广东省的数据分析》，《教育与经济》2018 年第 8 期。

吴愈晓：《中国城乡居民的教育机会不平等及其演变（1978—2008）》，《中国社会科学》2013 年第 3 期。

[美] 小弗恩·布里姆莱、鲁龙·贾弗尔德：《教育财政学——因应变革时代》，窦卫霖主译，中国人民大学出版社 2007 年版。

辛涛、黄宁：《教育公平的终极目标：教育结果公平——对教育结果公平的重新定义》，《教育研究》2009 年第 8 期。

薛二勇：《论教育公平发展的财政政策创新——基于美国的政策分析》，《教育研究》2011 年第 10 期。

薛二勇：《美国教育充足理念的形成、依据及政策影响》，《教育发展研究》2011 年第 19 期。

薛二勇：《区域内义务教育均衡发展指标体系的构建——当前我国深入推进义务教育均衡发展的政策评估指标》，《北京师范大学学报》（社会科学版）2013 年第 4 期。

薛海平、闵维方：《中国西部教育生产函数研究》，《教育与经济》2008 年第 2 期。

薛海平、王蓉：《教育生产函数与义务教育公平》，《教育研究》2010 年第 1 期。

严雅娜、谭建立：《财政分权对义务教育均衡化发展的影响及对策研究——基于2004—2013年省级面板数据》,《江西财经大学学报》2017年第7期。

杨令平、司晓宏、魏平西:《浅议义务教育监测制度的发育》,《教育研究》2018年第12期。

杨启亮:《底线均衡:义务教育优质均衡发展的解释》,《教育理论与实践》2010年第1期。

杨启亮:《合理性评价:基础教育评价的应然选择》,《教育研究》2006年第11期。

姚永强、范先佐:《论义务教育均衡发展方式的转变》,《教育研究》2013年第2期。

尹力:《教育人权及其保障——新〈义务教育法〉如何落实和完善》,《教育研究》2007年第8期。

于发友、赵慧玲、赵承福:《县域义务教育均衡发展的指标体系和标准建构》,《教育研究》2011年第4期。

于建福:《教育均衡发展:一种有待普遍确立的教育理念》,《教育研究》2002年第2期。

俞国良、王永丽:《离异家庭子女心理适应问题研究》,《教育研究》2007年第5期。

袁贵仁:《坚持党的领导和社会主义办学方向 不断推进教育事业科学发展》,《求是》2011年第14期。

袁振国:《建立教育均衡发展均衡系数,切实推进教育均衡发展》,《人民教育》2003年第6期。

曾满超、丁延庆:《中国义务教育财政面临的挑战与教育转移支付》,《北京大学教育评论》2003年第1期。

翟博、孙百才:《中国基础教育均衡发展实证研究报告》,《教育研究》2012年第5期。

翟博:《教育均衡发展:理论、指标及测算方法》,《教育研究》2006年第3期。

翟博:《树立科学的教育均衡发展观》,《教育研究》2008年第1期。

张传萍:《我国教育资源配置研究的热点及发展趋势——基于CNKI数据库的词频分析》,《教育科学研究》2017年第7期。

张海峰、姚先国、张俊森:《教育质量对地区劳动生产率的影响》,

《经济研究》2010年第7期。

张雷、雷雳、郭伯良：《多层线性模型应用》，教育科学出版社2003年版。

张丽华、王冲：《解决农村义务教育投入保障中的制度缺陷——对中央转移支付作用及事权体制调整的思考》，《经济研究》2008年第10期。

张兴华：《义务教育均衡发展误区及其矫正》，《教育发展研究》2003年第1期。

赵力涛：《中国义务教育经费体制改革：变化与效果》，《中国社会科学》2009年第7期。

赵树凯：《边缘化的基础教育——北京外来人口子弟学校的初步调查》，《管理世界》2000年第5期。

中国教科院"义务教育均衡发展标准研究"课题组：《义务教育均衡发展国家标准研究》，《教育研究》2013年第5期。

中央教育科学研究所教育政策分析中心：《义务教育均衡发展是实现教育公平的基石》，《教育研究》2007年第2期。

周济：《优先发展教育 建设人力资源强国》，《人民论坛》2008年第1期。

朱健、贺适、王辉：《我国农村义务教育资源配置效率研究——基于DEA-Tobit模型的分析》，《教育经济评论》2018年第9期。

朱建平、殷瑞飞：《SPSS在统计分析中的应用》，清华大学出版社2007年版。

佐藤宏、李实：《中国农村地区的家庭成份、家庭文化和教育》，《经济学（季刊）》2008年第4期。

Alabama, *Schools in Holding Schools Accountable*, Washington, D.C.: Brookings Press, 2003.

Ali Berker, "The Impact of Internal Migration on Educational Outcomes: Evidence From Turkey", *Economics of Education Review*, vol.28, (2009), pp.739-749.

Allan Odden, Lawrence O.Picus, Mark Fermanich, *An Evidenced-based Approach to School Finance Adequacy in Arkansas*, Prepared for the Arkansas Joint Committee on Educational Adequacy, 2003.

Ang Suna, Yang Yao, "Health Shocks and Children's School Attainments in Rural China", *Economics of Education Review*, vol. 29, (2010), pp. 375-382.

Angrist, J.D., Guryan, J., *Does Teacher Testing Raise Teacher Quality? Evidence from State Certification Requirements*. NBER Working Paper 9545, 2003.

Anindya Sen, Anthony Clemente, "Intergenerational Correlations in Educational Attainment: Birth Order and Family Size Effects Using Canadian Data", *Economics of Education Review*, vol.29, (2010), pp.147-155.

Augenblick J, J.Meyers, A.Anderson, "Equity Adequacy in School Funding", *The Future of Children*, vol.7, (1997), pp.63-78.

Augenblick, J., *Calculation of the Cost of an Adequate Education in Maryland in 1999-2000 Using Two Different Analytic Approaches*, Prepared for the Maryland Commission on Education Finance, Equity and Excellence, Thornton Commission, 2001.

Augenblick, J., Meyers, J., Silverstein, J., Barkis, A., *Calculation of the Cost of a Suitable Education in Kansas in 2000-2001 Using Two Different Analytic Approaches*, Report prepared for the Kansas Legislative Coordinating Council, 2002.

Aysit Tansel, "Determinants of School Attainment of Boys and Girls in Turkey: Individual, Household and Community Factors", *Economics of Education Review*, vol.21, (2002), pp.455-470.

B.Thompson, "Methods, Plainly Speaking: A Primer on the Logic and Use of Canonical Correlation Analysis", *Measurement and Evaluation in Counseling and Development*, vol.24, (1991), pp.80-93.

Berne, Robert, Leanna Stiefel, *Concepts of School Finance Equity: 1970 to the Present*, in *Equity and Adequacy in Education Finance*, Washington, D. C.: National Academic Press, 1999.

Bowles, Levin, "More on Multicollinearity and the Effective of Schools", *Journal of Human Resources*, vol.3, (1968b), pp.393-400.

Bowles, Levin, "The Determinants of Scholastic Achievement: An Appraisal of Some Recent Findings", *Journal of Human Resources*, vol. 3, (1968a), pp.3-24.

Bruce D.Baker, "The Emerging Shape of Educational Adequacy: From

Theoretical Assumptions to Empirical Evidence", *Journal of Education Finance*, vol.3, (2005), pp.259-287.

Chambers, J., T. Parrish., "State Level Education in Cost Analysis for Education Decisions: Methods and Examples", *Advances in Educational Productivity*, vol.4, (1994), pp.53.

Christian Pfeifera, Thomas Cornelinc, "The Impact of Participation in Sports on Educational Attainment——New Evidence From Germany", *Economics of Education Review*, vol.29, (2010), pp.94-103.

Clune, W. H., "Accelerated Education as a Remedy for High-Poverty Schools", *University of Michigan Journal of Law Reform*, vol.28, (1995), pp.481-491.

Cohn, E., Kiker, B. F., "Socioeconomic Background、Schooling、Experience and Monetary Rewards in the United States", *Economica*, vol.52, (1986), pp.497-503.

Coleman, J.S., *Equality of Educational Opportunity*, Washington, D.C.: U.S.Government Printing Office, 1966.

Conley David, T., Lawrence O. Picus, "Oregon's Quality Education Model: Linking Adequacy and Outcome", *Educational Policy*, vol.17, (2003), pp.586-612.

Cooper, H., Hedges, L.V., Valentine, J.C., *The Handbook of Research Synthesis and Meta Analysis*, New York: Russell Sage, 2009.

D.A.Verstegen, "Financing the New Adequacy: Towards New Models of State Education Finance Systems That Support Standards Based Reform", *Journal of Education Finance*, vol.27, (2004), pp.749-782.

D.A.Verstegen, R.A.King, "The Relationship Between School Spending and Student Achievement: A Review and Analysis of 35 Years of Production Function Research", *Journal of Education Finance*, vol.24, (1998), pp.241-262.

D.H.Monk, "The Education Production Function: Its Evolving Role in Policy Analysis", *Educational Evaluation and Policy Analysis*, vol.11, (1989), pp.31-45.

D.J.Sheskin, *Handbook of Parametric and Nonparametric Statistical Proce-*

dures, Washington, D.C.: Chapman and Hall/CRC, 2001.

E.A.Hanushek, "The Impact of Differential Expenditures on School Performance", *Educational Researcher*, vol.18, (1989), pp.45-51.

E.A.Hanushek, "When School Finance Reform May Not Be Good Policy", *Harvard Journal of Legislation*, vol.28, (1991), pp.465-498.

Friedman M., *The Role of Government in Education, in Capitalism and Freedom*.Chicago, Illinois: University of Chicago Press, 1972.

Guthrie J.W., Rothstein R., *Enabling Adequacy to Achieve Reality: Translating Adequacy into State School Finance Distribution Arrangements*, Washington, D.C.: National Academic Press, 1999.

Guthrie, J.W., Rothstein, R.A, *New Millennium and a Likely New Era of Education Finance*, Education Finance the New Millennium, 2001.

H. Ladd, J. S. Hansen., *Making Money Matter: Financing America's schools*, Washington, D.C.: National Academy Press, 1999.

Happy Brighouse, Adam Swift, "Educational Equality versus Educational Adequacy: A Critique of Anderson and Satz", *Journal of Applied Philosophy*, vol.26, (2009), pp.117-128.

Henry.M.Levin, *School Finance.International Encyclopedia of Economics of Education*, New York: Pergamon, 1995.

J.C.Fortune, J.S.O Neil, "Production Function Analysis and the Study of Educational Funding Equity: A Methodological Critique", *Journal of Education Finance*, vol.20, (1994), pp.21-46.

James W.Guthrie, "Modern's Education Finance: How It Differs from the 'Old' and the Analytic and Data Collection Changes It Implies", *Education Finance and Policy*, vol.1, (2006), pp.3-16.

John Ruggiero, "Measuring the Cost of Meeting Minimum Educational Standards: An Application of Data Envelopment Analysis", *Education Economics*, vol.15, (2007), pp.1-13.

Jon Sonstelie, "Resource Needs of California Public Schools: Results from a Survey of Teachers, Principal and Superintendents", *Education Finance and Policy*, vol.3, (2008), pp.58-89.

Julie K.Underwood, "School Finance Adequacy as Vertical Equity", *Uni-*

versity of Michigan Journal of Law Reform, vol.28, (1995), pp.493-519.

L.Stiefel, A.E.Schwartz, R.Rubenstein, J.Zabel, *Measuring School Efficiency: What Have We Learned?*, Larchmont, N.Y.: Eye on Education, 2005.

L.V.Hedges, R.D.Laine, R.Greenwald, "When Reinventing the Wheel Is Not Necessary: A Case Study in the Use of Meta-Analysis in Education Finance", *Journal of Education Finance*, vol.20, (1994), pp.1-20.

Ladd, Rosemary Chalk, Janet S. Hansen, *Equity and Adequacy in Education Finance: Issues and Perspectives*, 1999. http://www.nap.edu/catalog/6166.html.

Lawrence O. Picus, "School Finance Adequacy: Implications for School Principals", *NASSP Bulletin*, vol.88, (2004), pp.3-11.

M. A. Rebell, J. J. Wardenski, *Of Course Money Matters: Why the Arguments to the Contrary Never Added Up*, New York: Campaign for Fiscal Equity, 2004.

M.Serhat Yenice, Sedef Eryigit, "The Determination of Primary School Adequacy in Bartin City", *Procedia - Social and Behavioral Sciences*, vol. 47, (2012), pp.1821-1826.

M.S.Smith, J.O'Day, "The Politics of Curriculum and Testing", *Journal of Education Policy*, vol.5, (1990), pp.233-267.

María Pérez, *Successful California Schools in the Context of Educational Adequacy*, American Institutes for Research, 2007.

Oates, Wallace, *Fiscal Federalism*, New York: Harcourt Brace Jovanovich, 1972.

Odden, A., Picus, L., *School Finance: A Policy Perspective*, Newyork, N.Y.: McGraw Hill, 2000.

Paul A. Minorini, Stephen D. Sugarman, *Educational Adequacy and the Courts: The Promise and Problems of Moving to a New Paradigm*, Washington, D.C.: National Academy Press, 1999.

Peter Glick, David E.Sahn, "Cognitive Skills Among Children in Senegal: Disentangling the Roles of Schooling and Family Background", *Journal of Economic Literature*, vol.28, (2009), pp.178-188.

Raudenbush, S., Bryk, A., Cheong, Y.F., Congdon, R, *HLM 6: Hi-*

erarchical Linear and Nonlinear Modeling, Lincolnwood IL: Scientific Software International, 2004.

Rawls John, *A Theory of Justice (Revised Edition)*, Cambridge: Harvard University Press, 1999.

Reschovsky A., Andrew, Imazeki, J., "The Development of School Finance Formulas to Guarantee the Provision of Adequate Education to Low-Income Students", *Developments in School Finance*, (1997), pp.131-156.

Reschovsky A., Imazeki, J., "Reforming State Aid to Achieve Educational Adequacy: Lessons from Texas and Wisconsin", *Education Funding Adequacy and Equity in the Next Millennium: Conference Proceedings*, (1999), pp.1-30.

Rivkin, S.G., Hanushek, E.A., Kain, J.F., "Teachers, Schools and Academic Achievement", *Econometrica*, vol.73, (2005), pp.417-458.

Robert C.Knoeppel, Deborah A.Verstegen, James S.Rinehart, "What Is the Relationship Between Resources and Student Achievement? A Canonical Analysis", *Journal of Education Finance*, vol.33, (2007), pp.183-202.

Rockoff, J. E, "The Impact of Individual Teachers on Student Achievement: Evidence from Panel Data", *American Economic Review Papers and Proceedings*, vol.12, (2004), pp.247-252.

Ronald C.Fisher, *State and Local Public Finance*, Chicago: Irwin Company, 1996.

Simmons, *How Effective is Schooling in Promoting Learning? A Review of The Literature*, Staff Working Paper NO.200, Washington, D.C.: International Bank for Reconstruction and Development, 1975.

Tevfik Aksoy, Charles R.Link, "A Panel Analysis of Student Mathematics Achievement in the US in the 1990s: Does Increasing the Amount of Time in Learning Activities Affect Math Achievement?", *Economics of Education Review*, vol.19, (2000), pp.261-277.

Tiebout, Charles.M., "The Pure Theory of Local Expenditures", *Journal of Political Economy*, vol.64, (1956), pp.416-424.

Vinovski, M., "An Analysis of the Concept and Uses of Systemic Educational Reform", *American Education Research Journal*, vol.33, (1999), pp.53-85.

William D.Duncombe, Anna Lukemeyer, John Yinger, "Financing an Adequate Education: A Case Study of New York", *Developments in School Finance*, vol.2, (2003), pp.129-153.

William Duncombe, *Estimating the Cost of an Adequate Education in New York*, Center for Policy Research Working Paper, 2002. www-cpr.maxwell.syr.edu.

附　　录

附录 A1　问卷 1：学生成绩影响因素问卷调查（学生卷）

问卷时间：＿＿月＿＿日
地点：＿＿＿＿＿＿
调查员：＿＿＿＿＿＿
问卷编号：＿＿＿＿＿＿

各位同学：你们好！这次调查主要是通过问卷形式获取影响学生成绩的因素数据，待调查完毕后我们将对数据进行分析，并提出相关的建议，帮助你们和你们的老师来提高你们的成绩。所以，请你们积极配合我们的工作，如实填写以下问卷。答题时在相应选项的序号上打"√"，或在相应空格处如实填写有关数据与内容。

调查所涉及的问题没有对错或好坏之分，问卷也不需要你们填写姓名，请同学们实事求是地回答。我们郑重承诺：本次调查问卷仅作为调查研究所用，以及帮助大家提高学生成绩，而不作为除此之外的其他用处，我们将负责保密。

谢谢你们对我们工作的支持。

A. 个人基本情况
A1. 性别＿＿＿＿＿＿　A2. 年龄＿＿＿＿＿＿
上学期期末统考成绩：A3. 语文＿＿＿＿＿＿（分）A4. 数学＿＿＿＿＿＿（分）

A5. 你上过幼儿园吗？
(1) 上过，有_____年 (2) 没有上过

B. 家庭基本情况

	从事的工作	接受的教育情况
B1 父亲	(1) 务农 (2) 教师 (3) 外出打工 (4) 本地经商 (5) 本地企业职工 (6) 其他_____	(1) 小学毕业 (2) 初中毕业 (3) 高中毕业 (4) 大专及以上毕业
B2 母亲	(1) 务农 (2) 教师 (3) 外出打工 (4) 本地经商 (5) 本地企业职工 (6) 其他_____	(1) 小学毕业 (2) 初中毕业 (3) 高中毕业 (4) 大专及以上毕业

B3. 你家中有没有电脑？
(1) 有　　　　　　　(2) 没有
B4. 家中有没有电话（包括手机）？
(1) 有　　　　　　　(2) 没有
B5. 家中有什么家电？
(1) 无　　　　　　　(2) 电视
(3) 洗衣机　　　　　(4) 冰箱
(5) 空调　　　　　　(6) 其他
B6. 家中有_____人（其中，兄弟姐妹_____人）
B7. 现在和哪些长辈住一起？
(1) 爸爸　　　　　　(2) 妈妈
(3) 爷爷或外公　　　(4) 奶奶或外婆
(5) 其他
B8. 爸爸和妈妈的关系如何？
(1) 很好　　　　　　(2) 一般
(3) 经常吵架
B9. 父母是否经常检查你的作业？
(1) 经常检查　　　　(2) 偶尔检查

（3）从不检查

B10. 父母是否经常给你买一些辅导书？
（1）经常买　　　（2）偶尔买
（3）从不买

B11. 如果你考试没考好，父母的态度？
（1）鼓励　　　　（2）无所谓
（3）打骂

C. 个人学习情况

C1. 放假（周末、寒暑假等）在家是否经常学习？
（1）经常学习　　（2）偶尔学习
（3）很少学习

C2. 上课是否举手回答问题？
（1）经常举手　　（2）偶尔举手
（3）很少举手

C3. 如果在课堂上没有听懂，下课后会不会去问老师？
（1）会　　　　　（2）不会

C4. 每天的家庭作业可不可以自己独立完成？
（1）完全可以　　（2）部分可以
（3）不可以

C5. 你读书想读到哪一级？
（1）初中　　　　（2）高中
（3）大学　　　　（4）研究生

附录 A2　问卷 2：学生成绩影响因素问卷调查（教师卷）

问卷时间：＿＿月＿＿日
地点：＿＿＿＿＿＿
调查员：＿＿＿＿＿＿
问卷编号：＿＿＿＿＿＿

各位老师：你们好！这次调查主要是通过问卷形式获取影响学生成绩的因素数据，待调查完毕后我们将对数据进行分析，并提出相关的建议，帮助你们来提高学生的成绩。所以，请你们积极配合我们的工作，如实填写以下问卷。答题时在相应选项的序号上打"√"，或在相应空格处如实填写有关数据与内容。

调查所涉及的问题没有对错或好坏之分，问卷也不需要你们填写姓名，请老师们实事求是地回答。我们郑重承诺：本次调查问卷仅作为调查研究所用，以及帮助大家提高学生成绩，而不作为除此之外的其他用处，我们将负责保密。

谢谢你们对我们工作的支持。

A. 个人基本情况

A1. 年龄_____岁

A2. 性别_____
（1）男　　　　　　（2）女

A3. 学历_____
（1）高中或中专　　（2）大专
（3）本科　　　　　（4）研究生

A4. 您的教龄有_____年？

A5. 职称_____
（1）正高职称　　　（2）副高职称
（3）中级职称　　　（4）初级职称

A6. 教授的课程_____
（1）语文　　　　　（2）数学

B. 班级管理

B1. 所在班级人数_____（人）（其中，女生_____人）

B2. 班上调皮捣乱的同学多不多？
（1）多　　　　　　（2）有一些
（3）很少　　　　　（4）没有

B3. 教室拥挤情况？
（1）拥挤　　　　　（2）不拥挤

C. 教学管理

C1. 是否担任班主任？

A. 担任　　　　　　　B. 没有担任

C2. 在教学、管理等方面，是否与其他教师合作过或向其他有经验教师请教？

（1）有过　　　　　（2）没有

C3. 您认为您每年的收入状况如何？

（1）很好　　　　　（2）一般

（3）偏低　　　　　（4）太低

C4. 您每天投入多少时间批改学生的作业？

（1）4 小时以上　　（2）2—4 小时

（3）1—2 小时　　　（4）1 小时以下

C5. 以下八个教育目标中，您认为哪个是最重要的、第二重要的和第三重要的。（请将各个选项编码填入下面的横线内）

（1）发展学生的读、写、算能力

（2）取得比较好的考试成绩

（3）增强学生思考与创造能力

（4）养成较好的习惯和自律

（5）促进学生个人自由发展

（6）提高就业和职业技能

（7）提高公民素质和道德观念

（8）为社会经济发展做贡献

第一重要：_____　第二重要：_____　第三重要：_____

附录 A3　问卷 3：学生成绩影响因素问卷调查（学校卷）

问卷时间：____月____日

地点：_____

调查员：_____

问卷编号：_____

各位校长：你们好！这次调查主要是通过问卷形式获取影响学生成绩的因素数据，待调查完毕后我们将对数据进行分析，并提出相关的建议，帮助你们来提高学生的成绩。所以，请你们积极配合我们的工作，如实填写以下问卷。答题时在相应选项的序号上打"√"，或在相应空格处如实填写有关数据与内容。

调查所涉及的问题没有对错或好坏之分，问卷也不需要你们填写姓名，请大家实事求是地回答。我们郑重承诺：本次调查问卷仅作为调查研究所用，以及帮助大家提高学生成绩，而不作为除此之外的其他用处，我们将负责保密。

谢谢你们对我们工作的支持。

A. 个人基本情况

A1. 年龄_____岁

A2. 性别_____

（1）男　　　　　（2）女

A3. 教龄_____年

A4. 担任的其他社会职务_____

A5. 每天工作时间_____小时

B. 所在学校概况

B1. 学校类别_____

（1）普通学校　　（2）优质学校

B2. 学校图书有_____（册）

B3. 学校教学用的电脑有_____（台）

B4. 在职教师数（不含退休和行政人员）_____人

B5. 专科学历以上教师_____人

B6. 班级数_____个

B7. 学生数_____人

B8. 学校占地面积_____亩

B9. 全校教室面积_____平方米

B10. 全校校舍面积_____平方米

B11. 去年全校的教育经费_____元

B12. 去年全校教育事业费_____元
B13. 去年全校公用经费_____元

C. 学校管理

C1. 您所在的学校和年级是不是根据学生的成绩进行了分班？
（1）全部是　　　　（2）部分是
（3）没有

C2. 去年贵校毕业班成绩在全县（区）属于什么水平？
（1）上等　　　　　（2）中上
（3）中等　　　　　（4）下等

C3. 以下八个教育目标中，您认为哪个是最重要的、第二重要的和第三重要的。（请将各个选项编码填入下面的横线内）
（1）发展学生的读、写、算能力
（2）取得比较好的考试成绩
（3）增强学生思考与创造能力
（4）养成较好的习惯和自律
（5）促进学生个人自由发展
（6）提高就业和职业技能
（7）提高公民素质和道德观念
（8）为社会经济发展做贡献
第一重要：_____ 第二重要：_____ 第三重要：_____

C4. 教师之间是否存在着竞争上岗或者执教好的班级？
（1）存在　　　　　（2）不存在

C5. 贵校能够在多大程度上决定教师的任命与解聘？
（1）完全决定　　　（2）很大程度决定
（3）很小程度决定　（4）完全不能决定